PRIVATE ECONOMY
DEVELOPMENT

2023年 | 民间投资与民营经济发展
重要数据分析报告

北京大成企业研究院 编著

PRIVATE INVESTMENT

ANALYSIS REPORT ON THE IMPORTANT DATA OF
PRIVATE INVESTMENT AND
PRIVATE ECONOMY DEVELOPMENT 2023

中华工商联合出版社

图书在版编目（CIP）数据

2023年民间投资与民营经济发展重要数据分析报告/北京大成企业研究院编著.——北京：中华工商联合出版社，2024.4
ISBN 978-7-5158-3927-1

Ⅰ.①2… Ⅱ.①北… Ⅲ.①民间投资–研究报告–中国–2023 ②民营经济–经济发展–研究报告–中国–2023 Ⅳ.①F832.48 ②F121.23

中国版本图书馆CIP数据核字（2024）第066753号

2023年民间投资与民营经济发展重要数据分析报告

作　　者：	北京大成企业研究院
出 品 人：	刘　刚
责任编辑：	李红霞　孟　丹
装帧设计：	山海慧（北京）文化传媒有限公司
责任审读：	付德华
责任印制：	陈德松
出版发行：	中华工商联合出版社有限责任公司
印　　刷：	北京毅峰迅捷印刷有限公司
版　　次：	2024年4月第1版
印　　次：	2024年4月第1次印刷
开　　本：	710mm×1000mm　1/16
字　　数：	248千字
印　　张：	17.75
书　　号：	ISBN 978-7-5158-3927-1
定　　价：	79.00元

服务热线：010—58301130—0（前台）
销售热线：010—58302977（网店部）
　　　　　010—58302166（门店部）
　　　　　010—58302837（馆配部、新媒体部）
　　　　　010—58302813（团购部）
地址邮编：北京市西城区西环广场A座
　　　　　19—20层，100044
　　　　　http://www.chgslcbs.cn
投稿热线：010—58302907（总编室）
投稿邮箱：1621239583@qq.com

工商联版图书
版权所有　侵权必究

凡本社图书出现印装质量问题，请与印务部联系。
联系电话：010—58302915

编委会

指　导：黄孟复

主　编：陈永杰

编　委：谢伯阳　欧阳晓明　陈永杰　刘琦波

　　　　徐鹏飞　刘贵浙　葛佳意

摘　要

民企政策环境：2023年国家出台一系列稳定预期、提振信心、促进民营经济发展的政策措施。继2022年10月党的二十大报告写入"促进民营经济发展壮大"之后，今年7月发布的《中共中央 国务院关于促进民营经济发展壮大的意见》明确提出"民营经济是推进中国式现代化的生力军，是高质量发展的重要基础，是推动我国全面建成社会主义现代化强国、实现第二个百年奋斗目标的重要力量"。

民企工资增长：2022年在经济、就业等各项因素的压力之下城镇私营单位就业人员平均工资、农民工月均收入及全国居民人均可支配收入增速均明显下滑。扣除价格因素，城镇私营单位就业人员年平均工资仅增长1.7%。受房地产行业持续收缩的影响，房地产行业私营单位工资负增长，建筑业私营单位工资几乎无增长；教育行业、文化体育和娱乐业、居民服务修理和其他服务业、住宿和餐饮业等人员密集型或接触型服务业私营单位平均工资增速也较低，低于通胀水平，实际负增长。

民企投资增长：受房地产开发投资的拖累，2023年全国固定资产投资增速继续放缓，从年初1—2月的5.5%降至1—12月的3.0%。民间固定资产投资从2022年的微增0.9%转为下降0.4%，外商投资企业仅增长0.6%，港澳台商投资企业下降2.7%。

民营工业发展：2023年，工业经济持续恢复向好，规模以上工业增加值累计同比增长4.6%，其中私营工业企业同比增长3.1%。营收增速转正，利润降幅收窄，营收方面，规模以上工业企业实现营业收入1 334 390.8 亿元，同比增长 1.1%，其中私营工业企业同比增长 0.6%。利润方面，规模以上工业企业实现利润总额 76 858.3 亿元，同比下降 2.3%，其中私营工业企业同比增长 2.0%。效益方面，2023 年末私营工业营收利润率、资产利润率均比 2022 年末有所下降。运营效率方面，私营工业每百元营业收入中的成本在三类企业中最高。效益、效率下降，资产负债和经营成本不断提高，表明私营工业企业在企业生产经营方面还存在困难。

大中小型企业：2023 年规模以上工业企业单位数超过 48 万家，小型企业占比继续稳步增长。小型工业企业负债增速、资产增速超过营收增速，而利润明显下降，用工人数也有所下降。可以说小型工业企业由负债驱动增长，投入（负债、资产）增长超过产出（营收）增长，更超过效益（利润）增长，因此资产利润率、资产营收率、营收利润率等效率效益指标都有所恶化。

民营建筑发展：2023 年，全国建筑业总产值仅增长 2.6%，其中国有及国有控股建筑业企业总产值增长 6.9%；而非国有建筑业企业总产值下降 0.4%，首度出现负增长，占全国建筑业总产值的比重从 2014 年高峰时的 70.1% 进一步下降至 57.6%，已降至 2003 年有统计数据以来的最低。非国有建筑业企业的本年新签合同金额、房屋施工面积连续两年负增长，从业人员数、利润（预计）连续四年负增长，房屋竣工面积更是自 2015 年以来年年负增长。

民营商业经济：本章节数据主要来自国家统计局历年年鉴，主要对全国商业经济的数据进行比较和分析，比较了限额以上批发和零售业各类型企业的法人企业数量、资产、利润、营收、从业人员的增长情况和相关指标。限额以上私营批发业资产占全国限额以上批发业资产的 33.6%，私营批发业法人企业数量占全国的 79.8%。限额以上私营零售业资产占全国限额以上零售业资产 38.2%，法人企业数量占 79.2%。数据反映出民营企业在我国商业经济中的重要性,是我国经济的重要增长动能之一。

民企外经外贸:党的十八大以来,我国货物进出口空前繁荣,尤其是党的十九大后,我国对外开放水平得到飞速提升,外贸民营企业重要性大大提高。十年来,我国实际吸收外资规模不断扩大,与对外直接投资存量基本相当,对外直接投资存量、流量位列全球前三,显示中国经济是开放的经济、活跃的经济,中国市场是全球化的推动主力。广义的民营经济,或者说"非公有控股经济",对我国货物进出口以及对外投资都起到了至关重要的作用。2023年1—12月,我国进出口连续下降且降幅不断扩大,外贸民企面临前所未有的困难。

民营科技发展:作为我国科技创新的重要力量,党的十八大以来,民营企业创新主体地位日益显著,贡献了50%以上的研发投入和研发人员、70%以上的技术创新成果、80%以上的专精特新"小巨人"企业、90%以上的高新技术企业。当前,我国民营企业已经站在了创新和全球竞争的最前沿,在通信、芯片、人工智能、新能源汽车、锂电池、光伏、互联网、生活服务等领域发挥越来越重要的影响力。

民企最强五百:2023年,各大企业"500强"榜单显示,上榜民营企业总体规模有所提升,产业结构不断优化,在困境中展现出了较强的韧性和发展潜力。由于2023年各类"企业500强"榜单排名的依据均为2022年企业的经营数据,受2022年复杂多变的国际环境和新冠肺炎疫情等超预期因素冲击,尽管多数上榜企业营收继续保持增长态势,但也有不少企业营收、利润、上市公司市值等指标有所下滑,有些企业甚至在各项榜单中消失。

民企上市公司:2023年9月(上市公司经济数据截至2023年第三季度),沪深京三地上市公司5 287家,与去年同期的4 944家相比增加343家,比2022年全年的5 067家增加了220家,是历年上市公司数量增加数量较多的一年。2023年，中国上市公司经济效益总体是降中趋稳，与全国整体经济增长水平基本一致。

民企富豪榜单：2023年的财富榜单主要对2022—2023年的富豪财富进行统计，2022年，由于人民币对美元贬值、大量中概股退市、国内市场在疫情影响下消费疲弱、出口下降等多重因素，导致财富榜集体缩水；2023年，全球经济逐渐走出新冠肺炎疫情影响，但总体需求尚未恢复，又受到国际地缘政治形势等公共事件的叠加冲击，市场预期普遍较为保守，国内证券市场波动较大，经济下行风险加剧，我国企业家财富也出现一定的缩水。虽然财富集体缩水，但也要看到，中国经济的基本面依然稳健，中国企业家展现出坚实的韧性，工业制造、消费、大健康、食品饮料等和大众民生关系紧密的行业获得更高增长，坚持主业、坚守实业愈加成为中国企业家的长期发展战略。

民企公益慈善：2023年7月19日，国家发布《中共中央 国务院关于促进民营经济发展壮大的意见》，其中第二十八条明确提出："支持民营企业更好履行社会责任。教育引导民营企业自觉担负促进共同富裕的社会责任……引导民营企业踊跃投身光彩事业和公益慈善事业，参与应急救灾，支持国防建设。"对企业家投身公益慈善的意义和高度给出了清晰的定位。党的十九大以来的各大慈善榜单显示，具备社会责任并积极采取行动的民营企业越来越多，不管是来自传统行业还是新兴产业的企业，投入慈善事业的热情都空前高涨，大额捐赠记录被不断刷新，亿级捐赠者突破历史新高，总捐赠人数也在不断增加，种种迹象表明，中国慈善事业正走在发展的快车道上。

目 录

导　言　理论研究要着眼民营经济未来发展趋势……………………1
概述一　2023：民营经济政策年　2024：民经增长重拾年…………4
概述二　百万规上企业　中国经济脊梁
　　　　——2019—2022年全国规上企业经济数据简明比较 …………14

第一章　民企政策环境——民经政策新年，期盼落实到位…………29
第二章　民企工资增长——工作机会减少，工资差距扩大…………38
第三章　民间投资回升——投资增速放缓，民间投资微降…………58
第四章　民营工业发展——增长小有恢复，效益明显承压…………72
第五章　大中小型企业——负债逐年提高，收入增利润降……… 107
第六章　民营建筑发展——房产萧条拖累，建筑产值下降……… 117
第七章　民营商业经济——虽居市场主体，效益情况欠佳……… 126
第八章　民企外经外贸——内外环境趋严，外贸首现负增……… 155
第九章　民营科技发展——投入持续增长，技术创新提高……… 171
第十章　民企上市公司——上市数量快增，市值利润双降……… 191
第十一章　民企最强五百——资产营收上升，盈利水平下降………205
第十二章　民企富豪榜单——财富集体缩水，资本寻找新路………219
第十三章　民企公益慈善——责任持续担当，贡献量力而行………230

1

专论与调研（一）
新政策新突破　新期盼新执行
　　——大成企业首脑沙龙观点综述……………………………………238

专论与调研（二）
政策带来新希望　形势预期可改观
　　——大成企业首脑沙龙企业家问卷（2023·廊坊）调查分析………249

专论与调研（三）
贯彻"民营经济31条"关键在落实……………………………………256

专论与调研（四）
民营经济十年发展，中国增长重要动力来源
　　——党的十八届三中全会以来民营经济政策与发展简要回顾………262

后　　记……………………………………………………………………271

导 言

理论研究要着眼民营经济未来发展趋势

编者按：本文根据第十、第十一届全国政协副主席黄孟复在民营经济理论问题座谈会上的讲话整理。

一、未来创新经济的本质需要民营经济继续发挥作用

在新的情况下，中国走高质量发展路线，民营经济还能继续发挥这样的作用吗？还是说不需要它进一步大发展，就能够如期完成我们的目标和任务？我看现在社会上有一些人的观点认为民营经济在经济中发挥的作用，今后虽然是仍很重要的，但是国家大的事情还是需要更加依靠国有经济、依靠国家力量来办，民营经济发挥不了那么重要的作用。关系到就业和一般民生的问题，多让民营经济去干；但是关系到国计民生和国家关键产业，民营经济就少掺和了。要将国有企业做得又强又大，经济的大事、关键事还是国家和国有企业来干，民营经济可以进一步发展，但企业不一定要做大，有大量中小企业就行了。

我认为这样的想法是极为片面的。今后在新的时代、新的挑战面前，在创新的环境下，到底是更多地依靠国家的创新、集中力量办大事的创新，还是更多地依靠市场的、民间的和全社会的创新？还是两者兼而有之？虽然我们国家加大了基础研究能力，加大了一些卡脖子关键技术的创新

能力，但是全社会方方面面的创新，不是政府规划出来的创新，这些创新领域许多都是意想不到的，不是政府官员坐在办公室里就想出来了。像ChatGPT、元宇宙、区块链这样的创新大都发生在中小企业。近年来美国的人工智能发展惊人，其最初的创新者大都是中小企业。中国人工智能发展，许多方面也是民营经济走在前面。所以，我们千万不能小看了民营企业和中小企业的创新力量。

我认为，蕴藏在民间的创新力量非常强大。所以，今后的创新领域，大量的创新动能实际还是在民营企业，这个趋势不会变。我们的国家力量办大事的特殊优势要充分发挥，但不可能延伸到创新的所有方面，特别是一些革命性的创新，要与千千万万民营企业的创新结合起来，后者的潜力可能更大，因此，两方面的优势都要充分发挥，绝不可偏废。

二、民营经济发挥的作用将决定民营经济的地位

我觉得民营经济的理论研究应该立足于社会主义初级阶段，在社会主义初级阶段，各个阶层应该怎么发展，各种所有制应该起到什么样的作用。民营经济应该发挥什么样的作用？它和国有经济、外资经济怎么配合才能实现我们的目标？应该从这个角度来确定民营企业应该发挥的作用和应该有的地位。

根据未来发展趋势，到2050年左右，中国GDP可能要达到300多万亿元，现在才100多万亿元，还有200多万亿元的增量空间，它主要是靠国有企业来增加，还是靠外资企业增加，还是靠民营企业增加？

靠外资肯定是不现实的，要把发展的主动权掌握在自己手里。靠国有的话，国有经济是不是大举进入所有的行业，全部作为行业的霸主？还是在国有和民营之间进行适当的分工？在一些关键的、特殊的领域，应当充分发挥国有经济的优势和特点；在其他的大量领域要充分发挥民营经济的作用，特别是要发挥民营和国有混合经济力量。这个重大问题，

需要在理论上搞清楚。

我觉得民营经济在中国经济中的作用，不管是在过去，现在，还是在未来，是中国能在与美国和西方竞争中取得胜利的非常重要的利器。

总之，在外部环境严峻的当下，要把大家团结起来，民族大团结，各个阶层大团结，各种所有制大团结，凝聚社会共识，把一切积极因素调动起来，共同应对险峻的挑战。让一切创造财富的人充分发挥才能，增强经济发展活力。民营经济作为自家人、自家企业，要充分调动它的积极性。如果我们的资源配置能做到真正的市场化和公平化，充分释放改革红利，让能发挥最大效益的群体来配置资源，可以肯定，未来中国经济增长能够长期保持在5%以上、进而实现两个一百年的宏伟目标是没问题的。

概述一

2023：民营经济政策年
2024：民经增长重拾年

2023年，对于中国民营经济发展是一个比较特殊的年份。

2023年上半年，民营经济发展遭遇了四十多年来少有的严峻形势，既有国内经济增速整体下滑、国际经济环境困难加重、疫情后遗症消除缓慢的严重影响，又有大量民营企业经营处境严峻、一大批企业破产倒闭的严重冲击，还有社会的某些舆论对民营经济的怀疑甚至否定的声音干扰。

2023年下半年，民营经济发展出现了一个新的转机。除了国家先后出台了一系列刺激经济发展的重大措施、先后采取一系列改善国际关系的重大外交行动外，7月19日，出台了《中共中央 国务院关于促进民营经济发展壮大的若干意见》（以下简称"民营经济31条"），随后，中央相关部门和各地政府纷纷出台了相关的配套落实措施。这些变化，明显改善了民营经济发展的政策环境、舆论环境、发展环境。

鉴于"民营经济31条"的政策力度和深度，鉴于各部门各地方落实文件的广度和强度，鉴于民营经济舆论环境的重大转变，鉴于民营企业信心的明显重拾，我们可以高度评价地说，2023年，是中国民营经济发展的一个重要政策年，一个舆论转变年。也可以乐观展望，2024年，将是中国民营经济发展的一个理论建树年，一个增长重拾年。

2023：民营经济政策年

在2004—2023年近20年间，国家先后出台了四部专门针对民营经济发展的综合性重要文件。国务院2005年的"非公经济36条"和2010年的"民间投资36条"；中共中央、国务院2019年的"民营企业改革28条"和2023年的"民营经济31条"。四部文件都是综合性政策措施文件，比较而言，有更为重要现实意义和重大历史意义的是2005年的"非公经济36条"和2023年的"民营经济31条"。前者是国务院鼓励发展民营经济的开创性的、全方位的政策文件，后者是党中央和国务院发展壮大民营经济的深化性、突破性的政策文件。因此，可以说，2005年和2023年，都是民营经济政策年。

2023年是民营经济政策年，主要表现在以下几个方面。

一是政策的突破性。党中央和国务院发布的"民营经济31条"，其突破性的主要表现是：既有更加明确、具体与深入的延续性政策，又有针对重大问题的新创性政策或部门地方政策上升为中央政策。前者如：持续破除市场准入壁垒，全面落实公平竞争政策制度，完善社会信用激励约束机制，完善融资支持政策制度，依法保护民营企业产权和企业家权益，完善监管执法体系，引导完善治理结构和管理制度，全面构建亲清政商关系，等等。后者如：完善市场化重整机制，完善拖欠账款常态化预防和清理机制，完善支持政策直达快享机制，构建民营企业源头防范和治理腐败的体制机制，健全涉企收费长效监管机制，加快推动数字化转型和技术改造，引导全社会客观正确全面认识民营经济和民营经济人士，培育尊重民营经济创新创业的舆论环境，等等。

二是政策的配套性。"民营经济31条"出台后，中央各部门和各级地方政府迅速做出反应，及时制定相关配套政策措施。例如：国务院的《关于推进普惠金融高质量发展的实施意见》；国家发改委的《关于进一步抓好抓实促进民间投资工作 努力调动民间投资积极性的通知》《关于实施促进民营经济发展近期若干举措的通知》《关于完善政府诚信履约机制优化民营经济发展环境的通知》；工业和信息化部的《关于健全中小企业公共服务体系的指导意见》；市场监管总局等部门的《关于开展妨碍统一市场和公平竞争的政策措施清理工作的通知》；财政部、税务总局的《关于进一步支持小微企业和个体工商户发展有关税费政策的公告》《关于延续执行农户、小微企业和个体工商户融资担保增值税政策的公告》《关于接续推出和优化"便民办税春风行动"措施促进民营经济发展壮大服务高质量发展的通知》，财政部的《关于加强财税支持政策落实 促进中小企业高质量发展的通知》；市场监管总局的《经营者集中反垄断合规指引》《市场监管部门促进民营经济发展的若干举措》《滥用行政权力排除、限制竞争执法约谈工作指引》；中国人民银行等八部门的《关于强化金融支持举措 助力民营经济发展壮大的通知》；最高人民法院的《关于优化民营经济法治环境促进民营经济发展壮大的指导意见》；最高人民检察院的《关于依法惩治和预防民营企业内部人员侵害民营企业合法权益犯罪 为民营经济发展营造良好法治环境的意见》，等等。不少地方政府也随即出台了相关的配套政策措施。

三是政策的落实性。部门和地方不仅制定了一系列相关的配套政策措施，不少部门还召开新闻发布会或专门会议，动员和号召政府部门及相关工作人士，积极响应和认真落实中央和部门与地方的政策。如国家发改委为具体落实其《关于实施促进民营经济发展近期若干举措的通知》，将通知中的五个方面、28项落实措施按责任分工明确到了有关部门，相关落实的国务院部门超过了25家。五个方面是：促进公平准入、强化要素支持、加强法治保障、优化涉企服务、营造良好氛围。

需要特别指出的是，经中央批准，国家发改委新设立了"民营经济发展局"，专司国家有关民营经济的政策与监管事务。其主要职责是："跟踪了解和分析研判民营经济发展状况，统筹协调、组织拟定促进民营经济发展的政策措施，拟定促进民间投资发展政策。建立与民营企业的常态化沟通交流机制，协调解决民营经济发展重大问题，协调支持民营经济提升国际竞争力。"社会长期呼吁国家应设立专门的民营经济的部门，这次终于得以实现。

这种政策的落实力度和快速程度，特别是还专门设立了落实职责的政府机构主体，明显超过此前的"非公经济36条""民间投资36条"和"民营企业改革28条"。

四是政策的感受性。半年来，社会对"发展壮大民营经济31条"出台影响的感受是比较强烈的。从党政部门到企业单位，从党政官员到民营经济人士，从民营企业员工到普通民众，普遍比过去更加感受到国家发展民营经济政策的倾向性、坚定性和可信性，普遍比过去更加感受到民营经济、民营企业家和企业家精神的重要性。这也是过去没有出现过的不少民众真实感受的现象。正如红豆集团董事局主席周海江所言，"'31条'明确了民营经济在全面建设社会主义现代化国家新征程中的地位和作用，提出了促进民营经济'做大做优做强'的战略新目标，赋予民营经济'三个更'的使命责任"。江苏一些民营企业家谈到其感受："'31条'来得正是时候，可谓久旱逢甘霖。尤其是提出了要持续优化民营经济发展环境、加大对民营经济的支持等一系列举措，对破除制约民营企业发展的制度障碍、保护民营企业正常示范引领的政策让我们心里更加踏实，也给了我们足够的信心。"

2023：民经舆论转变年

"发展壮大民营经济31条"出台以来，民营经济发展的舆论环境发生了重大变化，社会几乎是一片拥护、支持和赞扬的声音。与此前的"非公经济36条""民间投资36条"和"民营企业改革28条"三个综合性文件出台后的反应有所不同。

社会舆论环境的重大转变，主要表现在以下几个方面。

一是官方媒体宣传的力度空前。几乎所有的主要官方媒体都刊载了"民营经济31条"全文或文件摘要，并纷纷对文件进行高度评价和深度解读。这在前三个民营经济文件出台时是没有的。

二是全国各地领导举办新闻发布会、举办民营企业家座谈会及举办专家讨论会。这在前三个民营经济文件出台时也是没有的。

三是从北京到各地，不少有影响力的专家学者纷纷撰写文章，或者举办论坛会、演讨会，阐释"民营经济31条"的重要现实意义和历史意义。在前三个民营经济文件出台时，没有如此热烈的讨论。

四是民营经济人士大都切实感受到了舆论环境正在真正地从深层次转变。特别是文件关于"引导全社会客观正确全面认识民营经济和民营经济人士"，要"坚决抵制、及时批驳澄清质疑社会主义基本经济制度、否定和弱化民营经济的错误言论与做法，及时回应关切、打消顾虑"；要"培育尊重民营经济创新创业的舆论环境"，"营造鼓励创新、宽容失败的舆论环境和时代氛围"，等等，文件的这些新提法新精神，大大提升了民营经济人士的发展自信心。这在前三个民营经济文件出台时也是没有的。

五是相反舆论声音很小。这部文件出台以来，除了极少数的自媒体、极少数的网红人士仍对民营经济表示质疑外，几乎没有人公开直接反对"民营经济31条"文件本身。这在前三个民营经济文件出台时更是没有的。这与文件明确要求的"坚决抵制、及时批驳澄清质疑社会主义基本经济制度、否定和弱化民营经济的错误言论与做法"，有极大关系。

2024：民经理论建树年

"民营经济31条"的第26条明确提出："加强理论研究和宣传，坚持实事求是、客观公正，把握好正确舆论导向，引导社会正确认识民营经济的重大贡献和重要作用，正确看待民营经济人士通过合法合规经营获得的财富。坚决抵制、及时批驳澄清质疑社会主义基本经济制度、否定和弱化民营经济的错误言论与做法，及时回应关切、打消顾虑。"这为理论界深入、全面开展民营经济理论研究指明了方向。

正是有了党中央国务院的这一明确要求，从2023年下半年开始，中国学界不少专家学者纷纷积极响应，或举办研讨会、座谈会，或公开发表文章，阐述民营经济理论的最新研究成果，形成了一个民营经济理论研究的热潮。这个热潮刚刚兴起，2024年将进一步发展，将有更多的专家学者，大胆解放思想，勇于打破传统思想观念，勇于突破传统理论窠臼，共同努力构建中国特色社会主义市场经济的民营经济理论。

有鉴于此，可以期望并预判，2024年可能将是中国民营经济理论的建树年。

如果说，没有民营经济，就没有中国特色的社会主义市场经济的话，那么，没有民营经济理论，也就没有中国特色社会主义市场经济理论。

民营经济理论是中国特色社会主义市场经济理论的基本组成部分。缺了这一部分，就形不成完整的、系统的中国特色社会主义市场经济理论。

构建民营经济理论，一方面，要破除传统思想理论中的种种障碍，解决我们是固守还是需要重新认识传统理论中的一些老观念和旧论断；另一方面，要系统地构建中国特色社会主义市场经济制度下的民营经济理论。

2024：民经增长重拾年

2023 年，民营经济增速明显下滑。2024 年，民营经济增速可望扭转过快下滑趋势，重拾稳定增长态势。

2023 年，民营经济增速呈下滑趋势。

据国家统计局的公布数据，2023 年全国固定资产投资同比增长 3%，其中，国有控股投资增长 6.4%，民间投资下降 0.4%。民间投资的占比，从去年同期的 54.8% 下降为今年的 50.4%。近 5 年，民间投资的占比基本是每年下降一个百分点。可以看出，民间投资成为全国投资增长缓慢的主要原因。

需要特别指出的是，上述数据是统计局公布的一组数据。如果看一下并且对比一下也是统计局公布的另一组数据，即将 2024 年 1 月 17 日公布的 2023 年全国投资总额数据，对比 2023 年 1 月 17 日公布的 2022 年全国投资总额数据，可以看到，全国投资实际是下降的，民间投资更是严重下降。据统计局公布的数据，2022 年全国投资总额为 572 138 亿元（注：《中国统计摘要 2023》中的 2022 年全社会固定资产投资总额数据为 579 556 亿元，《中国统计年鉴 2023》中的同一数据为 542 366 亿元），2023 年为 503 036 亿元。若按当期公布的绝对数计算，则为下降 12.1%，比公布的增长3%数据低了15个百分点，同期的民间投资总额，2022年为310 145亿元（注：《中国统计摘要2023》和《中国统计年鉴2023》中2022年民间投资总额数据分别为310 145亿元和289 985亿元），2023年为253 544亿元，同样按绝对数计算，则为下降18.2%，比公布数据低了近18个百分点。

从统计方法上讲，这两组数据均为真实数据，但两组数据有很大差别。统计局公布的数据，是将今年列入统计范围内的企业的投资总额与这些企业去年的投资总额进行比较。而后一组数据则是将今年列入统计范围内的企业的投资总额，与去年列入统计范围内的企业的投资总额进行比较。由于两组企业的统计范围及投资总额有差别，从而计算出的投资增速有差别。

但从经济学上讲，更能反映经济总量真实变化情况的是第二组数据，决策部门应当同时参考两组数据、特别是要看第二组数据，以此判断真实的经济形势。

两组数据差别大，还反映在工业和其他一些重要经济数据上。

以工业为例。据统计局公布的数据，2023年全国规模以上工业企业的营业收入为133.44万亿元，同比增长1.1%；其中，国有控股工业企业为36.7万亿元，同比增长0.8%；外资工业为27.23万亿元，同比下降2.3%；私营工业为48.84万亿元，同比增长0.6%。但将统计局当期公布的2023年的实际绝对数与2022年同期公布的实际绝对数进行比较计算，全国规模以上工业营业收入（2022年为137.9万亿元）为下降3.2%，低于公布数据4个多百分点。其中，国有控股（2022年为36.48万亿元）为下降0.6%，低于公布数据1.4个百分点；外资工业（2022年为28.59万亿元）为下降4.7%，低于公布数据2.4个百分点；私营工业（2022年为53.27万亿元）

为下降 8.3%，低于公布数据 8.9 个百分点。如果进一步计算工业利润，两组利润数据同样有不小差距。还要指出的是，工业数据的这种差距已经存在了多年，只是少有人关注并公开明确提出。

总的来看，如果以第二组同样真实的数据计算，全国投资和工业的增长数据都是明显地在下滑。进一步看，在消费数据和服务业数据方面，存在同样数据差别，只是其差别的程度不一样。

总体上讲，由于民营经济在整体经济中的"五六七八九"地位作用，由于民营经济增长的两组数据差别明显大于全国的两组数据差别（下滑更严重），可以说，今年投资和整体经济增速降低的主要原因，就是民间投资和民营经济的增速降低。

2024 年，民营经济增速重拾增长态势。

2023 年 7 月，"民营经济 31 条"出台后，各个部门和不少地方政府相应出台了落实的措施。应当说，这些政策措施非常有力，很是鼓励人心，明显提高了民营企业的发展信心。但政策措施的具体实施和产生效果有一个过程，近半年来，民间投资和民营经济的下滑程度有所减缓，但尚不明显。

按当月绝对数计算，2023 年 4 月、5 月、6 月，全国投资与 2022 年同比的月度增速分别为下降超过 17%、21%、17%，而 7 月、8 月、9 月、10 月降幅缩小到 11% 多。其中民间投资，4 月、5 月、6 月分别为下降 23%、26%、26%，而 7 月、8 月、9 月、10 月降幅缩小到 20% 至 15%，降幅逐月缩小。

同样方法计算，2023 年 4 月、5 月、6 月，全国工业营业收入与 2022 年同比的月度增速分别为下降超过 6.5%、8.7%、8.4%，而 7 月、8 月、9 月、10 月降幅缩小到 5% 至 2%。其中私营工业，4 月、5 月、

6月分别为下降19%、17%、15%，而7月、8月、9月、10月降幅缩小到6%至4%，也是降幅逐月缩小。

展望2024年，随着我国国际环境的改善，特别是中美关系的改善，随着一系列刺激经济政策的落实，特别是随着"民营经济31条"及其部门地方配套政策的切实执行，可以预期，民营经济人士将信心显增，民间投资和民营经济发展将扭转下降趋势，重拾增长态势，从而推动中国整体经济的增长好于2023年。

概述二

百万规上企业　中国经济脊梁

——2019—2022年全国规上企业经济数据简明比较

国家统计局的《中国统计摘要》自2020年起，每年公布全国规模以上（限额以上）企业（以下简称规上企业）的主要经济指标的绝对数据。这使人们第一次可以看到比较完整的全国重要企业的相关数据，并进行相关计算与分析。全国规上企业在数量上只占全国各类市场主体中的少数，但其资产、收入、利润和税收的总量则可能占全国各类市场主体的80%以上，是中国亿万市场主体中的绝对主体，更是影响中国经济发展基本态势的绝对主体。2022年全国各类市场主体中，各类企业和个体工商户近1.5亿家，其中企业法人单位数约3 283万家，而规上企业仅103万家，只占法人单位数的约3.3%。

以下是将统计局2020—2023年共四年的《中国统计摘要》中"按单位规模分组的企业主要统计数据"，将其绝对数汇总后进行的相关计算，并对主要数据进行简要比较分析。因此，我们可以从一个全新的角度看到全国规上企业经济运行概貌。

一、全国规上企业数据说明

1.数据来源。（1）表中数据源自2020—2023年《中国统计摘要》；（2）表中的"三类企业总计"一栏，数据为根据统计局的三类企业数据自己进行的加总计算；（3）表格中的各个增长率和占比数据都是根据统计局数据自己进行的按绝对数计算的数据；（4）表格数据不含金融类企业数据。

2. 统计局的注。（1）表中数据均为快报数据，企业划分依据《统计上大中小微型企业划分办法（2017）》标准；（2）规模以上服务企业分项不等于合计，是因为上述标准未对铁路运输业、自有房地产经营、教育、卫生等行业作出规定，因此无法分大中小微规模；（3）规模以上服务企业平均用工人数为期末用工人数。

3. 由于数据较多，为了简明起见，本文仅列表并简明分析三类规上企业整体情况，另文再分析各类型企业中的大中小型企业情况。

表1至表6是全国规上企业的六大经济数据绝对数的汇总。

从表1可见，汇总三类规上企业数量的三年平均增长速度为9.4%，其中，大型企业为4.8%，中型企业为4%，小微型企业为12%。

表1 按单位规模分组的各类企业总量数据

类型	法人单位数（个）				三年平均增速（%）
	2019年	2020年	2021年	2022年	
规上工业企业	372 822	383 077	408 732	451 362	6.6
大型企业	8 355	8 117	7 897	8 326	−0.1
中小微型企业	364 467	374 960	400 835	443 036	6.7
中型企业	43 105	40 745	39 443	39 349	−3
小微型企业	321 362	334 215	361 392	403 687	7.9
限上批零住餐业	246 067	277 156	317 504	371 277	14.7
大型企业	5 704	5 954	5 641	6 111	2.3
中小微型企业	240 363	271 202	311 863	365 166	15
中型企业	58 663	62 729	64 085	71 243	6.7
小微型企业	181 700	208 473	247 778	293 923	17.4
规上服务业企业	128 677	156 896	172 678	187 293	13.32
大型企业	6 413	7 940	8 334	9 136	12.5
中小微型企业	122 264	148 946	164 344	178 157	13.4
中型企业	21 716	25 433	26 544	28 232	9.1

续表

类型	法人单位数（个）				三年平均增速（%）
	2019 年	2020 年	2021 年	2022 年	
小微型企业	100 548	123 513	137 800	149 925	14.2
三类企业总计	747 566	817 119	898 915	1 009 932	10.55
大型企业	20 472	22 011	21 872	23 573	4.8
中型企业	123 484	128 907	130 072	138 824	4
大中型企业	143 956	150 918	151 944	162 397	4.1
小微型企业	603 610	666 201	746 970	847 535	12

注：1. 数据源自 2020—2023 年《中国统计摘要》；2. 三类企业总计数据为根据统计局数据自己进行的加总计算数据；3. 以下各表格的增长率和占比都是根据统计局数据按绝对数计算自己进行的推算数据。

从表 2 可见，汇总三类规上企业营业收入的三年平均增长速度为 12.2%，其中，大型企业为 8.1%，中型企业为 12.9%，小微型企业为 17.5%。

表 2　按单位规模分组的各类企业营收数据

类型	营业收入（亿元）				三年平均增速（%）
	2019 年	2020 年	2021 年	2022 年	
规上工业企业	1 057 825	1 061 434	1 279 227	1 379 098	9.2
大型企业	458 003	444 537	524 470	575 813	7.9
中小微型企业	599 822	616 897	754 756	803 285	10.2
中型企业	239 072	242 372	295 533	314 553	9.6
小微型企业	360 750	374 525	459 223	488 732	10.7
限上批零住餐业	638 714	707 817	919 659	1 009 819	16.5
大型企业	195 275	194 370	224 795	236 613	6.6
中小微型企业	443 439	513 447	694 864	773 206	20.4
中型企业	251 500	278 060	351 218	382 910	15
小微型企业	191 939	235 387	343 646	390 296	26.7
规上服务业企业	181 344	223 713	272 583	295 526	17.7
大型企业	74 999	85 648	100 559	107 083	12.6
中小微型企业	106 345	137 065	172 024	188 443	21
中型企业	45 949	56 675	68 783	73 876	17.2
小微型企业	60 395	80 390	103 240	114 567	23.8
三类企业总计	1 915 461	2 012 569	2 496 349	2 708 981	12.2

续表

类型	营业收入（亿元）				三年平均增速（%）
	2019年	2020年	2021年	2022年	
大型企业	728 277	724 555	849 824	919 509	8.1
中型企业	536 521	577 107	715 534	771 339	12.9
大中型企业	1 264 798	1 301 662	1 565 358	1 690 848	10.2
小微型企业	613 084	690 302	906 109	993 595	17.5

从表3可见，汇总三类规上企业利润的三年平均增长速度为9.6%，其中，大型企业为12.1%，中型企业为10.6%，小微型企业为7.1%。

表3 按单位规模分组的各类企业利润数据

行业	利润总额（亿元）				三年平均增速（%）
	2019年	2020年	2021年	2022年	
规上工业企业	61 995	64 516	87 092	84 039	10.7
大型企业	28 606	27 951	40 541	39 335	11.2
中小微型企业	33 389	36 565	46 551	44 704	10.2
中型企业	15 137	16 947	22 294	20 662	10.9
小微型企业	18 252	19 619	24 257	24 042	9.6
限上批零住餐业	13 156	13 408	17 440	17 019	9
大型企业	7 508	7 448	8 969	8 706	5.1
中小微型企业	5 648	5 960	8 470	8 313	13.8
中型企业	3 433	3 677	5 239	5 237	15.1
小微型企业	2 215	2 283	3 231	3 076	11.6
规上服务业企业	24 581	25 699	28 931	32 984	10.3
大型企业	11 378	12 939	14 202	18 899	18.4
中小微型企业	13 203	12 760	14 729	14 085	2.2
中型企业	5 556	6 259	7 694	6 703	6.5
小微型企业	7 647	6 501	7 035	7 382	−1.2
三类企业总计	101 348	103 413	133 682	133 418	9.6
大型企业	47 492	48 338	63 712	66 940	12.1
中型企业	24 126	26 883	35 227	32 602	10.6
大中型企业	71 618	75 221	98 939	99 542	11.6
小微型企业	28 114	28 403	34 523	34 500	7.1

从表4可见，汇总三类规上企业用工人数的三年平均增长速度为2.2%，其中，大型企业为1.7%，中型企业为2.1%，小微型企业为5.3%。

表4 按单位规模分组的各类企业用工人数数据

行业	平均用工人数（万人）				三年平均增速（%）
	2019年	2020年	2021年	2022年	
规上工业企业	7 495	7 318	7 439	7 549	0.2
大型企业	2 496	2 376	2 352	2 381	−1.6
中小微型企业	4 999	4 942	5 087	5 168	1.1
中型企业	2 114	2 036	2 047	1 993	−1.9
小微型企业	2 885	2 906	3 040	3 175	3.2
限上批零住餐业	1 536	1 525	1 578	1 629	2
大型企业	568	546	536	538	−1.8
中小微型企业	968	980	1 042	1 092	4.1
中型企业	566	574	580	595	1.7
小微型企业	402	406	462	497	7.3
规上服务业企业	2 543	3 124	3 365	3 504	12.3
大型企业	929	1 142	1 216	1 276	11.2
中小微型企业	1 614	1 982	2 149	2 228	11.3
中型企业	764	927	1 017	1 076	12.1
小微型企业	850	1 055	1 132	1 152	10.7
三类企业总计	12 236	12 351	12 779	13 076	2.2
大型企业	3 993	4 064	4 104	4 195	1.7
中型企业	3 444	3 537	3 644	3 664	2.1
大中型企业	7 437	7 601	7 748	7 859	1.9
小微型企业	4 137	4 367	4 634	4 824	5.3

从表5可见，汇总三类规上企业资产的三年平均增长速度为11.7%，其中，大型企业为10.3%，中型企业为10.8%，小微型企业为13.7%。

表5 按单位规模分组的各类企业资产数据

行业	资产总计（亿元）				三年平均增速（%）
	2019年	2020年	2021年	2022年	
规上工业企业	1 191 376	1 267 550	1 412 880	1 561 197	9.4

续表

行业	资产总计（亿元）				三年平均增速（%）
	2019年	2020年	2021年	2022年	
大型企业	569 654	588 348	640 335	707 018	7.5
中小微型企业	621 722	679 202	772 545	854 179	11.2
中型企业	274 050	292 576	328 586	356 229	9.1
小微型企业	347 672	386 626	443 959	497 951	12.7
限上批零住餐业	345 396	398 215	461 493	527 639	15.2
大型企业	118 195	125 782	141 828	157 250	10
中小微型企业	227 200	272 433	319 665	370 390	17.7
中型企业	134 480	156 961	174 650	198 250	13.8
小微型企业	92 720	115 472	145 015	172 140	22.9
规上服务业企业	811 926	958 685	1 065 951	1 170 415	13
大型企业	277 187	340 560	386 547	429 814	15.7
中小微型企业	534 739	618 125	679 404	740 601	11.5
中型企业	222 880	258 011	285 952	305 383	11.1
小微型企业	311 859	360 114	393 452	435 218	11.8
三类企业总计	2 482 816	2 775 923	3 124 674	3 460 309	11.7
大型企业	965 036	1 054 690	1 168 710	1 294 082	10.3
中型企业	631 410	707 548	789 188	859 862	10.8
大中型企业	1 596 446	1 762 238	1 957 898	2 153 944	10.5
小微型企业	752 251	862 212	982 426	1 105 309	13.7

从表6可见，汇总三类规上企业负债的三年平均增长速度为12.8%，其中，大型企业为10.4%，中型企业为10.6%，小微型企业为16.5%。

表6 按单位规模分组的各类企业负债数据

行业	负债合计（亿元）				三年平均增速（%）
	2019年	2020年	2021年	2022年	
规上工业企业	673 959	710 582	792 290	882 994	9.4
大型企业	319 066	323 921	350 386	388 703	6.8
中小微型企业	354 883	386 661	441 904	494 291	11.7
中型企业	155 748	162 211	181 335	198 546	8.4
小微型企业	199 135	224 450	260 569	295 745	14.1

续表

行业	负债合计（亿元）				三年平均增速（％）
	2019 年	2020 年	2021 年	2022 年	
限上批零住餐业	247 280	289 021	334 369	383 872	15.8
大型企业	77 550	83 305	93 961	104 592	10.5
中小微型企业	169 730	205 716	240 408	279 280	18.1
中型企业	98 518	116 112	126 775	144 239	13.6
小微型企业	71 212	89 604	113 633	135 041	23.8
规上服务业企业	423 816	519 351	581 402	646 074	15
大型企业	136 616	172 202	196 476	224 038	17.9
中小微型企业	287 200	347 149	384 926	422 036	13.7
中型企业	124 446	144 644	158 808	168 884	10.7
小微型企业	162 755	202 505	226 118	253 152	15.9
三类企业总计	1 406 682	1 592 773	1 801 791	2 018 543	12.8
大型企业	533 232	579 428	640 823	717 333	10.4
中型企业	378 712	422 967	466 918	511 669	10.6
大中型企业	911 944	1 002 395	1 107 741	1 229 002	10.5
小微型企业	433 102	516 559	600 320	683 938	16.5

二、全国规上企业主要指标数据简要比较分析

以下主要简明比较企业数量、从业人数、营收数量、利润数量和资产数量。

（一）规上企业数量简明比较——企业数量全国占比降低

全国三类规模以上企业法人单位数，2019 年为 787 098 家，2022 年为 1 029 891 家，三年增长了 30.8%，年均增长 6.6%。同期，全国企业法人单位数由 2019 年的 2 109 万家，增长到 2022 年的 3 283 万家，增长了 55.7%，年均增长 16%。规模以上企业法人单位占全国企业法人单位的比重，2019 年为 3.73%；2022 年为 3.13%。

2022 年，三类规上企业数量及三年年均增速，工业企业占 43.8%，

年均增速为6.6%；限上批零住餐业占36.1%，年均增速为14.7%；规上服务业企业占20.1%，年均增速为7.2%（见表7）。

表7 三类规上企业法人单位数及占比情况

类型	法人单位数（个）				年均增速（%）
	2019年	2020年	2021年	2022年	
规上工业企业	372 822	383 077	408 732	451 362	
增速（%）		2.8	6.7	10.4	6.6
占比（%）	47.4	46	44.6	43.8	
限上批零住餐业	246 067	277 156	317 504	371 277	
增速（%）		12.6	14.6	16.9	14.7
占比（%）	31.3	33.3	34.6	36.1	
规上服务业企业	168 209	173 254	191 029	207 252	
增速（%）		3	10.3	8.5	7.2
占比（%）	21.4	20.8	20.8	20.1	
三类企业总计	787 098	833 487	917 265	1 029 891	
增速（%）		5.9	10.1	12.3	9.4
占比（%）	100	100	100	100	

这三年大中小型企业数量的增长速度见表8。

表8 三类规上企业总量及占比数据

类型	法人单位数（个）				三年平均增速（%）
	2019年	2020年	2021年	2022年	
三类企业数量	787 098	833 487	917 265	1 029 891	9.4
大型企业	20 472	22 011	21 872	23 573	4.8
中型企业	123 484	128 907	130 072	138 824	4
大中型企业	143 956	150 918	151 944	162 397	4.1
小微型企业	603 610	666 201	746 970	847 535	12
三类企业占比	100	100	100	100	
大型企业	2.6	2.6	2.4	2.3	
中型企业	15.7	15.5	14.2	13.5	
大中型企业	18.3	18.1	16.6	15.8	
小微型企业	76.7	79.9	81.4	82.3	

（二）规上企业就业简明比较——企业劳动力全国占比提高

三类规上企业用工人数，2019年为12 236万人，2022年为13 076万人，三年年均增长率为2.23%。同期，2019年全国城镇就业人数为45 249万人，2022年为45 931万人，三年平均增长0.5%。这反映，中国规上企业吸纳就业的增长率是全国城镇平均水平的4倍多。但是，规上企业的就业占比并不高。2019年，规上企业用工人数分别占全国城镇就业人数的27%，2022年占28.5%。

2022年，三类规上企业用工人数占比及三年年均增速，工业企业占57.7%，年均增速为0.2%；限上批零住餐业占12.5%，年均增速为2%；规上服务业企业占29.8%，年均增速为6.7%（见表9）。

表9 三类规上企业用工人数

类型	平均用工人数（万人、%）				年均增速（%）
	2019年	2020年	2021年	2022年	
规上工业企业	7 495	7 318	7 439	7 549	
增速（%）		-2.4	1.7	1.5	0.2
占比（%）	61.3	59.3	58.2	57.7	
限上批零住餐业	1 536	1 525	1 578	1 629	
增速（%）		-0.7	3.5	3.2	2
占比（%）	12.6	12.3	12.3	12.5	
规上服务业企业	3 205	3 508	3 762	3 898	
增速（%）		9.5	7.2	3.6	6.7
占比（%）	26.2	28.4	29.4	29.8	
三类企业总计	12 236	12 351	12 779	13 076	
增速（%）		0.9	3.5	2.3	2.2
占比（%）	100	100	100	100	

这三年三类企业中的大中小型企业用工人数的增长速度见表10。

表10 三类规上企业用工人数及占比数据

类型	用工人数（人、%）				三年平均增速（%）
	2019年	2020年	2021年	2022年	
三类企业数量	12 236	12 351	12 779	13 076	2.2
大型企业	3 993	4 064	4 104	4 195	1.7
中型企业	3 444	3 537	3 644	3 664	2.1
大中型企业	7 437	7 601	7 748	7 859	1.9
小微型企业	4 137	4 367	4 634	4 824	5.3
三类企业占比	100	100	100	100	0
大型企业	32.6	32.9	32.1	32.1	−0.5
中型企业	28.1	28.6	28.5	28	−0.1
大中型企业	60.8	61.5	60.6	60.1	−0.4
小微型企业	33.8	35.4	36.3	36.9	3

（三）规上企业营收简明比较——企业营收增长超过GDP增长

2019—2022年，全国规上企业营业收入从191.54万亿元提高到270.9万亿元，三年年均增长12.12%，增速较高。由于营业收入是GDP的来源，可以将其与同期全国GDP名义价值（绝对数）进行比较。2019—2022年，全国GDP总额从98.65万亿元提高到121.02万亿元，三年年均增长6.75%。从当年绝对数比较，规上企业的营收增长率高于全国GDP的名义增长率。由此可见，规上企业是推动中国经济发展的主体动力。

2022年，三类规上企业营业收入占比及三年年均增速，工业企业占50.9%，年均增速为9.2%；限上批零住餐业占37.3%，年均增速为16.5%；规上服务业企业占11.8%，年均增速为13.5%（见表11）。

这三年三类企业中的大中小型营业收入的增长速度见表12。

表 11　三类规上企业营业收入情况

类型	营业收入（亿元）				年均增速（%）
	2019年	2020年	2021年	2022年	
规上工业企业	1 057 825	1 061 434	1 279 227	1 379 098	
增速（%）		0.3	20.5	7.8	9.2
占比（%）	55.2	52.7	51.2	50.9	
限上批零住餐业	638 713	707 817	919 659	1 009 819	
增速（%）		10.8	29.9	9.8	16.5
占比（%）	33.3	35.2	36.8	37.3	
规上服务业企业	218 923	243 018	297 463	320 064	
增速（%）		11	22.4	7.6	13.5
占比（%）	11.4	12.1	11.9	11.8	
三类企业总计	1 915 461	2 012 269	2 496 349	2 708 981	
增速（%）		5.1	24.1	8.5	12.2
占比（%）	100	100	100	100	

表 12　三类规上企业营业收入及增长速度

类型	营业收入（万元、%）				三年平均增速（%）
	2019年	2020年	2021年	2022年	
三类企业数量	1 915 461	2 012 269	2 496 349	2 708 981	12.2
大型企业	728 277	724 555	849 824	919 509	8.1
中型企业	536 521	577 107	715 534	771 339	12.9
大中型企业	1 264 798	1 301 662	1 565 358	1 690 848	10.2
小微型企业	613 084	690 302	906 109	993 595	17.5
三类企业占比	100	100	100	100	
大型企业	38	36	34	33.9	
中型企业	28	28.7	28.7	28.5	
大中型企业	66	64.7	62.7	62.4	
小微型企业	32	34.3	36.3	36.7	

（四）规上企业利润简明比较——企业利润增长超过所得税增长

2019—2022年，全国规上企业利润总额从101 348亿元提高到133 418亿元，三年年均增长9.6%，增速较高。企业利润是国家企业所得税收入的来源，可以将与同期全国企业所得税增长情况进行比较。2019—2022年，全国企业所得税总额从3.73万亿元提高到4.369万亿元，三年年均增长5.4%。规上企业利润总额增速高于企业所得税增速70%以上。企业所得税增长低于企业利润增长，这在一定程度上反映了国家对企业的所得税减免等让利支持行为。

2022年，三类规上企业利润占比及三年年均增速，工业企业占63%，年均增速为10.7%；限上批零住餐业占12.8%，年均增速为9%；规上服务业企业占24.3%，年均增速为7.3%（见表13）。

表13 三类规上企业利润及占比情况

类型	利润总额（亿元）				年均增速（%）
	2019年	2020年	2021年	2022年	
规上工业企业	61 996	64 516	87 092	84 039	
增速（%）		4.1	35	-3.5	10.7
占比（%）	61.2	62.4	65.1	63	
限上批零住餐业	13 156	13 408	17 440	17 019	
增速（%）		1.9	30.1	-2.4	9
占比（%）	13	13	13	12.8	
规上服务业企业	26 196	25 489	29 150	32 360	
增速（%）		-2.7	14.4	11	7.3
占比（%）	25.8	24.6	21.8	24.3	
三类企业总计	101 348	103 413	133 682	133 418	
增速（%）		2	29.3	-0.2	9.6
占比（%）	100	100	100	100	

这三年三类企业中的大中小型企业利润总额及增长速度见表14。

表14 三类规上企业利润总额及增长速度

类型	利润总额（人、%）				三年平均增速（%）
	2019年	2020年	2021年	2022年	
三类企业数量	101 348	103 413	133 682	133 418	9.6
大型企业	47 492	48 338	63 712	66 940	12.1
中型企业	24 126	26 883	35 227	32 602	10.6
大中型企业	71 618	75 221	98 939	99 542	11.6
小微型企业	28 114	28 403	34 523	34 500	7.1
三类企业占比	100	100	100	100	
大型企业	46.9	46.7	47.7	50.2	
中型企业	23.8	26	26.4	24.4	
大中型企业	70.7	72.7	74	74.6	
小微型企业	27.7	27.5	25.8	25.9	

（五）规上企业资产简明比较——企业资产高速增长惊人

2019—2022年，全国规上企业资产总额从248.28万亿元提高到346.03万亿元，三年年均增长11.7%，增速很高。远高于企业营业收入、利润和税收的增长速度。虽然这反映了企业的资产实力快速增长，但也反映了企业的资产效益与效率在不断降低。

2022年，三类规上企业资产总额占比及三年年均增速，工业企业占45.1%，年均增速为9.4%；限上批零住餐业占15.2%，年均增速为15.2%；规上服务业企业占39.6%，年均增速为13.2%（见表15）。

表15 三类规上企业资产及占比情况

类型	资产总计（亿元）				年均增速（%）
	2019年	2020年	2021年	2022年	
规上工业企业	1 191 375	1 267 550	1 412 880	1 561 197	
增速（%）		6.4	11.5	10.5	9.4

续表

类型	资产总计（亿元）				年均增速（%）
	2019年	2020年	2021年	2022年	
占比（%）	48	45.7	45.2	45.1	
限上批零住餐业	345 396	398 215	461 493	527 639	
增速（%）		15.3	15.9	14.3	15.2
占比（%）	13.9	14.3	14.8	15.2	
规上服务业企业	946 045	1 110 158	1 250 301	1 371 473	
增速（%）		17.3	12.6	9.7	13.2
占比（%）	38.1	40	40	39.6	
三类企业总计	2 482 816	2 775 923	3 124 674	3 460 309	
（资产增量）		293 107	348 751	335 635	−977 493
增速（%）		11.8	12.6	10.7	11.7
占比（%）	100	100	100	100	
三类企业负债额	1 406 682	1 592 773	1 801 791	2 018 543	12.8
三类企业净资产	1 076 134	1 183 190	1 322 883	1 441 766	10.2
（净资产增量）		107 056	139 693	118 883	−365 632

这三年三类规上企业中的大中小型企业资产总额和增长速度见表16。

表16 三类规上企业资产总额及增长速度

类型	资产总额（人、%）				三年平均增速（%）
	2019年	2020年	2021年	2022年	
三类企业数量	2 482 816	2 775 923	3 124 674	3 460 309	11.7
大型企业	965 036	1 054 690	1 168 710	1 294 082	10.3
中型企业	631 410	707 548	789 188	859 862	10.8
大中型企业	1 596 446	1 762 238	1 957 898	2 153 944	10.5
小微型企业	752 251	862 212	982 426	1 105 309	13.7
三类企业占比	100	100	100	100	
大型企业	38.9	38	37.4	37.4	
中型企业	25.4	25.5	25.3	24.8	
大中型企业	64.3	63.5	62.7	62.2	
小微型企业	30.3	31.1	31.4	31.9	

（六）资产比较的特别问题——三项指标数据相互不太匹配

企业投资增长推动GDP中的固定资本形成总额增长，进而推动企业资产总额增长。因此，可以将规上企业资产增长与全国投资增长和GDP中的固定资本形成总额增长进行比较。2019—2022年，全国固定资产投资总额从51.36万亿元提高到57.96万亿元，三年年均增长4.1%；同期全国GDP中的固定资本形成总额从42.67万亿元增至52.39万亿元，三年平均增速为7.1%；全国规上企业的资产总额从248.3万亿元增长至346.0万亿元，三年平均增速为11.7%，后者明显高于前二者，似乎有些不太匹配。这说明什么？说明企业投资转化为固定资本形成总额、进而转化成企业资产总额的比例（或效率）明显提高了？即同样数量的企业投资形成了更多的企业资产？还是企业资产总额可能被高估了？或者二者兼而有之？应当如何理解这种数据的不太匹配，有待统计专家予以科学解释（见表17）。

表17　全国投资、规上企业资产和GDP固定资本形成比较

类型	资产总计（亿元） 2019年	2020年	2021年	2022年	三年增加额（亿元）	年均增速（%）
全国固定资产投资总额	513 608	527 270	552 884	579 556	65 948	
增速（%）		2.7	4.9	4.8		4.1
GDP中固定资本形成总额	426 679	439 550	495 784	523 894	97 215	
增速（%）		3	12.8	5.7		7.1
投资的固定资本形成转化率		83.4	897	90.4		
三类规上企业资产合计	2 482 816	2 775 923	3 124 674	3 460 309	977 493	
企业资产当年增量		293 107	348 751	335 635		
增速（%）		11.8	12.6	10.7		11.7
投资的企业资产转化率		55.6	63.1	58		

注：绝对数均摘自国家统计局年鉴和统计摘要。增长额和增长率为作者按绝对数计算。

第一章　民企政策环境
——民经政策新年，期盼落实到位

2023年，国家出台一系列稳定预期、提振信心、促进民营经济发展的政策措施。继2022年10月"促进民营经济发展壮大"写入党的二十大报告之后，2023年7月发布的《中共中央 国务院关于促进民营经济发展壮大的意见》明确提出"民营经济是推进中国式现代化的生力军，是高质量发展的重要基础，是推动我国全面建成社会主义现代化强国、实现第二个百年奋斗目标的重要力量。"2023年3月6日，习近平在看望参加政协会议的民建工商联界委员时强调，"我们始终把民营企业和民营企业家当作自己人，在民营企业遇到困难的时候给予支持，在民营企业遇到困惑的时候给予指导"。

一、法律法规

2023年全国人大和国务院通过一系列法律法规条例，其中全国人大及其常委会全年共制定法律6件，修改法律7件，现行有效法律300件；国务院制定条例6部。其中，《无人驾驶航空器飞行管理暂行条例》《私募投资基金监督管理条例》《未成年人网络保护条例》《非银行支付机构监督管理条例》等法规所涉及的行业和领域，其参与者主要是民营企业（见表1）。

表1   2023年全国人大和国务院发布的与民营经济相关法律、法规与条例

时间	法律及条例	相关内容
2023年6月	《无人驾驶航空器飞行管理暂行条例》	贯彻总体国家安全观，统筹发展和安全，坚持底线思维和系统观念，以维护航空安全、公共安全、国家安全为核心，以完善无人驾驶航空器监管规则为重点，对无人驾驶航空器从设计生产到运行使用进行全链条管理
2023年7月	《私募投资基金监督管理条例》	共7章62条，从适用范围、管理人和托管人职责、基金募集和投资运作、创业投资基金特别规定、监督管理和法律责任这几个方面对私募基金业务活动的监督管理进行了规定
2023年10月	《未成年人网络保护条例》	共7章60条，重点就网络素养促进、网络信息内容规范、个人信息网络保护、网络沉迷防治等方面做出规定
2023年12月	《非银行支付机构监督管理条例》	规定设立非银行支付机构应当经中国人民银行批准，明确设立条件并严把准入关。明确非银行支付机构应当以提供小额、便民支付服务为宗旨，未经批准不得从事依法需经批准的其他业务，不得从事或者变相从事清算业务。非银行支付机构不得将相关核心业务和技术服务委托第三方处理
2023年12月	《中华人民共和国公司法》修订	坚持党对国有企业的领导；完善国家出资公司特别规定；完善公司设立、退出制度；优化公司组织机构设置；完善公司资本制度；强化控股股东和经营管理人员的责任；加强公司社会责任
2023年12月	《中华人民共和国慈善法》修订	健全慈善信息统计；新设应急慈善专章；完善网络慈善有关规定；填补网络个人求助法治空白；推动慈善监管全覆盖；加强综合监管和行业指导；规范慈善信托运作
2023年12月	《中华人民共和国粮食安全保障法》	坚决遏制"非农化"、有效防止"非粮化"；加强粮食流通管理；外商投资粮食生产经营，影响或者可能影响国家安全的，应当按照国家有关规定进行外商投资安全审查

二、重要会议

2023年，中央全面深化改革委员会先后召开了三次会议，审议通过了一系列政策文件。中央财经委员会召开两次会议，中央国家安全委员会召开一次会议。时隔六年再次召开中央金融工作会议，自1997年召开第一次全国金融工作会议以来，之后每隔五年召开一次，随着2023年3月中央金融委员会的成立，会议名称也从全国金融工作会议变更为中央金融工作会议。2023年年末召开的中央经济工作会议指出"促进民营企业发展壮大，在市场准入、要素获取、公平执法、权益保护等方面落实一批举措"（见表2）。

表2　2023年党中央和国务院重要会议与民营经济相关内容

时间	会议	相关内容
2023年4月21日	中央全面深化改革委员会第一次会议	审议通过了《关于强化企业科技创新主体地位的意见》《关于加强和改进国有经济管理有力支持中国式现代化建设的意见》《关于促进民营经济发展壮大的意见》等
2023年5月5日	中央财经委员会第一次会议	研究加快建设现代化产业体系问题，研究以人口高质量发展支撑中国式现代化问题
2023年5月30日	中央国家安全委员会第一次会议	会议强调要坚持底线思维和极限思维，准备经受风高浪急甚至惊涛骇浪的重大考验。审议通过了《加快建设国家安全风险监测预警体系的意见》《关于全面加强国家安全教育的意见》等文件。
2023年7月11日	中央全面深化改革委员会第二次会议	审议通过了《关于建设更高水平开放型经济新体制促进构建新发展格局的意见》《深化农村改革实施方案》《关于推动能耗双控逐步转向碳排放双控的意见》《关于高等学校、科研院所薪酬制度改革试点的意见》《关于进一步深化石油天然气市场体系改革提升国家油气安全保障能力的实施意见》《关于深化电力体制改革加快构建新型电力系统的指导意见》
2023年7月20日	中央财经委员会第二次会议	研究加强耕地保护和盐碱地综合改造利用等问题
2023年10月30—31日	中央金融工作会议	坚定不移走中国特色金融发展之路。严格中小金融机构准入标准和监管要求；及时处置中小金融机构风险；建立防范化解地方债务风险长效机制，优化中央和地方政府债务结构；一视同仁满足不同所有制房地产企业合理融资需求；对风险早识别、早预警、早暴露、早处置，健全具有硬约束的金融风险早期纠正机制
2023年11月7日	中央全面深化改革委员会第三次会议	审议通过了《关于全面推进美丽中国建设的意见》《关于进一步完善国有资本经营预算制度的意见》《关于健全自然垄断环节监管体制机制的实施意见》《关于加强专家参与公共决策行为监督管理的指导意见》《关于加强生态环境分区管控的指导意见》
2023年12月11—12日	中央经济工作会议	加强财政、货币、就业、产业、区域、科技、环保等政策协调配合，把非经济性政策纳入宏观政策取向一致性评估。加强经济宣传和舆论引导，唱响中国经济光明论。不断完善落实"两个毫不动摇"的体制机制，充分激发各类经营主体的内生动力和创新活力。促进民营企业发展壮大，在市场准入、要素获取、公平执法、权益保护等方面落实一批举措。放宽电信、医疗等服务业市场准入，认真解决数据跨境流动、平等参与政府采购等问题。切实打通外籍人员来华经商、学习、旅游的堵点。统筹化解房地产、地方债务、中小金融机构等风险

三、中央文件

2023年，中央出台《中共中央 国务院关于促进民营经济发展壮大的意见》（以下简称"新31条"）等重要文件，特别是"新31条"明确指出"引导全社会客观正确全面认识民营经济和民营经济人士。加强理论研究和宣传，坚持实事求是、客观公正，把握好正确舆论导向，引导社会正确认识民营经济的重大贡献和重要作用，正确看待民营经济人士通过合法合规经营获得的财富。坚决抵制、及时批驳澄清质疑社会主义基本经济制度、否定和弱化民营经济的错误言论与做法，及时回应关切、打消顾虑。"（见表3）

表3 2023年党中央出台的与民营经济相关政策

时间	政策	相关内容
2023年6月	中共中央办公厅 国务院办公厅印发《关于构建优质均衡的基本公共教育服务体系的意见》	全面推进义务教育免试就近入学和公办民办学校同步招生政策，确保不同群体适龄儿童平等接受义务教育
2023年7月	《中共中央 国务院关于促进民营经济发展壮大的意见》	民营经济是推进中国式现代化的生力军，是高质量发展的重要基础，是推动我国全面建成社会主义现代化强国、实现第二个百年奋斗目标的重要力量。坚持社会主义市场经济改革方向，坚持"两个毫不动摇"，加快营造市场化、法治化、国际化一流营商环境，优化民营经济发展环境，依法保护民营企业产权和企业家权益，全面构建亲清政商关系，使各种所有制经济依法平等使用生产要素、公平参与市场竞争、同等受到法律保护
2023年8月	中共中央办公厅 国务院办公厅印发《关于进一步加强青年科技人才培养和使用的若干措施》	加强思想政治引领；强化职业早期支持；突出大胆使用；促进国际化发展；构建长效机制
2023年9月	中共中央办公厅 国务院办公厅印发《深化集体林权制度改革方案》	提出了加快推进"三权分置"、发展林业适度规模经营、切实加强森林经营、保障林木所有权权能、积极支持产业发展、探索完善生态产品价值实现机制、加大金融支持力度、妥善解决历史遗留问题8项主要任务

四、国务院政策

2023年国务院落实中央会议和文件精神，出台多项涉及民营经济、外商投资、外贸、就业与消费的政策。其中，国务院办公厅转发国家发展改革委、财政部《关于规范实施政府和社会资本合作新机制的指导意见》的通知明确提出，"市场化程度较高、公共属性较弱的项目，应由民营企业独资或控股；关系国计民生、公共属性较强的项目，民营企业股权占比原则上不低于35%"（见表4）。

表4 2023年国务院出台的与民营经济相关政策

时间	政策	相关内容
2023年1月	国务院办公厅转发商务部科技部关于进一步鼓励外商投资设立研发中心若干措施的通知	提出了支持开展科技创新、提高研发便利度、鼓励引进海外人才、提升知识产权保护水平4方面16条政策举措
2023年2月	国务院办公厅关于深入推进跨部门综合监管的指导意见	2023年年底前，建立跨部门综合监管重点事项清单管理和动态更新机制，在部分领域开展跨部门综合监管试点，按事项建立健全跨部门综合监管制度；到2025年，在更多领域、更大范围建立健全跨部门综合监管制度，进一步优化协同监管机制和方式，大幅提升发现问题和处置风险能力
2023年3月	国务院办公厅关于公布《法律、行政法规、国务院决定设定的行政许可事项清单（2023年版）》的通知	包括991项行政许可
2023年4月	国务院办公厅关于推动外贸稳规模优结构的意见	提出强化贸易促进拓展市场、稳定和扩大重点产品进出口规模、加大财政金融支持力度、加快对外贸易创新发展、优化外贸发展环境5方面18条措施
2023年4月	国务院办公厅关于优化调整稳就业政策措施全力促发展惠民生的通知	提出激发活力扩大就业容量、拓宽渠道促进高校毕业生等青年就业创业、强化帮扶兜牢民生底线、加强组织实施4方面15条措施
2023年6月	国务院印发关于在有条件的自由贸易试验区和自由贸易港试点对接国际高标准推进制度型开放若干措施的通知	在推动货物贸易创新发展、推进服务贸易自由便利、便利商务人员临时入境、促进数字贸易健康发展、加大优化营商环境力度5方面提出28条试点措施
2023年7月	国务院办公厅转发国家发展改革委关于恢复和扩大消费措施的通知	提出稳定大宗消费、扩大服务消费、促进农村消费、拓展新型消费、完善消费设施、优化消费环境6方面20项措施

续表

时间	政策	相关内容
2023年8月	国务院关于进一步优化外商投资环境加大吸引外商投资力度的意见	提出提高利用外资质量、保障外商投资企业国民待遇、持续加强外商投资保护、提高投资运营便利化水平、加大财税支持力度、完善外商投资促进方式6方面24条政策措施
2023年10月	国务院关于推进普惠金融高质量发展的实施意见	鼓励金融机构开发符合小微企业、个体工商户生产经营特点和发展需求的产品和服务，加大首贷、续贷、信用贷、中长期贷款投放。建立完善金融服务小微企业科技创新的专业化机制，加大对专精特新、战略性新兴产业小微企业的支持力度
2023年11月	国务院办公厅转发国家发展改革委、财政部《关于规范实施政府和社会资本合作新机制的指导意见》的通知	最大程度鼓励民营企业参与政府和社会资本合作新建（含改扩建）项目，制定《支持民营企业参与的特许经营新建（含改扩建）项目清单（2023年版）》并动态调整。市场化程度较高、公共属性较弱的项目，应由民营企业独资或控股；关系国计民生、公共属性较强的项目，民营企业股权占比原则上不低于35%；少数涉及国家安全、公共属性强且具有自然垄断属性的项目，应积极创造条件、支持民营企业参与。对清单所列领域以外的政府和社会资本合作项目，可积极鼓励民营企业参与。外商投资企业参与政府和社会资本合作项目按照外商投资管理有关要求并参照上述规定执行
2023年11月	国务院关于《支持北京深化国家服务业扩大开放综合示范区建设工作方案》的批复	在北京取消信息服务业务（仅限应用商店，不含网络出版服务）、互联网接入服务业务（仅限为用户提供互联网接入服务）等增值电信业务外资股比限制，研究适时进一步扩大增值电信业务开放。将外商投资设立演出场所、娱乐场所、互联网上网服务场所的审批权下放至区级
2023年12月	国务院办公厅印发《关于加快内外贸一体化发展的若干措施》的通知	提出促进内外贸规则制度衔接融合、促进内外贸市场渠道对接、优化内外贸一体化发展环境、加快重点领域内外贸融合发展、加大财政金融支持力度5方面18条措施

五、最高检、最高法政策

据最高人民检察院称，从检察办案和调研情况看，在民营企业合法权益保障方面反映较多的有三类问题：一是以刑事手段插手经济纠纷，对民营企业或者民营企业家违法立案，违法查封、扣押、冻结民营企业财物等问题；二是涉刑事犯罪的民营企业如何维持正常生产经营的问题；三是民营企业内部人员，特别是民营企业高管、财务、采购、销售、技术等关键岗位人员侵害民营企业合法权益犯罪得不到及时有力惩治的问题。2023年，最高人民法院、最高人民检察院就落实"新31条"各自出台了相关意见，最高检还针对民营企业内部人员犯罪出台了相关政策。（见表5）。

表5 2023年最高法、最高检出台的与民营经济相关政策

时间	政策	相关内容
2023年2月	最高人民法院、国家知识产权局《关于强化知识产权协同保护的意见》	从总体要求、建立常态化联络机制、加强业务协作、加强工作保障4个方面，提出明确联络机构、建立会商机制、加强信息共享、推动协同保护相关法律政策完善、促进行政标准与司法标准统一、指导推进协同保护、加强专业技术支撑、加强重点业务研讨、推进跨区域协作共建、深度参与全球知识产权治理、加强人才交流与培训、加强评估指导、加强宣传引导13项具体举措
2023年7月	最高人民检察院《关于依法惩治和预防民营企业内部人员侵害民营企业合法权益犯罪、为民营经济发展营造良好法治环境的意见》	要求各级检察机关把依法惩治和预防民营企业内部人员犯罪作为依法保护民营企业合法权益的重要内容，通过高质效履行检察职责，在依法惩治犯罪的同时，更好地帮助企业去疴除弊、完善内部治理
2023年10月	最高人民法院《关于优化民营经济法治环境 促进民营经济发展壮大的指导意见》	从总体要求、依法保护民营企业产权和企业家合法权益、维护统一公平诚信的市场竞争环境、运用法治方式促进民营企业发展和治理、持续提升司法审判保障质效、加强组织实施6个方面对审判执行工作提出明确要求，用27个条文对"新31条"中的19项内容进行了落实和细化
2023年10月	最高人民检察院《关于全面履行检察职能推动民营经济发展壮大的意见》	从持续做优刑事检察、精准开展民事检察监督、强化行政检察监督、深入推进公益诉讼检察、加强知识产权检察综合履职等方面提出具体措施

六、部委政策

各部门贯彻落实党中央和国务院要求，特别是就落实"新31条"，多部门或联合或单独出台了多项政策。其中，中国人民银行、金融监管总局、中国证监会、国家外汇局、国家发展改革委、工业和信息化

部、财政部、全国工商联等八部门联合印发《关于强化金融支持举措 助力民营经济发展壮大的通知》,明确金融服务民营企业目标和重点,总量上通过制定民营企业年度服务目标、提高服务民营企业相关业务在绩效考核中的权重等,加大对民营企业的金融支持力度,逐步提升民营企业贷款占比;结构上,加大对科技创新、"专精特新"、绿色低碳、产业基础再造工程等重点领域以及民营中小微企业的支持力度(见表6)。

表6 2023年各部委出台的与民营经济相关政策

时间	政策	相关内容
2023年2月	国家发展改革委等部门关于完善招标投标交易担保制度进一步降低招标投标交易成本的通知	严格规范招标投标交易担保行为;全面推广保函(保险);规范保证金收取和退还;清理历史沉淀保证金;鼓励减免政府投资项目投标保证金;鼓励实行差异化缴纳投标保证金;加快完善招标投标交易担保服务体系
2023年7月	市场监管总局等部门关于开展妨碍统一市场和公平竞争的政策措施清理工作的通知	清理范围涵盖国务院各部门和县级以上地方各级人民政府及其所属部门2022年12月31日前制定、现行有效的涉及经营主体经济活动的规章、规范性文件和其他政策措施,重点清理妨碍市场准入和退出、妨碍商品和要素自由流动、影响生产经营成本、影响生产经营行为等妨碍建设全国统一大市场和公平竞争的规定和做法
2023年7月	国家发展改革委关于进一步抓好抓实促进民间投资工作努力调动民间投资积极性的通知	从明确工作目标、聚焦重点领域、健全保障机制、营造良好环境4方面提出17项工作措施
2023年8月	国家发展改革委等部门关于实施促进民营经济发展近期若干举措的通知	5方面28条具体措施
2023年8月	国家税务总局关于接续推出和优化"便民办税春风行动"措施促进民营经济发展壮大服务高质量发展的通知	5方面28条便民办税缴费举措
2023年8月	国家发展改革委关于完善政府诚信履约机制优化民营经济发展环境的通知	围绕建立违约失信信息源头获取和认定机制、健全失信惩戒和信用修复机制、强化工作落实的政策保障3个方面提出9条举措
2023年9月	市场监管总局关于印发《市场监管部门促进民营经济发展的若干举措》的通知	促进民营经济发展22条举措

续表

时间	政策	相关内容
2023年11月	中国人民银行 金融监管总局 中国证监会 国家外汇局 国家发展改革委 工业和信息化部 财政部 全国工商联关于强化金融支持举措 助力民营经济发展壮大的通知	持续加大信贷资源投入，助力民营经济发展壮大；深化债券市场体系建设，畅通民营企业债券融资渠道；更好发挥多层次资本市场作用，扩大优质民营企业股权融资规模；加大外汇便利化政策和服务供给，支持民营企业"走出去""引进来"；强化正向激励，提升金融机构服务民营经济的积极性；优化融资配套政策，增强民营经济金融承载力
2023年12月	人力资源社会保障部关于强化人社支持举措 助力民营经济发展壮大的通知	扩大民营企业技术技能人才供给，优化民营企业就业创业服务，推动构建和谐劳动关系，加大社会保险惠企支持力度。

第二章　民企工资增长

——工作机会减少，工资差距扩大

2022年，在经济、就业等各项因素的压力之下，城镇私营单位就业人员平均工资、农民工月均收入及全国居民人均可支配收入增速均明显下滑。扣除价格因素，城镇私营单位就业人员年平均工资仅增长1.7%。受房地产行业持续收缩的影响，房地产行业私营单位工资负增长，建筑业私营单位工资几乎无增长；而受疫情防控影响，教育行业、文化体育和娱乐业、居民服务修理和其他服务业、住宿和餐饮业等人员密集型或接触型服务业私营单位平均工资增速也较低，低于通胀水平，实际负增长。

一、居民可支配收入情况

2023年全国居民人均可支配收入39 218元，比上年名义增长6.3%，扣除价格因素，实际增长6.1%。分城乡看，城镇居民人均可支配收入51 821元，增长5.1%，扣除价格因素，实际增长4.8%；农村居民人均可支配收入21 691元，增长7.7%，扣除价格因素，实际增长7.6%。城乡居民人均可支配收入比值为2.39，比上年缩小0.06（见表1、图1）。

2023年，全国居民人均可支配收入中位数33 036元，增长5.3%，中位数是平均数的84.2%。其中，城镇居民人均可支配收入中位数47 122元，增长4.4%，中位数是平均数的90.9%；农村居民人均可支配收入中位数18 748元，增长5.7%，中位数是平均数的86.4%。

2023年，全国居民人均消费支出26 796元，比上年名义增长9.2%，扣除价格因素影响，实际增长9.0%。分城乡看，城镇居民人均消费支出32 994元，增长8.6%，扣除价格因素，实际增长8.3%；农村居民人均消费支出18 175元，增长9.3%，扣除价格因素，实际增长9.2%。

表1 全国居民可支配收入数据

单位：元，%

年份	居民可支配收入				增长率				人均GDP	全国居民人均消费支出
	全国	城镇	农村	城镇/农村	全国	城镇	农村	农村/城镇		
2013	18 311	26 467	9 430	2.81	10.9	—	—	—	43 497	13 220
2014	20 167	28 844	10 489	2.75	10.1	9.0	11.2	1.25	46 912	14 491
2015	21 966	31 195	11 422	2.73	8.9	8.2	8.9	1.09	49 922	15 712
2016	23 821	33 616	12 363	2.72	8.4	7.8	8.2	1.06	53 783	17 111
2017	25 974	36 396	13 432	2.71	9.0	8.3	8.6	1.05	59 592	18 322
2018	28 228	39 251	14 617	2.69	8.7	7.8	8.8	1.12	65 534	19 853
2019	30 733	42 359	16 021	2.64	8.9	7.9	9.6	1.21	70 078	21 559
2020	32 189	43 834	17 131	2.56	4.7	3.5	6.9	1.99	71 828	21 210
2021	35 128	47 412	18 931	2.50	9.1	8.2	10.5	1.29	81 370	24 100
2022	36 883	49 283	20 133	2.45	5.0	3.9	6.3	1.62	85 698	24 538
2023	39 218	51 821	21 691	2.39	6.3	5.1	7.7	1.51	89 358	26 796

注：数据源自《中国统计年鉴2023》表6-1全国居民人均收支情况、表6-6城镇居民人均收支情况、表6-11农村居民人均收支情况、表3-1国内生产总值；2023年数据来自国家统计局季度数据发布；城镇/农村、农村/城镇为大成课题组计算得出。

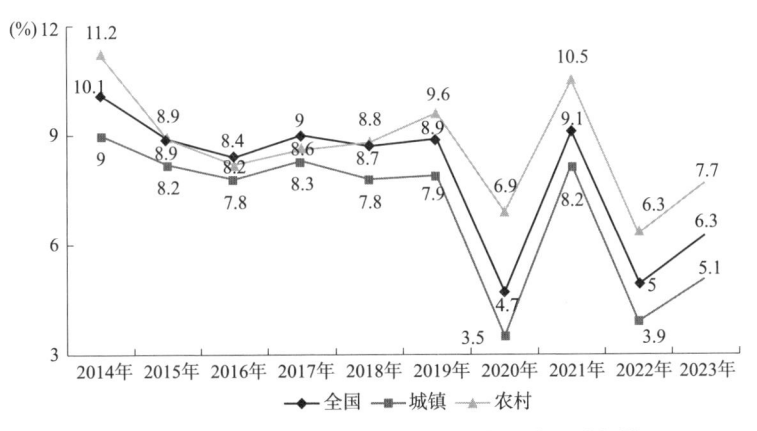

图1 2014—2023年全国居民人均可支配收入增长情况

多年来中国住户部门在国民收入初次分配中的占比仅为60%左右，导致人均可支配收入与人均国内生产总值、人均国民总收入差距较大，2023年全国居民可支配收入占GDP比重仅为43.9%，全国居民消费支出更是仅占GDP的30.0%（见表2）。国内需求低迷实则是因为居民消费低迷，所以常年靠大规模的国有部门固定资产投资来拉动需求，造成产能过剩和债务积累。而消费占比低是因为住户部门的初次分配和居民可支配收入占比低。

表2　2013—2023年三大部门收入分配比重及居民收入与消费占GDP比重

单位：%

年份	初次分配 企业	初次分配 广义政府	初次分配 住户	再分配 企业	再分配 广义政府	再分配 住户	全国居民可支配收入占GDP比重	全国居民消费支出占GDP比重
2013	25.2	15.2	59.6	20.9	15.5	63.6	42.2	30.5
2014	25.2	15.2	59.6	21.1	15.5	63.4	43.1	31.0
2015	24.5	14.7	60.7	20.2	14.6	65.3	44.1	31.6
2016	25.0	14.1	60.9	20.8	13.6	65.7	44.4	31.9
2017	25.6	13.4	61.0	21.5	13.5	65.0	43.7	30.8
2018	26.1	12.8	61.1	21.9	12.6	65.4	43.2	30.4
2019	25.9	12.7	61.4	21.9	11.5	66.7	43.9	30.8
2020	26.9	11.1	62.0	22.9	8.1	69.0	44.8	29.5
2021	28.2	10.8	61.0	24.1	9.8	66.1	43.2	29.6
2022	—	—	—	—	—	—	43.0	28.6
2023	—	—	—	—	—	—	43.9	30.0

注：数据源自《中国统计年鉴2023》表3-17、表3-19。

二、城镇单位就业人员年平均工资情况

2022年全国城镇私营单位就业人员年平均工资为65 237元，比上年增加2 353元，名义增长3.7%。扣除价格因素，2022年全国城镇私营单位就业人员年平均工资实际增长1.7%。

2022年全国城镇非私营单位就业人员年平均工资为114 029元，比上年增加7 192元，名义增长6.7%。扣除价格因素，2022年全国城镇非私营单位就业人员年平均工资实际增长4.6%。

2022年，私营单位工资增速仅为非私营单位工资增速的55%，是2009年国家统计局建立私营单位工资统计调查制度以来的最低。以2009年为基数，自2010年的13年以来，私营单位工资年均增速为10.3%，非私营为10.2%。这13年大致可分为两个阶段，即2010—2014年的五年和2015—2022年的八年。前五年私营单位工资增速超过非私营单位，私营单位工资年均增速14.9%，非私营单位为11.8%，工资差距缩小，私营单位工资占非私营单位工资比例从2009年的56.4%缩小到2014年的64.6%；后八年私营单位增速低于非私营单位，私营单位工资年均增速7.6%，非私营单位为9.2%，工资差距扩大，私营单位工资占非私营单位工资比重从2014年高峰时的64.6%降至2022年的57.2%。（见表3、图2）

表3　2009—2022年城镇私营、非私营单位就业人员年平均工资情况

单位：元，%

年份	平均工资			名义增长率		
	私营单位	非私营单位	私营/非私营	私营单位	非私营单位	私营/非私营
2009	18 199	32 244	56.4			
2010	20 759	36 539	56.8	14.1	13.3	1.06
2011	24 556	41 799	58.7	18.3	14.4	1.27
2012	28 752	46 769	61.5	17.1	11.9	1.44
2013	32 706	51 483	63.5	13.8	10.1	1.36
2014	36 390	56 360	64.6	11.3	9.5	1.19
2015	39 589	62 029	63.8	8.8	10.1	0.87
2016	42 833	67 569	63.4	8.2	8.9	0.92
2017	45 761	74 318	61.6	6.8	10.0	0.68
2018	49 575	82 413	60.2	8.3	10.9	0.76
2019	53 604	90 501	59.2	8.1	9.8	0.83

续表

年份	平均工资 私营单位	平均工资 非私营单位	私营/非私营	名义增长率 私营单位	名义增长率 非私营单位	私营/非私营
2020	57 727	97 379	59.3	7.7	7.6	1.01
2021	62 884	106 837	58.9	8.9	9.7	0.92
2022	65 237	114 029	57.2	3.7	6.7	0.55

注：数据源自《中国统计年鉴 2023》表 4-9、表 4-13，年均增长率数和私营/非私营为大成课题组计算得出。

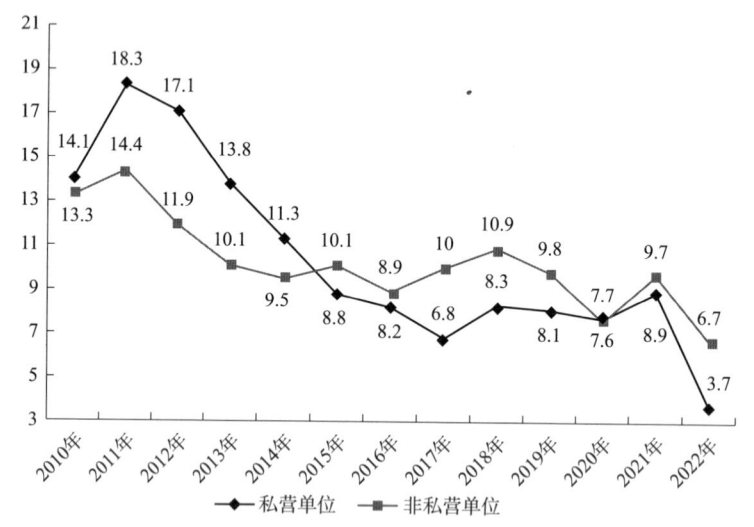

图 2　2010—2022 年城镇私营、非私营单位就业人员年平均工资名义增长率情况

（一）按区域分

从地区差异看，2022 年城镇私营单位就业人员年平均工资由高到低依次是东部、西部、中部和东北，其中东部高于全国平均水平，其他三个区域低于全国平均水平。这一格局自 2015 年以来一直没有变化，不过东部地区与东北地区的工资差距略有扩大，私营单位平均工资最高（东部）与最低（东北）地区之比从 2015 年的 1.35 扩大到 2022 年的 1.46。工资差距扩大的主要原因是东北地区私营单位平均工资增速在 2014—2017 年

大幅放缓。值得注意的是，2022年中部地区私营单位工资增速大幅放缓，工资增速只有1.5%。（见表4、表5）

表4　2020—2022年分区域城镇私营、非私营单位就业人员年平均工资情况

单位：元，%

区域	2020年 非私营	2020年 私营	2020年 私营/非私营	2021年 非私营	2021年 私营	2021年 私营/非私营	2022年 非私营	2022年 私营	2022年 私营/非私营
全国	97 379	57 727	59.3	106 837	62 884	58.9	114 029	65 237	57.2
东部	112 372	63 601	56.6	124 019	69 706	56.2	132 802	72 965	54.9
中部	78 193	48 861	62.5	85 533	52 698	61.6	90 452	53 477	59.1
西部	88 000	50 510	57.4	94 964	54 278	57.2	100 759	55 781	55.4
东北	77 631	43 928	56.6	83 575	48 106	57.6	89 941	49 895	55.5

注：数据源自国家统计局，私营/非私营为大成课题组计算得出。

表5　2019—2022年分区域城镇私营、非私营单位就业人员年平均工资名义增长率情况

单位：%

区域	2019年 非私营	2019年 私营	2020年 非私营	2020年 私营	2021年 非私营	2021年 私营	2022年 非私营	2022年 私营
全国	9.8	8.1	7.6	7.7	9.7	8.9	6.7	3.7
东部	11.7	7.7	8.0	6.9	10.4	9.6	7.1	4.7
中部	6.5	7.0	6.4	11.2	9.4	7.9	5.8	1.5
西部	8.2	6.7	7.4	8.0	7.9	7.5	6.1	2.8
东北	9.6	7.5	8.2	10.2	7.7	9.5	7.6	3.7

注：数据源自国家统计局。

各区域内私营与非私营单位的工资差距与全国私营与非私营单位的工资差距一致，其中，中部地区差距最小，低于全国平均水平；东部、西部、东北高于全国平均水平，东部地区差距最大。各地区私营单位工资基本在非私营单位工资的55%~60%。

从全国31个省级行政区来看，私营单位工资最高的5个地区依次为

上海、北京、广东、浙江、江苏；最低的5个地区依次为黑龙江、山西、河南、吉林、甘肃。私营单位工资与非私营单位工资差距最小的5个地区依次为福建、海南、广东、河南、湖南，差距最大的5个地区依次是西藏、青海、云南、上海、北京。（见表6）

表6　2022年分地区城镇单位就业人员年平均工资

单位：元

地区	私营单位	非私营单位	国有	集体	有限责任公司	股份有限公司	港澳台商投资	外商投资
全　国	65 237	114 029	123 623	77 868	98 206	131 720	124 841	137 199
北　京	104 542	208 977	218 765	76 067	174 951	260 976	275 541	257 593
天　津	67 258	129 522	150 012	74 011	116 157	161 305	116 534	127 808
河　北	48 494	90 745	95 119	60 582	83 694	101 628	102 619	86 829
山　西	47 275	90 495	86 208	61 973	92 779	110 030	86 086	90 963
内蒙古	52 318	100 990	98 806	95 664	100 081	116 360	98 728	106 067
辽　宁	52 183	92 573	99 802	54 595	82 028	103 708	88 454	101 643
吉　林	47 921	87 222	88 193	78 639	82 812	89 922	78 701	116 041
黑龙江	45 241	88 235	86 963	66 705	91 911	92 853	75 304	75 578
上　海	104 560	212 476	243 300	133 289	177 152	257 265	220 950	237 896
江　苏	71 835	121 724	162 752	109 415	100 762	128 635	107 234	119 765
浙　江	71 934	128 825	179 926	80 616	103 624	128 963	141 217	126 185
安　徽	57 095	98 649	123 493	89 738	80 934	114 828	95 544	99 750
福　建	65 392	103 803	134 627	78 593	87 978	126 477	84 821	96 614
江　西	53 650	87 972	106 423	60 396	73 696	100 043	63 248	72 983
山　东	57 231	102 247	125 235	72 515	84 315	107 553	99 300	91 844
河　南	47 918	77 627	86 247	60 278	68 383	94 419	63 652	83 060
湖　北	57 043	101 388	121 020	63 163	87 216	107 115	86 066	103 505
湖　南	55 780	91 413	106 179	59 883	78 804	99 996	76 304	88 908
广　东	77 657	124 916	167 521	78 973	111 026	155 104	102 330	113 172
广　西	49 951	92 066	100 334	52 828	82 965	110 586	63 344	89 211
海　南	65 519	104 802	113 223	68 882	94 615	110 820	162 083	112 940
重　庆	60 380	107 008	134 518	75 100	84 306	125 490	96 163	96 724

续表

地区	私营单位	非私营单位	国有	集体	有限责任公司	股份有限公司	港澳台商投资	外商投资
四 川	59 121	101 800	119 197	63 838	86 881	115 096	101 274	113 121
贵 州	52 922	95 410	98 275	79 510	82 077	132 940	87 425	97 264
云 南	50 338	103 128	115 759	89 109	83 695	111 535	66 237	96 186
西 藏	62 927	154 929	178 768	75 212	95 947	182 762	143 188	172 087
陕 西	54 557	98 843	97 737	69 105	98 968	116 341	88 693	117 098
甘 肃	48 108	90 870	99 763	62 234	76 505	94 858	90 034	116 789
青 海	50 510	115 949	124 139	92 574	96 405	140 958	117 969	95 772
宁 夏	57 537	114 631	120 212	86 328	110 716	105 719	118 046	110 062
新 疆	58 128	101 764	101 563	93 534	93 464	140 781	105 902	107 915

注：数据源自《中国统计年鉴2023》表4-9、表4-13。

（二）按行业分

分行业看，2022年私营单位工资增速较高的行业有金融业、采矿业，其中采矿业工资高增长受益于大宗商品市场的繁荣；房地产行业负增长，教育行业、建筑业增速也较低。房地产行业自2021年下半年起持续收缩，民营房地产企业受冲击最严重，由此拖累私营房地产业、建筑业工资增速；而民办教育行业、文化/体育/娱乐业，居民服务/修理和其他服务业、住宿和餐饮业等人员密集型或接触型服务业，受疫情防控影响，平均工资增速也较低。

从行业差异看，2022年，无论是在城镇非私营单位还是在私营单位中，就业人员年平均工资水平排在前三位的行业均为技术含量较高的信息传输/软件/信息技术服务业、金融业、科学研究/技术服务业。工资水平排在后三位的行业略有不同，在城镇非私营单位中为住宿和餐饮业、农林牧渔业、居民服务/修理/其他服务业；在私营单位中为农林牧渔业、水利/环境/公共设施管理业以及住宿/餐饮业。与2021年相比，2022年平均工资水平排在前三位与后三位的行业保持不变。城镇非私营单位工资水平行业高低倍差达到 4.08；城镇私营单位工资水平行业高低倍差为 2.91。

对比各行业内私营与非私营单位工资差异情况，教育、电力/热力/燃气/水生产和供应业、文化/体育/娱乐业、科学研究/技术服务业等行业私营单位工资不足非私营单位工资的 50%，体现了体制内外的工资差异；农林牧渔业、居民服务/修理/其他服务业、建筑业、住宿/餐饮业等行业私营单位工资是非私营单位工资的 70% 以上。（见表 7 至表 9）

表 7　2020—2022 年城镇单位分行业就业人员年平均工资情况

单位：元，%

行业	2020 年 非私营	2020 年 私营	2020 年 私营/非私营	2021 年 非私营	2021 年 私营	2021 年 私营/非私营	2022 年 非私营	2022 年 私营	2022 年 私营/非私营
合计	973 79	57 727	59.3	106 837	62 884	58.9	114 029	65 237	57.2
农林牧渔业	48 540	38 956	80.3	53 819	41 442	77.0	58 976	42 605	72.2
采矿业	96 674	54 563	56.4	108 467	62 665	57.8	121 522	68 509	56.4
制造业	82 783	57 910	70.0	92 459	63 946	69.2	97 528	67 352	69.1
电力/热力/燃气/水生产和供应业	116 728	54 268	46.5	125 332	59 271	47.3	132 964	61 870	46.5
建筑业	69 986	57 309	81.9	75 762	60 430	79.8	78 295	60 918	77.8
批发和零售业	96 521	53 018	54.9	107 735	58 071	53.9	115 408	60 630	52.5
交通运输/仓储/邮政业	100 642	57 313	56.9	109 851	62 411	56.8	115 345	66 059	57.3
住宿/餐饮业	48 833	42 258	86.5	53 631	46 817	87.3	53 995	47 547	88.1
信息传输/软件/信息技术服务业	177 544	101 281	57.0	201 506	114 618	56.9	220 418	123 894	56.2
金融业	133 390	82 930	62.2	150 843	95 416	63.3	174 341	110 304	63.3
房地产业	83 807	55 759	66.5	91 143	58 288	64.0	90 346	56 435	62.5
租赁/商务服务业	92 924	58 155	62.6	102 537	64 490	62.9	106 500	65 731	61.7
科学研究/技术服务业	139 851	72 233	51.6	151 776	77 708	51.2	163 486	81 569	49.9

续表

行业	2020年 非私营	2020年 私营	2020年 私营/非私营	2021年 非私营	2021年 私营	2021年 私营/非私营	2022年 非私营	2022年 私营	2022年 私营/非私营
水利/环境/公共设施管理业	63 914	43 287	67.7	65 802	43 366	65.9	68 256	44 714	65.5
居民服务/修理/其他服务业	60 722	44 536	73.3	65 193	47 193	72.4	65 478	47 760	72.9
教育	106 474	48 443	45.5	111 392	52 579	47.2	120 422	52 771	43.8
卫生/社会工作	115 449	60 689	52.6	126 828	67 750	53.4	135 222	71 060	52.6
文化/体育/娱乐业	112 081	51 300	45.8	117 329	56 171	47.9	121 151	56 769	46.9

注：数据源自国家统计局，私营/非私营为大成课题组计算得出。

表8　2011—2022年城镇私营单位分行业就业人员年平均工资增速

单位：%

行业	2011年	2012年	2013年	2014年	2015年	2016年	2017年	2018年	2019年	2020年	2021年	2022年
合计	18.3	17.1	13.8	11.3	8.8	8.2	6.8	8.3	8.1	7.7	8.9	3.7
农林牧渔业	17.4	14.3	12.2	9.0	7.5	8.4	9.5	6.1	3.8	3.2	6.4	2.8
采矿业	21.6	16.3	11.4	8.3	6.6	3.7	4.1	6.9	12.7	9.8	14.8	9.3
制造业	20.1	16.9	13.5	11.3	9.2	8.1	6.8	9.5	7.3	9.6	10.4	5.3
电力/热力/燃气/水生产和供应业	17.3	15.3	16.2	12.1	4.4	11.5	7.5	6.6	12.2	9.3	9.2	4.4
建筑业	17.5	18.4	12.8	11.3	7.4	7.4	4.8	8.4	6.5	5.8	5.4	0.8
批发和零售业	14.4	19.5	12.4	10.8	8.1	8.1	7.0	6.7	7.8	8.8	9.5	4.4
交通运输/仓储/邮政业	18.0	8.5	17.7	17.4	4.1	5.5	7.4	10.2	6.8	6.1	8.9	5.8
住宿/餐饮业	19.1	14.6	14.3	7.8	8.2	8.9	6.3	7.4	7.0	-0.4	10.8	1.6

续表

行业	2011年	2012年	2013年	2014年	2015年	2016年	2017年	2018年	2019年	2020年	2021年	2022年
信息传输/软件/信息技术服务业	13.9	11.1	11.5	15.9	13.1	10.2	10.8	8.4	11.8	18.7	13.2	8.1
金融业	-6.1	14.1	13.9	11.5	8.0	12.2	3.8	20.4	20.9	9.0	15.1	15.6
房地产业	16.3	13.9	13.8	8.0	10.4	10.3	4.3	7.0	5.9	2.5	4.5	-3.2
租赁/商务服务业	13.6	17.3	14.0	8.7	11.1	9.3	7.4	3.9	7.2	1.6	10.9	1.9
科学研究/技术服务业	8.4	16.9	17.1	10.8	6.3	8.6	6.1	6.5	9.3	6.8	7.6	5.0
水利/环境/公共设施管理业	17.1	15.0	18.3	8.3	10.0	7.7	2.4	3.3	4.8	-2.6	0.2	3.1
居民服务/修理/其他服务业	12.0	17.2	14.2	11.3	13.7	7.9	7.2	6.9	7.0	1.4	6.0	1.2
教育	8.1	12.6	18.4	6.8	2.8	6.7	9.5	6.9	9.8	-4.6	8.5	0.4
卫生/社会工作	18.6	14.0	16.1	9.9	9.0	8.5	7.5	10.7	9.2	6.2	11.6	4.9
文化/体育/娱乐业	13.3	15.5	16.1	5.3	9.2	9.3	7.8	8.2	10.5	4.1	9.5	1.1

注：数据源自国家统计局。

表9　2011—2022年城镇非私营单位分行业就业人员年平均工资增速

单位：%

行业	2011年	2012年	2013年	2014年	2015年	2016年	2017年	2018年	2019年	2020年	2021年	2022年
合计	14.4	11.9	10.1	9.5	10.1	8.9	10.0	10.9	9.8	7.6	9.7	6.7
农林牧渔业	16.5	16.5	13.8	9.8	12.7	5.2	8.6	-0.1	7.9	23.4	10.9	9.6
采矿业	18.2	9.0	5.6	2.6	-3.7	1.9	14.8	17.2	11.8	6.2	12.2	12.0
制造业	18.6	13.6	11.5	10.6	7.7	7.5	8.4	11.8	8.4	5.9	11.7	5.5
电力/热力/燃气/水生产和供应业	11.4	10.4	15.3	9.3	7.6	6.3	7.7	10.9	7.6	8.3	7.4	6.1
建筑业	16.6	13.6	15.3	8.9	6.7	6.5	6.7	8.9	8.4	6.7	8.3	3.3
批发和零售业	20.9	14.0	8.6	11.0	8.0	7.8	9.4	13.1	10.5	8.4	11.6	7.1

续表

行业	2011年	2012年	2013年	2014年	2015年	2016年	2017年	2018年	2019年	2020年	2021年	2022年
交通运输/仓储/邮政业	16.3	13.4	8.6	9.4	8.5	7.0	8.9	10.3	9.7	3.7	9.2	5.0
住宿/餐饮业	17.6	13.8	8.9	9.5	9.5	6.3	5.5	5.5	4.3	-3.0	9.8	0.7
信息传输/软件/信息技术服务业	10.1	13.5	12.9	10.9	11.1	9.3	8.7	10.9	9.3	10.0	13.5	9.4
金融业	15.6	10.6	11.0	8.7	6.0	2.3	4.6	5.7	1.2	1.5	13.1	15.6
房地产业	19.4	9.2	9.2	8.9	8.4	8.7	5.8	8.7	6.5	4.6	8.8	-0.9
租赁/商务服务业	18.7	13.2	17.6	7.3	8.0	5.9	6.0	4.6	3.6	5.4	10.3	3.9
科学研究/技术服务业	14.0	7.8	10.6	7.4	8.7	8.1	11.6	14.4	8.2	4.8	8.5	7.7
水利/环境/公共设施管理业	13.0	12.0	11.7	8.5	11.0	9.7	9.4	8.5	7.9	4.5	3.0	3.7
居民服务/修理/其他服务业	17.6	5.9	9.4	9.0	7.0	6.2	6.3	9.5	8.8	0.8	7.4	0.4
教育	10.8	10.5	8.8	8.9	17.7	11.9	12.0	10.8	5.7	9.0	4.6	8.1
卫生/社会工作	14.8	13.8	10.3	9.1	13.2	11.7	12.0	9.4	11.0	6.0	9.9	6.6
文化/体育/娱乐业	15.6	11.9	10.8	8.5	13.0	9.8	9.9	12.3	9.2	4.1	4.7	3.3
公共管理/社会保障和社会组织	10.0	9.5	6.9	7.8	17.3	13.9	13.3	9.4	7.3	10.7	6.6	6.7

注：数据源自国家统计局。

（三）按登记注册类型分

从城镇单位的登记注册类型来看，2022年，港澳台商投资、外商投资、股份有限公司、国有单位工资增速较高，增速分别为9.5%、8.9%、8.3%、7.0%；有限责任公司、集体、私营工资增速较低，私营单位增速垫底。（见表10、表11）

表10　2009—2022年城镇单位分登记注册类型就业人员年平均工资

单位：元

年份	私营单位	非私营单位	国有	集体	有限责任公司	股份有限公司	港澳台商投资	外商投资
2009	18 199	32 244	34 130	20 607	28 692	38 417	28 090	37 101
2010	20 759	36 539	38 359	24 010	32 799	44 118	31 983	41 739
2011	24 556	41 799	43 483	28 791	37 611	49 978	38 341	48 869
2012	28 752	46 769	48 357	33 784	41 860	56 254	44 103	55 888
2013	32 706	51 483	52 657	38 905	46 718	61 145	49 961	63 171
2014	36 390	56 360	57 296	42 742	50 942	67 421	55 935	69 826
2015	39 589	62 029	65 296	46 607	54 481	72 644	62 017	76 302
2016	42 833	67 569	72 538	50 527	58 490	78 285	67 506	82 902
2017	45 761	74 318	81 114	55 243	63 895	85 028	73 016	90 064
2018	49 575	82 413	89 474	60 664	72 114	93 316	82 027	99 367
2019	53 604	90 501	98 899	62 612	79 515	103 087	91 304	106 604
2020	57 727	97 379	108 132	68 590	84 439	108 583	100 155	112 089
2021	62 884	106 837	115 583	74 491	93 209	121 594	114 034	126 019
2022	65 237	114 029	123 622	77 868	98 206	131 720	124 841	137 199

注：数据源自国家统计局。

表11　2010—2022年城镇单位分登记注册类型就业人员年平均工资增速

单位：%

年份	私营单位	非私营单位	国有	集体	有限责任公司	股份有限公司	港澳台商投资	外商投资
2010	14.1	13.3	12.4	16.5	14.3	14.8	13.9	12.5
2011	18.3	14.4	13.4	19.9	14.7	13.3	19.9	17.1
2012	17.1	11.9	11.2	17.3	11.3	12.6	15.0	14.4
2013	13.8	10.1	8.9	15.2	11.6	8.7	13.3	13.0
2014	11.3	9.5	8.8	9.9	9.0	10.3	12.0	10.5
2015	8.8	10.1	14.0	9.0	6.9	7.7	10.9	9.3
2016	8.2	8.9	11.1	8.4	7.4	7.8	8.9	8.6
2017	6.8	10.0	11.8	9.3	9.2	8.6	8.2	8.6
2018	8.3	10.9	10.3	9.8	12.9	9.7	12.3	10.3
2019	8.1	9.8	10.5	3.2	10.3	10.5	11.3	7.3
2020	7.7	7.6	9.3	9.5	6.2	5.3	9.7	5.1
2021	8.9	9.7	6.9	8.6	10.4	12.0	13.9	12.4
2022	3.7	6.7	7.0	4.5	5.4	8.3	9.5	8.9

三、规模以上企业就业人员分岗位年平均工资情况

2022年全国规模以上企业就业人员年平均工资为92 492元，比上年名义增长5%。规模以上企业中，2022年私营企业工资增长3.2%，比城镇私营单位工资增速还低。（见表12、表13）

表12　2013—2022年规模以上企业分登记注册类型就业人员年平均工资

单位：元

登记注册类型	2013年	2014年	2015年	2016年	2017年	2018年	2019年	2020年	2021年	2022年
全国	45 676	49 969	53 615	57 394	61 578	68 380	75 229	79 854	88 115	92 492
私营	37 732	41 411	44 343	47 477	49 864	54 554	60 551	63 309	69 558	71 775
私营/全国	82.6	82.9	82.7	82.7	81.0	79.8	80.5	79.3	78.9	62.3
国有	56 728	62 315	66 943	71 707	78 549	82 364	91 607	97 739	109 914	115 149
集体	34 806	38 036	40 880	43 009	44 930	48 053	50 983	54 061	57 562	59 243
有限责任公司	46 322	50 398	53 864	57 784	63 069	71 633	79 949	84 780	93 606	98 435
股份有限公司	52 138	57 470	61 640	66 399	73 044	81 413	91 052	97 324	108 377	114 718
港澳台商投资	49 683	55 265	61 297	66 621	71 872	80 847	90 164	98 765	112 144	121 930
外商投资	61 694	68 399	74 563	80 964	87 914	97 083	106 180	112 290	124 622	134 438
其他								73 459	81 153	86 364

注：数据源自国家统计局，私营/全国为大成课题组计算得出。2020年之前，统计局公布的登记注册类型还包括股份合作、联营、其他内资等，自2020年起均列入"其他"。

表13　2014—2022年规模以上企业分登记注册类型就业人员年平均工资增速

单位：%

登记注册类型	2014年	2015年	2016年	2017年	2018年	2019年	2020年	2021年	2022年
全国	9.4	7.3	7.0	7.3	11.0	10.0	6.1	10.3	5.0
私营	9.8	7.1	7.1	5.0	9.4	11.0	4.6	9.9	3.2

续表

登记注册类型	2014年	2015年	2016年	2017年	2018年	2019年	2020年	2021年	2022年
国有	9.8	7.4	7.1	9.5	4.9	11.2	6.7	12.5	4.8
集体	9.3	7.5	5.2	4.5	7.0	6.1	6.0	6.5	2.9
有限责任公司	8.8	6.9	7.3	9.1	13.6	11.6	6.0	10.4	5.2
股份有限公司	10.2	7.3	7.7	10.0	11.5	11.8	6.9	11.4	5.9
港澳台商投资	11.2	10.9	8.7	7.9	12.5	11.5	9.5	13.5	8.7
外商投资	10.9	9.0	8.6	8.6	10.4	9.4	5.8	11.0	7.9

注：增速为大成课题组计算得出。

四、农民工月均收入情况

2022年，农民工月均收入4 615元，增长4.1%，扣除价格因素后实际增速只有约2%。与城镇私营单位工资增速基本相当，远落后于非私营单位工资增速。

分区域看，在东部地区就业的农民工月均收入5 001元，增长4.5%；在中部地区就业的农民工月均收入4 386元，增长4.3%；在西部地区就业的农民工月均收入4 238元，增长3.9%；在东北地区就业的农民工月均收入3 848元，增长0.9%，扣除价格因素后已是负增长。以2016年为基数，至2022年，东部、中部、西部、东北地区农民工月均收入平均增速分别为6.4%、5.8%、5.3%、3.9%。

从农民工的六个主要就业行业看，交通运输仓储和邮政业农民工月均收入增速只有2.9%，在六个行业中增速最低；与上一年相比，制造业、交通运输仓储和邮政业工资增速放缓幅度较大（见表14至表16）。

表14　2008—2022年各区域农民工月均收入情况

单位：元

年份	全国	东部	中部	西部	东北
2008	1 340	1 352	1 275	1 273	

续表

年份	全国	东部	中部	西部	东北
2009	1 417	1 422	1 350	1 378	
2010	1 690	1 696	1 632	1 643	
2011	2 049	2 053	2 006	1 990	
2012	2 290	2 286	2 257	2 226	
2013	2 609				
2014	2 864	2 966	2 716	2 797	
2015	3 072	3 213	2 918	2 964	
2016	3 275	3 454	3 132	3 117	3 063
2017	3 485	3 677	3 331	3 350	3 254
2018	3 721	3 955	3 568	3 522	3 298
2019	3 962	4 222	3 794	3 723	3 469
2020	4 072	4 351	3 866	3 808	3 574
2021	4 432	4 787	4 205	4 078	3 813
2022	4 615	5 001	4 386	4 238	3 848

注：数据源自国家统计局 2012—2022 年《农民工监测调查报告》，在 2008—2015 年全国划分为东部、中部、西部三个区域，其中辽宁属于东部，吉林、黑龙江属于中部；自 2016 年全国划分为东北、中部、西部、东部四个区域。

表 15　2013—2022 年农民工月均收入情况

单位：元

行业	2013年	2014年	2015年	2016年	2017年	2018年	2019年	2020年	2021年	2022年
合计	2 609	2 864	3 072	3 275	3 485	3 721	3 962	4 072	4 432	4 615
制造业	2 537	2 832	2 970	3 233	3 444	3 732	3 958	4 096	4 508	4 694
建筑业	2 965	3 292	3 508	3 687	3 918	4 209	4 567	4 699	5 141	5 358
批发和零售业	2 432	2 554	2 716	2 839	3 048	3 263	3 472	3 532	3 796	3 979
交通运输仓储和邮政业	3 133	3 301	3 553	3 775	4 048	4 345	4 667	4 814	5 151	5 301
住宿和餐饮业	2 366	2 566	2 723	2 872	3 019	3 148	3 289	3 358	3 638	3 824
居民服务修理和其他服务业	2 297	2 532	2 686	2 851	3 022	3 202	3 337	3 387	3 710	3 874

注：数据源自国家统计局 2014—2022 年《农民工监测调查报告》。

表16 2014—2022年农民工月均收入增速情况

单位：%

行业	同比增速								
	2014年	2015年	2016年	2017年	2018年	2019年	2020年	2021年	2022年
合计	9.8	7.2	6.6	6.4	6.8	6.5	2.8	8.8	4.1
制造业	11.6	4.9	8.9	6.5	8.4	6.1	3.5	10.1	4.1
建筑业	11.0	6.6	5.1	6.3	7.4	8.5	2.9	9.4	4.2
批发和零售业	5.0	6.4	4.5	7.4	7	6.4	1.7	7.5	4.8
交通运输仓储和邮政业	5.3	7.7	6.2	7.2	7.3	7.4	3.1	7.0	2.9
住宿和餐饮业	8.4	6.2	5.5	5.1	4.3	4.5	2.1	8.3	5.1
居民服务修理和其他服务业	10.2	6.1	6.1	6.0	6.0	4.2	1.5	9.5	4.4

注：同比增速源自国家统计局2014—2022年《农民工监测调查报告》。

五、各地最低工资标准情况

2023年，有多达12个地区调整了最低工资标准。其中，上海、北京、山东、陕西、西藏、海南、甘肃时隔两年调整最低工资标准；山西、安徽不足两年即调整；河北、贵州、青海时隔三年多调整最低工资标准。此外，河北最低工资标准的档位设置从四档减少为三档，海南从三档减少为两档。

各地第一档最低工资标准的中位数为2 010元，为2022年城镇私营单位就业人员月平均工资（5 436.42元）的37.0%。2023年各地最低工资标准第一档平均数为2 010元，比2022年的2 000元增加10元，增幅为0.5%。（见表17）

表17 2023年全国各地区最低工资标准情况

单位：元

地区	实行日期	月最低工资标准			
		第一档	第二档	第三档	第四档
上海	2023—07—01	2 690			
深圳	2021—12—01	2 360			

续表

地区	实行日期	月最低工资标准			
		第一档	第二档	第三档	第四档
北京	2023—09—01	2 420			
广东（除深圳）	2021—12—01	2 300	1 900	1 720	1 620
江苏	2021—08—01	2 280	2 070	1 840	
浙江	2021—08—01	2 280	2 070	1 840	
天津	2021—07—01	2 180			
山东	2023—10—01	2 200	2 010	1 820	
重庆	2022—04—01	2 100	2 000		
四川	2022—04—01	2 100	1 970	1 870	
福建	2022—04—01	2 030	1 960	1 810	1 660
湖北	2021—09—01	2 010	1 800	1 650	1 520
河南	2022—10—01	2 000	1 800	1 600	
内蒙古	2021—12—01	1 980	1 910	1 850	
陕西	2023—05—01	2 160	2 050	1 950	
宁夏	2021—09—01	1 950	1 840	1 750	
湖南	2022—04—01	1 930	1 740	1 550	
辽宁	2021—11—01	1 910	1 710	1 580	1 420
河北	2023—01—01	2 200	200	1 800	
云南	2022—10—01	1 900	1 750	1 600	
新疆	2021—04—01	1 900	1 700	1 620	1 540
山西	2023—01—01	1 980	1 880	1 780	
吉林	2021—12—01	1 880	1 760	1 640	1 540
黑龙江	2021—04—01	1 860	1 610	1 450	
江西	2021—04—01	1 850	1 730	1 610	
西藏	2023—09—01	2 100			
海南	2023—12—01	2 010	1 850		
甘肃	2023—11—01	2 020	1 960	1 910	1 850
广西	2020—03—01	1 810	1 580	1 430	
贵州	2023—02—01	1 890	1 760	1 660	
青海	2023—02—01	1 880			
安徽	2023—03—01	2 060	1 930	1 870	1 780

续表

地区	实行日期	月最低工资标准			
		第一档	第二档	第三档	第四档
2023 年平均数		2 010	1 790	1 717	1 616
2022 年平均数		2 000	1 803	1 663	1 543
2021 年平均数		1 956	1 748	1 620	1 487
2020 年平均数		1 836			

数据来源：根据各地政府、人社厅网站整理，截至 2023 年 12 月 31 日。

六、多项因素影响私营部门工资增长

私营单位工资和农民工收入增长乏力的原因有很多，包括就业形势严峻、经济增速放缓、三年疫情冲击、民企效益下降、民间投资信心不振，等等。

就业方面，私营企业和个体就业人员数据自 2019 年之后就不再公布，城镇登记失业率自 2022 年起不再发布。而自 2018 年开始发布的城镇调查失业率，基本在 5.2% 上下波动，在 2018 年 4、5 月时最低，为 4.8%，在 2020 年 2 月时最高，为 6.2%，难以反映实际就业情况。但依然可以从若干数据中做一些判断。

中国 15~64 岁人口和劳动力在 2015 年达到峰值，不过由于城市化进程，城镇就业人口在劳动力达峰后依然保持增长。在 2016—2020 年城镇就业人口平均增速为 2.5%，在 2021 年增速下降至 1.1%，2022 年城镇就业人口出现改革开放以来的首次负增长，下降 1.8%。由于乡村就业人口更多承担着蓄水池的作用，城镇就业人口的下降反映了城镇就业情况的恶化，工作机会减少，实际就业人数明显下降，这其中很多是中小微企业和私营个体就业，各类灵活就业人数大幅度增加也从侧面印证了这一情况。而且，自 2019 年 9 月以来全国 16~24 岁人口城镇调查失业率居高不下，在 2023 年 6 月最后一次公布此项数据时高达 21.3%，估计很可能在之后到来的7月毕业季时进一步升高。

严峻的就业形势在两方面影响工资和收入，一方面较高的实际失业率特别是青年人失业率持续压制工资水平；另一方面失业人员和大量灵活就业人员没有纳入城镇单位就业人员工资和农民工月收入的统计，整体劳动人口的实际收入情况要比仅反映就业人口收入的统计数据要严重得多。

近年来经济增速明显放缓，而收入增速比GDP增速还低，其中最为市场化的私营单位、农民工等就业群体的收入增速更低。农民工、私营单位的工资增速反映了私营部门近年面临的真实经济增长情况和由此带来的收入分布情况，GDP的增长过于依赖国有部门的投资，并没有转变为居民收入的同步增长。而疫情冲击下，2020—2022年这三年的收入增速又比2015—2019年的增速进一步下台阶。而且，收入增速并没有因疫情期间的低基数和疫情防控放开而反弹。展望未来，外部环境不确定性很大，居民和企业预期不稳，工资增长恐难言乐观，收入增速的恢复尚待经济完全回归正轨。

第三章　民间投资回升

——投资增速放缓，民间投资微降

2023年全国固定资产投资增速继续放缓，延续去年逐月下行的趋势，增速从年初1—2月的5.5%降至1—12月的3.0%。民间固定资产投资从2022年的微增0.9%转为下降0.4%，而国有部门投资增速依然高达6.4%，由于同期PPI下降3.0%，因此国有部门投资的实际增速更高，来自国家预算的资金增长了9.0%。

2023年房地产开发投资继续下滑，同比下降9.6%，无论是全国投资还是民间投资继续受房地产开发投资的拖累。扣除房地产开发投资，民间投资同比增长9.2%，全国制造业投资增长6.5%，民间制造业投资保持9.4%的不错增速。不过外商投资企业固定资产投资在上半年明显恢复后，从6月起投资势头再次转弱，全年仅增长0.6%，而港澳台商投资企业则下降2.7%。

2022年受疫情防控的影响，代表消费的社会消费品零售总额负增长，因此GDP仅增长3.0%，这给了2023年的增长以较低的基数。展望2024年，消费由于较高的基数和就业与收入压力而难以保持高增速，房地产投资仍可能继续收缩，不稳定预期下民间投资的信心依然脆弱，因此国有部门投资仍可能保持较高增速，以支持投资和经济增速。只不过债务负担较高的地区将放缓国有部门投资，由债务负担相对较轻的地区支持国有部门投资，正如中央经济会议要求"经济大省要真正挑起大梁，为稳定全国经济作出更大贡献"。

一、投资保持强劲，消费有所恢复，净出口同比下降

2023年资本形成总额对经济增长贡献率为28.9%，拉动GDP增长1.5个百分点。相比之下，最终消费支出对经济增长贡献率为82.5%，拉动GDP增长4.3个百分点；货物和服务净出口对经济增长贡献率为–11.4%，向下拉动GDP 0.6个百分点（见表1）。

表1 2013年以来三大需求对国内生产总值增长的贡献率

单位：%，亿元，亿美元

年份	对GDP增长的贡献率			GDP增速	社会消费品零售总额	同比增速	贸易顺差	同比增速
	最终消费支出	资本形成总额	货物和服务净出口					
2013	50.2	53.1	–3.3	7.8	232 252.6	13.0	2 590.2	12.5
2014	56.3	45.0	–1.3	7.4	259 487.3	11.7	3 830.6	47.9
2015	69.0	22.6	8.4	7.0	286 887.8	10.6	5 939.0	55.0
2016	66.0	45.7	–11.7	6.8	315 806.2	10.1	5 097.1	–14.2
2017	55.9	39.5	4.7	6.9	347 326.7	10.0	4 195.5	–17.7
2018	64.0	43.2	–7.2	6.7	377 783.1	8.8	3 509.5	–16.4
2019	58.6	28.9	12.6	6.0	408 017.2	8.0	4 210.7	20.0
2020	–6.8	81.5	25.3	2.2	391 980.6	–3.9	5 239.9	24.4
2021	58.3	19.8	21.9	8.4	440 823.2	12.5	6 362.5	29.0
2022	32.8	50.1	17.1	3.0	439 732.5	–0.2	8 509.7	29.8
2023年1—3月	66.6	34.7	–1.3	4.5	114 922.4	5.8	2 047.1	25.6
2023年1—6月	77.2	约33	约–10	5.5	227 587.9	8.2	4 086.9	6.0
2023年1—9月	83.2	29.8	–13.0	5.2	342 107.0	6.8	6 303.0	–2.3
2023年1—12月	82.5	28.9	–11.4	5.2	471 495	7.2	8 232.2	–6.2

注：数据源自国家统计局。2022年及之前的数据来自《中国统计年鉴2023》，2023年数据来自统计局月度和季度数据发布；其中同比增速为根据绝对值计算得出，2023年上半年资本形成总额、货物和服务净出口贡献率为根据国家统计局公布数据计算得出。

2022年全年社会消费品零售总额下降0.2%，最终消费支出对经济增长的贡献率不足三分之一。2023年社会消费品零售总额同比增长7.2%，

可以说在2022年年底疫情防控政策调整后，消费恢复比较明显。而自2019年保持两位数增长、2020年高峰时贡献四分之一GDP增长的净出口在2023年转为负增长，以美元计价的贸易顺差下降6.2%。

1978—2022年的45年间，中国资本形成率最高是2010年和2011年的47.0%，最低是1982年的31.9%，平均值是39.5%，中位数是39.1%。如此长时间、如此高强度的固定资产投资规模全世界无出其右。特别是2008年"四万亿"经济刺激计划后，2009年资本形成率跳升到45.5%，并在之后维持在较高水平，也由此带来产能过剩、投资回报率下降、债务规模庞大等诸多问题。2013年以来的数据见表2。

表2 2013年以来资本形成总额与支出法国内生产总值构成

单位：亿元，%

年份	固定资本形成总额	占固定资产投资比重	占GDP比重		
			最终消费率	资本形成率	净出口
2013	263 979.9	88.7	51.4	46.1	2.4
2014	282 241.6	83.3	52.3	45.6	2.1
2015	289 970.2	78.5	53.7	43.0	3.2
2016	310 144.8	78.2	55.1	42.7	2.3
2017	348 300.1	82.5	55.1	43.2	1.8
2018	393 847.9	88.1	55.3	44.0	0.8
2019	422 451.3	89.7	55.8	43.1	1.2
2020	430 624.9	88.8	54.7	42.9	2.5
2021	482 119.3	94.8	54.1	43.3	2.6
2022	507 957.5	95.0	53.2	43.5	3.3

注：数据源自《中国统计年鉴2023》表3-10、表3-11。

二、民间投资延续去年低迷态势，政府投资继续发力稳增长

2023年，全国固定资产投资（不含农户）503 036亿元，同比增长

3.0%。由于PPI下降3.0%，扣除价格因素影响，比上年实际增长6.4%，超过GDP增速1.2个百分点，可以说固定资产投资仍然保持较强劲的增长。

其中，民间固定资产投资253 544亿元，同比下降0.4%；而国有部门投资增速高达6.4%。从登记注册类型看，港澳台商投资企业同比下降2.7%，外商投资企业增长0.6%，私营企业下降5.0%，个体经营下降3.3%。民间固定资产投资占全国固定资产投资比例仅为50.4%，已降至2012年公布民间投资数据以来的最低点。（见表3至表5）

从各月情况看，上半年民间投资增速逐月下行，5月开始转为负增长，至7月下降趋势基本企稳。外商投资企业固定资产投资在年初从2022年创纪录的负增长4.7%开始恢复，至四五月份已恢复至5%以上，但之后势头再次走弱，至11月甚至一度负增长0.3%。（见表3）

表3 2022—2023年全国、国有控股、民间及外商固定资产投资月度数据

单位：亿元，%

时间	全国固定资产投资 绝对值	全国固定资产投资 同比	民间投资 绝对值	民间投资 同比	民间投资 占比	国有及国有控股同比	外商投资企业同比	港澳台商投资企业同比
2023年1—2月	53 577	5.5	29 420	0.8	54.9	10.5	−1.2	−5.1
2023年1—3月	107 282	5.1	58 532	0.6	54.6	10.0	3.7	−3.4
2023年1—4月	147 482	4.7	79 570	0.4	54.0	9.4	5.3	−4.3
2023年1—5月	188 815	4.0	101 915	−0.1	54.0	8.4	5.2	−5.2
2023年1—6月	243 113	3.8	128 570	−0.2	52.9	8.1	3.4	−3.4
2023年1—7月	285 898	3.4	149 436	−0.5	52.3	7.6	3.2	−3.2
2023年1—8月	327 042	3.2	169 479	−0.7	51.8	7.4	2.7	−3.0
2023年1—9月	375 035	3.1	193 399	−0.6	51.6	7.2	1.7	−2.6
2023年1—10月	419 409	2.9	215 863	−0.5	51.5	6.7	0.9	−3.1
2023年1—11月	460 814	2.9	235 267	−0.5	51.1	6.5	−0.3	−2.1
2023年1—12月	503 036	3.0	253 544	−0.4	50.4	6.4	0.6	−2.7

注：数据源自国家统计局。

表4 2012年以来全国、国有控股、民间及外商固定资产投资年度数据

单位：亿元，%

年份	全国固定资产投资 绝对值	全国固定资产投资 同比	民间投资 绝对值	民间投资 同比	民间投资 占比	国有及国有控股同比	外商投资企业同比	港澳台商投资企业同比
2012	253 930	18.4	142 798	—	56.2	14.7	7.8	8.0
2013	297 766	17.3	171 565	20.1	57.6	16.3	4.5	7.0
2014	338 976	13.8	198 647	15.8	58.6	13.0	−0.3	8.7
2015	369 463	9.0	216 145	8.8	58.5	10.9	−2.8	0.0
2016	396 441	7.3	222 177	2.8	56.0	18.7	12.4	18.5
2017	421 972	6.4	233 802	5.2	55.4	10.1	−2.7	−4.0
2018	446 942	5.9	254 143	8.7	56.9	1.9	6.1	−11.5
2019	470 997	5.4	266 088	4.7	56.5	6.8	−0.7	7.5
2020	484 845	2.9	268 616	1.0	55.4	5.3	10.6	4.2
2021	508 796	4.9	287 285	7.0	56.5	2.9	5.0	16.4
2022	534 948	5.1	289 985	0.9	54.2	10.1	−4.7	0.2
2023	503 036	3.0	253 544	−0.4	50.4	6.4	0.6	−2.7

注：数据源自国家统计局。

表5 2013—2023年民间投资增量贡献率情况

单位：亿元，%

年份	全国投资增量	民间投资增量	增量贡献率
2013	43 836	28 767	65.6
2014	41 211	27 082	65.7
2015	30 487	17 498	57.4
2016	26 978	6 032	22.4
2017	25 530	11 625	45.5
2018	24 970	20 341	81.5
2019	24 055	11 945	49.7
2020	13 847	2 528	18.3
2021	23 951	18 669	77.9
2022	26 152	2 700	10.3
2023	14 652	−1 018	−6.9

注：增量和贡献率为大成课题组依据国家统计局发布的同比增长率计算得出。

三、预算内资金和债券支持国有部门投资，基建投资贡献近半投资增长

自2022年4月以来，国有部门投资持续高位运行，对冲民间投资的下滑和低迷，稳住整体投资规模。从固定资产投资实际到位资金增长情况来看，2023年来自国家预算的资金增长了9.0%，而全部实际到位资金下降1.4%。除了国家预算资金之外还有规模庞大的债券，2023年全国新增地方政府专项债券39 555亿元，加上四季度中央财政增发2023年国债1万亿元。固定资产投资实际到位资金来自债券的资金在2022年增长8%的基础上，2023年又增长4.3%（见表6）。

表6　2012年以来固定资产投资实际到位资金增长情况

单位：%

年份	实际到位资金	国家预算资金	国内贷款	债券	利用外资	自筹资金	其他资金
2012	18.4	27.7	11.3	—	-11.7	21.1	12.9
2013	20.0	17.7	15.2	—	-3.3	20.3	25.3
2014	10.6	19.9	9.7	—	-6.2	13.6	-5.0
2015	7.5	15.6	-6.4	—	-29.6	9.2	10.1
2016	5.6	17.1	10.1	—	-20.5	-0.2	30.7
2017	4.7	7.8	8.7	—	-3.1	2.2	11.5
2018	3.4	0.1	-5.4	—	-2.3	3.7	8.7
2019	4.1	-0.9	2.0	—	33.3	1.4	11.4
2020	7.3	32.8	0.0	—	-4.4	6.7	7.5
2021	4.3	-3.8	-3.1	-20.5	-10.9	5.7	7.2
2022	0.5	39.3	-6.0	8.4	-19.8	9.0	-19.8
2023年1—3月	1.2	49.8	1.4	-44.1	13.2	0.1	-7.9
2023年1—6月	0.8	24.9	5.6	-19.4	14.4	-1.1	-5.0
2023年1—9月	-1.2	16.5	4.4	-5.5	-5.9	-0.1	-11.7
2023年1—12月	-1.4	9.0	5.1	4.3	-17.5	1.1	-13.4

注：数据源自国家统计局。

2023年1—11月，国家发改委共审批核准固定资产投资项目144个，总投资1.28万亿元，其中审批108个，核准36个，主要集中在能源、高技术、交通等行业。各登记注册类型中，有限责任公司类别下的国有独资公司投资增速达7.3%，国有企业的增速为4.9%（见表7）。

表7　2019年以来按登记注册类型分固定资产投资同比增长情况

单位：%

登记注册类型	2019年	2020年	2021年	2022年	2023年
全国投资	5.4	2.9	4.9	5.1	3.0
内资	5.5	2.8	4.7	5.5	3.2
国有企业	−1.7	−12.1	0.7	12.8	4.9
集体企业	1.7	−21.4	5.5	18.7	2.0
股份合作企业	10.9	−34.3	42.4	18.3	1.3
联营企业	−9.4	−10.7	35.8	4.5	11.7
有限责任公司	17.1	10.8	3.9	5.7	6.6
国有独资公司	17.8	20.4	2.9	10.9	7.3
其他有限责任公司	16.9	7.8	4.3	3.9	6.3
股份有限公司	12.4	−12.2	−13.6	2.7	1.9
私营企业	−2.6	5.1	12.7	2.1	−5.0
港澳台商投资	7.5	4.2	16.4	0.2	−2.7
外商投资	−0.7	10.6	5.0	−4.7	0.6
个体经营	0.4	−7.5	28.0	13.6	−3.3

注：数据源自国家统计局。

2023年基础设施投资同比增长5.9%，增速比全部固定资产投资高2.9个百分点。其中，水上运输业投资增长22.0%，铁路运输业投资增长25.2%，电力、热力的生产和供应业投资增长27.3%，燃气生产和供应业投资增长16.7%。这些是国有部门投资发力的重点领域。从地区看，东部地区支撑全国固定资产投资，增速为4.4%；其他三个地区增速或为零或为小幅负增长（见表8）。

表8 四大区域固定资产投资增速

单位：%

年份	东部地区	中部地区	西部地区	东北地区	全国
2016	9.1	12.0	12.2	−23.5	7.3
2017	8.3	6.9	8.5	2.8	6.4
2018	5.7	10.0	4.7	1.0	5.9
2019	4.1	9.5	5.6	−3.0	5.4
2020	3.8	0.7	4.4	4.3	2.9
2021	6.4	10.2	3.9	5.7	4.9
2022	3.6	8.9	4.7	1.2	5.1
2023	4.4	0.3	0.1	−1.8	3.0

数据来源：国家统计局。

从资金拨付和项目进度看，国有部门的投资增长势头还将继续保持。2023年年末，1万亿元增发国债项目清单陆续下达，涉及灾后恢复重建和提升防灾减灾救灾能力、高标准农田建设等方面近2 900个项目。随着资金加快拨付使用，实物工作量加快形成，有利于释放基础设施领域的潜力和空间，促进下阶段基础设施投资保持平稳较快增长。另外，2023年12月国家开发银行、中国进出口银行、中国农业发展银行净新增抵押补充贷款（PSL）3 500亿元，将进一步为2024年国有部门投资提供资金支持。

四、房地产投资拖累第三产业民间投资，制造业民间投资保持增长

基建、制造业、房地产是固定资产投资的主要领域，在通常年份房地产开发投资占近三分之一，包括制造业、采矿业、电燃热水业、建筑业在内的第二产业占约三分之一，不含房地产业的其余第三产业占约三分之一。其中，国有部门投资主要集中在基建，民间投资则主要集中在制造业、房地产。

2023年房地产开发投资继续下滑，同比下降9.6%，商品房销售面积下降8.5%，商品房销售额下降6.5%，房屋施工面积下降7.2%，房屋新开工面积下降20.4%。房地产开发投资下滑导致第三产业投资仅增长0.4%，第三产业民间投资下降6.2%。相比之下，第二产业投资增长9.0%，第二产业民间投资增长9.9%（见表9）。

表9　三大产业固定资产投资额与增速

单位：亿元，%

时间	第一产业 全国投资额	第一产业 全国增速	第一产业 民间增速	第二产业 全国投资额	第二产业 全国增速	第二产业 民间增速	第三产业 全国投资额	第三产业 全国增速	第三产业 民间增速	房地产开发投资 绝对值	房地产开发投资 增速	房地产开发投资 占比
2018年	11 075	12.9	12.4	144 455	6.2	8.8	322 931	5.6	8.5	120 165	9.5	25.1
2019年	11 136	0.6	1.7	149 005	3.2	2.0	344 071	6.5	6.7	132 194	9.9	26.2
2020年	13 302	19.5	14.2	149 154	0.1	−3.6	356 451	3.6	3.2	141 443	7.0	27.3
2021年	14 275	9.1	9.5	167 395	11.3	13.5	362 877	2.1	3.6	147 602	4.4	27.1
2022年	14 293	0.2	−2.9	184 004	10.3	15.5	373 842	3.0	−7.0	132 895	−10.0	23.2
2023年1—3月	2 425	0.5	−9.9	33 964	8.7	10.1	70 894	3.6	−4.4	25 974	−5.8	24.2
2023年1—6月	5 152	0.1	−8.0	74 839	8.9	8.7	163 123	1.6	−4.8	58 550	−7.9	24.1
2023年1—9月	7 951	−1.0	−11.1	116 808	9.0	9.5	250 276	0.7	−6.1	87 269	−9.1	23.3
2023年1—12月	10 085	−0.1	−8.8	162 136	9.0	9.9	330 815	0.4	−6.2	110 913	−9.6	22.0

数据来源：国家统计局。

从全国来看，19个行业门类中，电力/热力/燃气及水生产和供应业、建筑业、科学研究和技术服务业、居民服务/维修和其他服务业、信息传输/软件和信息技术服务业、交通运输/仓储和邮政业、租赁和商务服务业、住宿和餐饮业、制造业9个行业门类投资增速高于全国投资增速，其余10个行业门类投资增速低于全国投资增速（见表10）。

表 10　固定资产投资主要领域增速

单位：%

时间	基础设施投资	电热燃水投资	房地产开发投资	制造业投资	制造业民间投资	全国投资	民间投资	国有投资
2018 年	3.8	−6.7	9.4	9.5	10.3	5.9	8.7	1.9
2019 年	3.8	4.5	10.0	3.1	2.8	5.4	4.7	6.8
2020 年	0.9	17.6	7.0	−2.2	−4.6	2.9	1.0	5.3
2021 年	0.4	1.1	4.4	13.5	14.7	4.9	7.0	2.9
2022 年	9.4	19.3	−10.0	9.1	15.6	5.1	0.9	10.1
2023 年 1—3 月	8.8	22.3	−5.8	7.0	10.3	5.1	0.6	10.0
2023 年 1—6 月	7.2	27.0	−7.9	6.0	8.4	3.8	−0.2	8.1
2023 年 1—9 月	6.2	25.0	−9.1	6.2	9.0	3.1	−0.6	7.2
2023 年 1—12 月	5.9	23.0	−9.6	6.5	9.4	3.0	−0.4	6.4

注：数据源自国家统计局，基础设施投资包括交通运输、邮政业，电信、广播电视和卫星传输服务业，互联网和相关服务业，水利、环境和公共设施管理业投资，不含电力、热力、燃气及水生产和供应业。

从民间投资来看，建筑业、电力/热力/燃气及水生产和供应业、交通运输/仓储和邮政业、制造业 4 个行业民间投资保持较快增长，大幅高于全国民间投资增速；文化/体育和娱乐业、采矿业、教育 3 个行业民间投资保持正增长；水利/环境和公共设施管理业、卫生和社会工作、农林牧渔业、公共管理/社会保障和社会组织 4 个行业民间投资增速负增长（见表 11）。另据国家统计局解读，科学研究和技术服务业、住宿和餐饮业民间投资分别增长 18.1% 和 11.8%；基础设施民间投资增长 14.2%。

表 11　按行业门类分固定资产投资同比增长情况

单位：%

行业门类	2019 年 全国	2019 年 民间	2020 年 全国	2020 年 民间	2021 年 全国	2021 年 民间	2022 年 全国	2022 年 民间	2023 年 全国	2023 年 民间
全国投资	5.4	4.7	2.9	1.0	4.9	7.0	5.1	0.9	3.0	−0.4
农林牧渔业	0.7	2.1	19.1	13.5	9.3	9.9	4.2	−0.5	1.2	−5.3
采矿业	24.1	18.8	−14.1	−7.2	10.9	3.9	4.5	21.4	2.1	5.1

续表

行业门类	2019年 全国	2019年 民间	2020年 全国	2020年 民间	2021年 全国	2021年 民间	2022年 全国	2022年 民间	2023年 全国	2023年 民间
制造业	3.1	2.8	-2.2	-4.6	13.5	14.7	9.1	15.6	6.5	9.4
电力/热力/燃气及水生产和供应业	4.5	-5.9	17.6	12.3	1.1	3.8	19.3	11.4	23.0	19.6
建筑业	-19.8	-64.2	9.2	-13.2	1.6	34.7	2.0	-4.2	22.5	20.9
批发和零售业	-15.9	—	-21.5	—	-5.9	—	5.3	—	-0.4	—
交通运输/仓储和邮政业	3.4	0.8	1.4	-3.8	1.6	3.8	9.1	6.8	10.5	13.9
住宿和餐饮业	-1.2	—	-5.5	—	6.6	—	7.5	—	8.2	—
信息传输/软件和信息技术服务业	8.6	—	18.7	—	-12.1	—	21.8	—	13.8	—
金融业	10.4	—	-13.3	—	1.9	—	10.5	—	-11.9	—
房地产业	9.2	—	5.0	—	5.0	—	-8.4	—	-8.1	—
房地产开发投资	9.7	—	6.8	—	4.3	—	-10.0	—	-9.6	—
租赁和商务服务业	15.8	—	5.0	—	13.6	—	14.5	—	9.9	—
科学研究和技术服务业	17.9	—	3.4	—	14.5	—	21.0	—	18.1	—
水利/环境和公共设施管理业	2.9	-1.9	0.2	-10.7	-1.2	-2.0	10.3	5.8	0.1	-1.2
居民服务/维修和其他服务业	-9.1	—	-2.9	—	-10.3	—	21.8	—	15.8	—
教育	17.7	28.3	12.3	6.1	11.7	24.9	5.4	-2.7	2.8	1.3
卫生和社会工作	5.3	2.9	26.8	4.6	19.5	-2.9	26.1	10.7	-3.8	-3.3
文化/体育和娱乐业	13.9	16.5	1.0	-3.6	1.6	0.4	3.5	5.0	2.6	6.4
公共管理/社会保障和社会组织	-15.6	-21.9	-6.4	-24.8	-38.2	-17.6	42.1	21.7	-37.0	-7.6

注：数据源自国家统计局，2022年及之前为年度数据，2023年为月度数据。

受益于近年来新能源行业的快速发展，制造业民间投资保持了较好的增速。电气机械和器材制造业、汽车制造业、计算机/通信和其他电子设备制造业3个行业大类民间投资增速超过全国制造业民间投资增速。制造业中电气机械和器材制造业投资无论是全国还是民间增速都排在制造业各行业大类的首位，主要原因是"双碳"政策驱动的新能源投资。其他受益于新能源投资的行业还有汽车制造业，民间和全国投资增速都较高（见表12）。

表 12　制造业 9 个行业大类全国和民间投资同比增速

单位：%

行业大类	2020年 全国	2020年 民间	2021年 全国	2021年 民间	2022年 全国	2022年 民间	2023年 全国	2023年 民间
制造业	-2.2	-4.6	13.5	14.7	9.1	15.6	6.5	9.4
非金属矿物制品业	-3.0	-5.0	14.1	14.8	6.7	4.9	0.6	-1.1
黑色金属冶炼和压延加工业	26.5	27.5	14.6	22.2	-0.1	-0.2	0.2	1.1
有色金属冶炼和压延加工业	-0.4	1.2	4.6	11.0	15.7	19.5	12.5	5.0
通用设备制造业	-6.6	-8.0	9.8	11.1	14.8	14.9	4.8	4.1
专用设备制造业	-2.3	-4.2	24.3	22.9	12.1	11.8	10.4	7.5
汽车制造业	-12.4	-14.0	-3.7	0.8	12.6	20.3	19.4	18.0
铁路、船舶、航空航天和其他运输设备制造	2.5	1.3	20.5	16.3	1.7	6.7	3.1	3.6
电气机械和器材制造业	-7.6	-10.4	23.3	23.0	42.6	43.6	32.2	30.1
计算机/通信和其他电子设备制造业	12.5	7.8	22.3	26.1	18.8	20.2	9.3	10.7

注：数据源自国家统计局。

五、数据差异尚需解释

从国家统计局每月公布的固定资产投资数据来看，自 2017 年 8 月起，公布的同比增速与按当期和上期公布的绝对值计算得出的同比增速开始出现差异，公布增速高于计算增速，且差异越来越大。2017—2020 年，全国固定资产投资公布增速比计算增速分别高 1.3、5.3、18.6、8.8 个百分点。

这一差异因 2021 年 9 月出版的《中国统计年鉴 2021》对 2003—2019 年的固定资产投资数据作出修正而消除。由于资本形成占 GDP 的比例在 40% 以上，调减历年的固定资产投资数据势必影响到当年的 GDP，不过统计年鉴并没有对 GDP 数据进行修正。

自 2023 年 3 月公布增速高于计算增速的情况再次出现。2023 年全国固定资产投资公布增速为 3.0%，但计算增速为 -12.1%，公布增速高于计算增速 15.1 个百分点；民间投资公布增速为 -0.4%，计算增速为 -18.2%，公布增速高于计算增速 17.8 个百分点。即使 2023 年 9 月出版的《中国统计年鉴 2023》对 2022 年投资数据进行了修正，全国和民间投资计算增速分别为 –6.0%、–12.6%，依然远高于公布增速。统计范围和口径变化难以解释如此大的差异，尚需作出合理的解释。

六、深入推进改革，释放投资活力

近年来民间投资增速较弱的原因是多方面的，既受经济发展阶段的影响，也有政策性、体制性原因。

在经济发展阶段方面，首先，改革开放以来特别是入世以来经济机会较多的局面不再，各行各业的竞争日趋激励，民企、外企都面临着严峻的竞争形势。一些外资企业管理层级较多，对中国市场环境的变化不敏感，反应迟缓，许多在中国市场竞争失利的外资企业撤出中国。这并不是说经济发展已经停滞，创新和增长仍将持续，但已进入常规阶段，那种惊心动魄的高速增长阶段已经过去了，民营企业也需要调整预期，适应新常态。其次，中国经济经过多年高速增长后，劳动、资源、环境等要素价格水涨船高，诸多传统行业或者是劳动密集型，或者依赖低资源成本和低环境成本，叠加人口老龄化带来的劳动年龄人口净减少，传统产业向低要素成本国家转移的趋势十分明显，业内企业均面临着转型升级的严峻挑战。

在体制与政策障碍上，我国经济发展模式和经济结构仍不够合理，导致需求羸弱，进而压制民间投资动力，而国有部门的投资冲动又对民间投资有严重的挤出效应；在政策和舆论环境方面，对资本和民营企业的形象日趋负面，时不时有"民企阶段论"言论出现，也打击了民间投资的信心。

经济结构的问题主要体现在收入分配结构不合理，近半人口收入较低，月均收入不足千元；对于城市中等收入群体来说，住房、医疗、教育、养老等压力较大，居民储蓄意愿强烈，消费动力不足。这些因素都导致总需求不足，进而导致一方面企业的市场机会较少、竞争激烈，投资动力弱化；另一方面经济增长依赖国有部门的固定资产投资，过高投资建设的产能反过来面临需求不足的窘境，又导致产能过剩，陷入投资、产能过剩、需求不足、经济增速下滑、再投资的怪圈。

另外，金融需求和供给结构不合理，民营企业一直受到融资难、融资贵问题的困扰。国有企业、地方政府等预算软约束主体存在做大规模的冲动，对利率和债务不敏感，导致过度借贷，一方面挤占民营企业融资来源，抬高民营企业融资成本；另一方面又导致高负债，引发金融风险，而金融监管部门为预防金融风险所采取的强监管措施又进一步限制了民营企业的融资渠道。

目前的主要挑战不再是提高投资增速，因为投资占GDP的比例已经过高；而是提高配置效率，特别是提高国有部门的投资效率，降低国有部门的投资占比。更为重要的是深入推进改革开放，进一步优化营商环境，推进关键领域的改革，放开准入限制，尽快落实民企应得的国民待遇，加快推进法治政府建设，营造良好的发展环境。

第四章　民营工业发展

——增长小有恢复，效益明显承压

经过三年新冠肺炎疫情冲击，我国开始经济恢复发展，2023年工业生产稳定增长，累计营收增速连续5个月回升。2023年全年，规模以上工业企业实现营业收入1 334 390.8亿元，同比增长1.1%，其中，私营工业企业同比增长0.6%，国有及国有控股工业企业同比增长0.8%，外商及港澳台商投资企业同比下降2.3%。营收增长带动利润加快恢复，全年规模以上工业企业实现利润总额76 858.3亿元，同比下降2.3%，降幅比1—11月份收窄2.1个百分点，其中私营工业企业同比增长2.0%，国有及国有控股工业企业同比下降3.4%，外商及港澳台商投资企业同比下降6.7%。

效益方面，2023年年末，私营工业营收利润率、资产利润率均比2022年年末有所下降。运营效率方面，私营工业每百元营业收入中的成本在三类企业中最高。效益、效率下降，资产负债和经营成本不断提高，表明私营工业企业在企业生产经营方面还存在困难。

展望2024年，我国经济仍面临不少困难和挑战，如有效需求不足、部分行业产能过剩、社会预期偏弱、风险隐患仍然较多，等等，加之外部环境的复杂性、严峻性、不确定性上升，工业企业效益持续恢复仍然面临不少风险挑战。

一、各类型工业企业数量情况

截至2023年年末，全国规模以上工业企业数量为482 192家，同比增长 2.2%。其中国有及国有控股工业企业 26 741 家，同比下降 1.2%；私营工业企业 357 579 家，同比增长 2.4%；外商及港澳台商投资企业 43 514 家，同比增加 0.6%（见表 1、图 1）。

表 1 2011—2023 年规模以上工业企业数量

单位：个

年份	全国工业企业	国有及国有控股工业企业	私营工业企业	外商及港澳台商投资企业
2011	325 609	17 052	180 612	57 216
2012	343 769	17 851	189 289	56 908
2013	369 813	18 574	208 409	57 368
2014	377 888	18 808	213 789	55 172
2015	383 148	19 273	216 506	52 758
2016	378 599	19 022	214 309	49 554
2017	372 729	19 022	215 138	47 458
2018	374 964	19 250	235 424	44 624
2019	377 815	20 683	243 640	43 588
2020	399 375	22 072	286 430	43 026
2021	441 517	25 180	325 752	43 455
2022	472 009	27 065	349 269	43 260
2023	482 192	26 741	357 579	43 514

数据来源：历年《中国统计年鉴》及国家国家统计局网站。

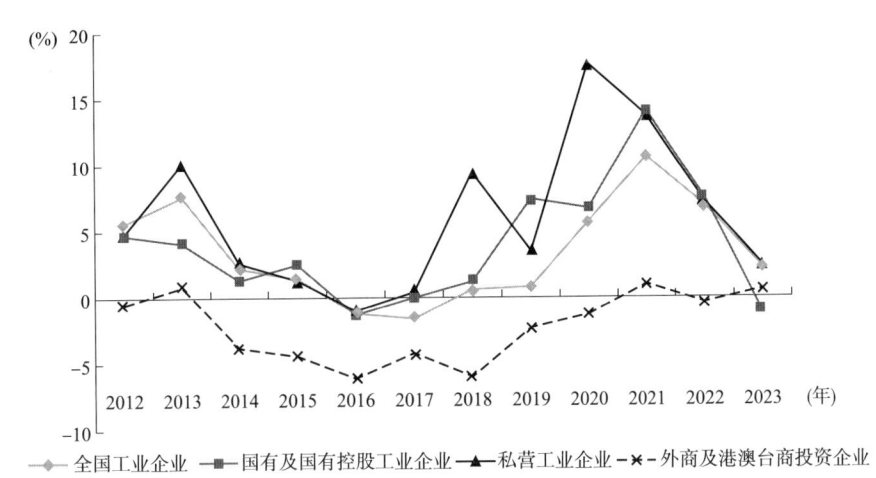

图 1 2012—2023 年规模以上工业企业数量同比增速

2017—2022 年，规模以上工业企业数量从 372 729 家增长到 472 009，年均增长 4.8%，其中私营工业企业从 215 138 家增长到 349 269 家，年均增长 10.2%，占比从 57.7% 增长到 74.0%；国有及国有控股工业企业从 19 022 家增长到 27 065 家，年均增长 7.3%，占比始终在 5%~6%；外商及港澳台商投资企业从 47 458 家减少到 43 260 家，年均增长 -1.8%，占比从 12.7% 减少到 9.2%（见表1、表2、表3、图1、图2）。

表 2 2012—2023 年规模以上工业企业数量增长率

单位：%

年份	全国工业企业	国有及国有控股工业企业	私营工业企业	外商及港澳台商投资企业
2012	5.6	4.7	4.8	−0.5
2013	7.6	4.1	10.1	0.8
2014	2.2	1.3	2.6	−3.8
2015	1.4	2.5	1.3	−4.4
2016	−1.2	−1.3	−1.0	−6.1
2017	−1.6	0.0	0.4	−4.2
2018	0.6	1.2	9.4	−6.0
2019	0.8	7.4	3.5	−2.3
2020	5.7	6.7	17.6	−1.3
2021	10.6	14.1	13.7	1.0
2022	6.9	7.5	7.2	−0.4
2023	2.2	−1.2	2.4	0.6
按绝对值计算的年均增长率				
2012—2017	1.6	1.3	2.6	−3.6
2017—2022	4.8	7.3	10.2	−1.8

表 3 2011—2023 年规模以上工业企业数量占比情况

单位：%

年份	国有及国有控股工业企业	私营工业企业	外商及港澳台商投资企业
2011	5.2	55.5	17.6
2012	5.2	55.1	16.6

续表

年份	国有及国有控股工业企业	私营工业企业	外商及港澳台商投资企业
2013	5.0	56.4	15.5
2014	5.0	56.6	14.6
2015	5.0	56.5	13.8
2016	5.0	56.6	13.1
2017	5.1	57.7	12.7
2018	5.1	62.8	11.9
2019	5.5	64.5	11.5
2020	5.5	71.7	10.8
2021	5.7	73.8	9.8
2022	5.7	74.0	9.2
2023	5.5	74.2	9.0

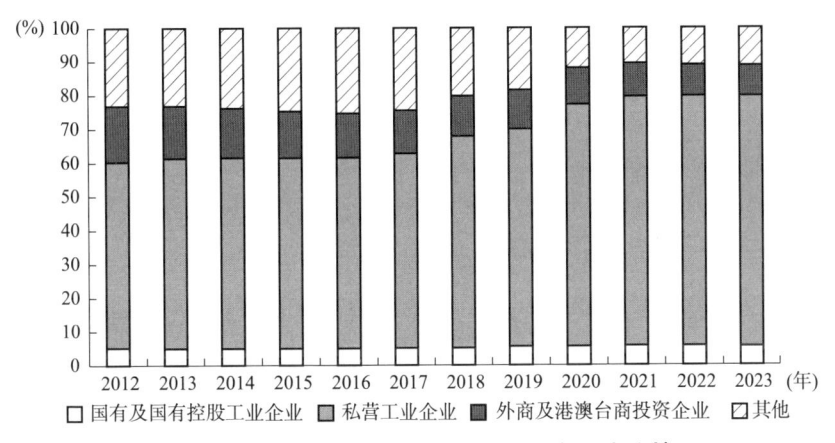

图 2　2012—2023 年规模以上工业企业数量占比情况

二、各类型工业企业增加值情况

2023 年，规模以上工业增加值累计同比增长 4.6%。分经济类型看，国有控股企业同比增长 5.0%；私营工业企业增长 3.1%，外商及港澳台商投资企业同比增长 1.4%。全年来看，三类企业中国有及国有控股工业企业月度增加值累计增速一直最高，私营工业企业次之，外商及港澳台商投资企业则一直最低（见表4、图3）。

表4 2023年规模以上工业企业增加值累计同比增速

单位：%

	2023年3月	2023年6月	2023年9月	2023年12月
全国工业企业	3.0	3.8	4	4.6
国有及国有控股工业企业	3.3	4.4	4.6	5.0
私营工业企业	2.0	1.9	2.3	3.1
外商及港澳台商投资企业	−2.7	0.8	0.5	1.4

数据来源：国家统计局网站月度数据，本章同。

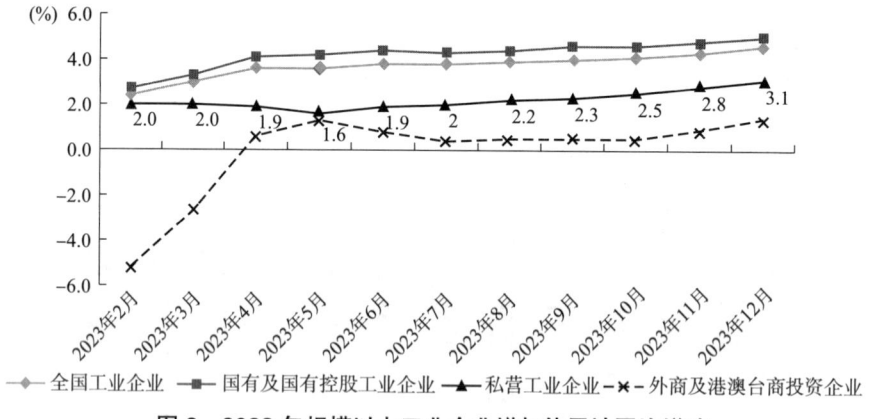

图3 2023年规模以上工业企业增加值累计同比增速

2017—2022年，规模以上工业企业增加值累计同比增速总体呈下降趋势，2017年为6.6%、2022年为3.6%，其中国有及国有控股工业企业2017年、2022年两年数据分别为6.5%、3.3%，私营工业企业分别为5.9%、2.9%，外商及港澳台商投资企业分别为6.9%、−1.0%（见表5、图4）。

表5 2012—2023年规模以上工业企业增加值累计同比增速

单位：%

年份	全国工业企业	国有及国有控股工业企业	私营工业企业	外商及港澳台商投资企业
2012	10	6.4	14.6	6.3
2013	9.7	6.9	12.4	8.3
2014	8.3	4.9	10.2	6.3

续表

年份	全国工业企业	国有及国有控股工业企业	私营工业企业	外商及港澳台商投资企业
2015	6.1	1.4	8.6	3.7
2016	6	2	7.5	4.5
2017	6.6	6.5	5.9	6.9
2018	6.2	6.2	6.2	4.8
2019	5.7	4.8	7.7	2
2020	2.8	2.2	3.7	2.4
2021	9.6	8.0	10.2	8.9
2022	3.6	3.3	2.9	-1.0
2023	4.6	5.0	3.1	1.4

说明：规模以上工业企业增加值年度同比增速为历年12月数据；数据源自国家统计局网站月度数据。

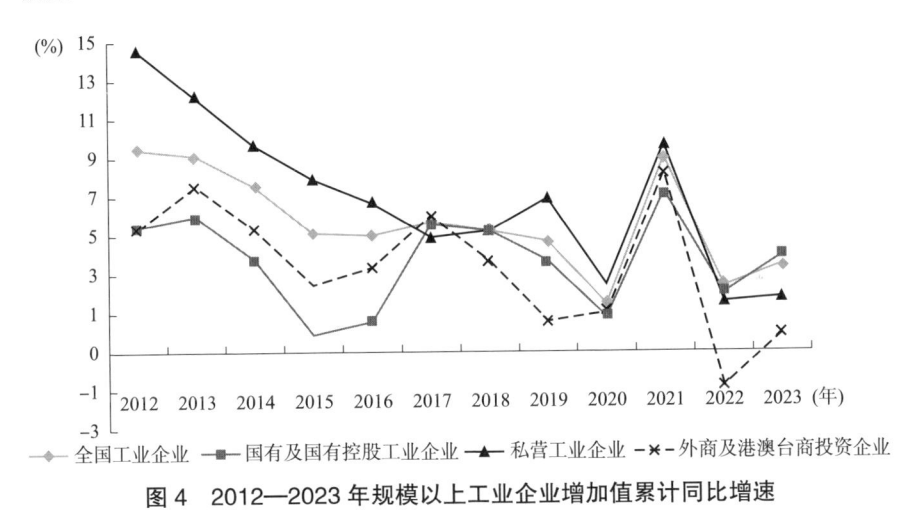

图4　2012—2023年规模以上工业企业增加值累计同比增速

三、各类型工业企业营业收入情况

2023年，规模以上工业企业实现营业收入1 334 390.8亿元，同比增长1.1%。其中国有及国有控股工业企业营业收入367 083.9亿元，同比增长0.8%；私营工业企业实现营业收入488 441.6亿元，同比增长0.6%；外商及港澳台商投资企业实现营业收入272 257.0亿元，同比下降2.3%。

从累计增速来看，国有控股工业企业在三类企业中一直最高（见表6、图5）。

表6 2023年规模以上工业企业营业收入

单位：亿元，%

		2023年3月	2023年6月	2023年9月	2023年12月
全国工业企业	总额	311 798.4	626 238.6	963 462.6	1 334 390.8
	同比增长	−0.5	−0.4	0	1.1（0.1）
国有及国有控股工业企业	总额	87 342.9	174 053.5	268 519.2	367 083.9
	同比增长	0.1	−1.2	−0.5	0.8（−2.3）
私营工业企业	总额	116 153.3	229 324.4	349 037.6	488 441.6
	同比增长	−1.6	−1.3	−0.8	0.6（0.2）
外商及港澳台商投资企业	总额	62 942.1	128 613.9	197 940.4	272 257.0
	同比增长	−6.1	−3.2	−3.7	−2.3（−2.0）

注：括号内为作者根据统计局公布的绝对值计算的增长率，下同。

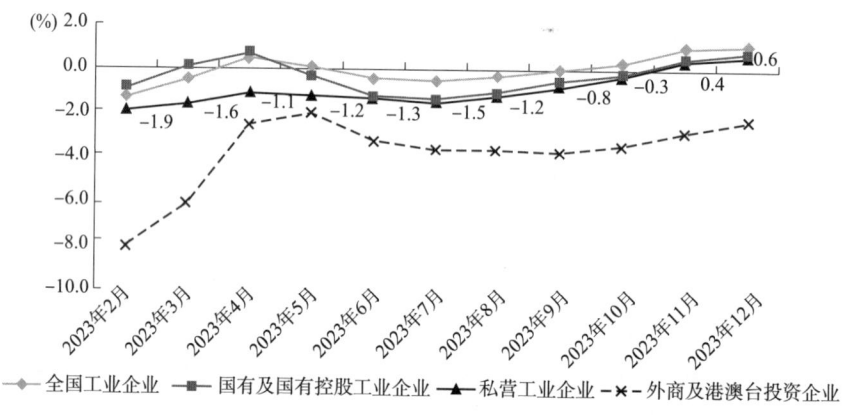

图5 2023年规模以上工业企业营业收入同比增速

2017—2022年，规模以上工业企业营业收入从1 133 161亿元增长到1 333 214亿元，年均增长7.5%，其中私营工业企业从381 034亿元增长到487 259亿元，年均增长7.2%，国有及国有控股工业企业从265 393亿元增长到375 590亿元，年均增长率8.1%，外商及港澳台商投资企业从247 620亿元增长到277 776亿元，年均增长4.4%（见表7、表8、图6、图7）。

表7　2011—2023年规模以上工业企业营业收入

单位：亿元

年份	全国工业企业	国有及国有控股工业企业	私营工业企业	外商及港澳台商投资企业
2011	841 830	228 900	247 278	216 304
2012	929 292	245 076	285 621	221 949
2013	1 038 659	257 817	342 003	242 964
2014	1 107 033	262 692	372 176	252 630
2015	1 109 853	241 669	386 395	245 698
2016	1 158 999	238 990	410 188	250 393
2017	1 133 161	265 393	381 034	247 620
2018	1 057 327	290 754	343 843	236 959
2019	1 067 397	287 708	361 133	234 410
2020	1 083 658	279 607	413 564	243 187
2021	1 314 557	350 558	517 444	282 716
2022	1 333 214	375 590	487 259	277 776
2023	1 334 391	367 084	488 442	272 257

说明：1.年度数据来源为历年《中国统计年鉴》，本章同；2.2017年及以前为主营业务收入，2018年及以后为营业收入，本章同。

表8　2012—2023年规模以上工业企业营业收入增长率

单位：%

年份	全国工业企业	国有及国有控股工业企业	私营工业企业	外商及港澳台商投资企业
2012	11	6.3	17.4	5.4
2013	11.2	6.1	15.4	9
2014	7	2.1	9.2	5.5
2015	0.8	−7.8	4.5	−0.8
2016	4.9	0.3	6.5	3.4
2017	11.1	15	8.8	10.3
2018	8.5	9.2	8.4	5.4
2019	3.8	3.7	5.6	0.1
2020	0.8	−0.9	0.7	0.9
2021	19.4	21.2	18.9	14.8
2022	5.9	8.4	3.3	1.3
2023	1.1	0.8	0.6	−2.3

续表

年份	全国工业企业	国有及国有控股工业企业	私营工业企业	外商及港澳台商投资企业
按当年公布增长率计算的年均增长率				
2012—2017	6.9	2.9	8.8	5.4
2017—2022	7.5	8.1	7.2	4.4
按绝对值计算的年均增长率				
2012—2017	4.0	1.6	5.9	2.2
2017—2022	3.3	7.2	5.0	2.3

说明：年增长率为统计局网站公布的当年1—12月累计增长率，本章同。

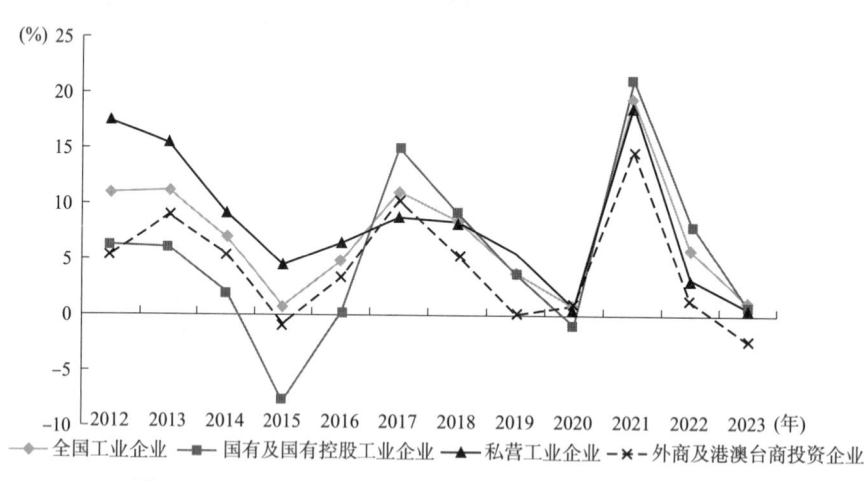

图6　2012—2023年规模以上工业企业营业收入同比增速

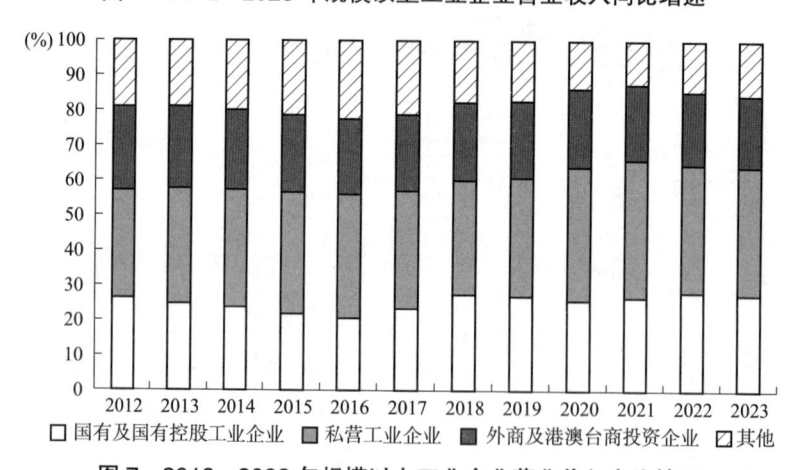

图7　2012—2023年规模以上工业企业营业收入占比情况

需要说明的是,近年来按照绝对值计算的工业企业营收、利润和资产的累计增长率与统计局公布的增长率存在不小差异的情况仍然存在,表6、表10、表14括号内为根据绝对值计算的2023年相关指标增长率,可见营收方面,外资企业公布增长率低于计算增长率,全国工业企业、国有及国有控股工业企业及私营工业企业的公布增长率均高于计算增长率。利润总额方面,公布增长率均高于计算增长率,且差额较大。资产方面则有高有低。

值得注意的是,年均增长率方面,按照国家统计局当年12月公布的1—12月规模以上工业企业营业收入总额增长率计算和按照历年《中国统计年鉴》公布的规模以上工业企业营业收入总额绝对值计算的数据之间存在较为明显的差异。2012—2017年、2017—2022年各类型工业企业营业收入年均增长率,按当年公布增长率计算得出的结果均高于按绝对值计算得出的结果,详见表8。

表9、图7为2011年以来各类型工业企业营业收入占比情况。

表9　2011—2023年规模以上工业企业营业收入占比情况

单位:%

年份	国有及国有控股工业企业	私营工业企业	外商及港澳台商投资企业
2011	27.2	29.4	25.7
2012	26.4	30.7	23.9
2013	24.8	32.9	23.4
2014	23.7	33.6	22.8
2015	21.8	34.8	22.1
2016	20.6	35.4	21.6
2017	23.4	33.6	21.9
2018	27.5	32.5	22.4
2019	27.0	33.8	22.0
2020	25.8	38.2	22.4
2021	26.7	39.4	21.5
2022	28.2	36.5	20.8
2023	27.5	36.6	20.4

说明:占比为按照统计局公布的绝对数计算得出,本章同。

四、各类型工业企业利润总额情况

2023 年，规模以上工业企业实现利润总额 76 858.3 亿元，同比下降 2.3%。其中国有及国有控股企业利润总额 22 623.1 亿元，同比下降 3.4%；私营工业企业利润总额 23 437.6 亿元，同比增长 2.0%；外商及港澳台商投资企业利润总额 17 975.1 亿元，同比下降 6.7%。三类企业利润降幅均在逐步收窄。（见表 10、图 8）

表 10　2023 年规模以上工业企业利润总额情况

单位：亿元，%

		2023 年 3 月	2023 年 6 月	2023 年 9 月	2023 年 12 月
全国工业	总额	15 167.4	33 884.6	54 119.9	76 858.3
	同比增长	−21.4	−16.8	−9	−2.3（−8.7）
国有及国有控股企业	总额	5 892.4	12 002	18 477.0	22 623.1
	同比增长	−16.9	−21	−11.5	−3.4（−7.3）
私营工业企业	总额	3 894.1	8 689.2	14 385.0	23 437.6
	同比增长	−23	−13.5	−3.2	2.0（−9.7）
外商及港澳台商投资企业	总额	3 318.1	7 966.8	12 878.1	17 975.1
	同比增长	−24.9	−12.8	−10.5	−6.7（−8.8）

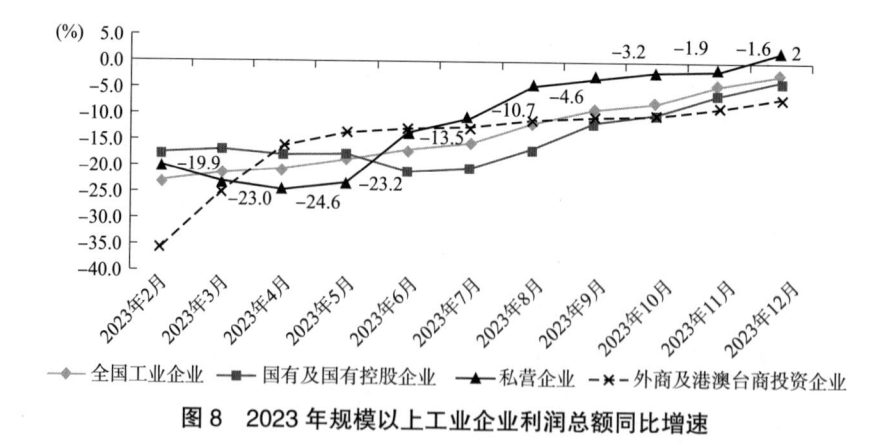

图 8　2023 年规模以上工业企业利润总额同比增速

2017—2022 年，规模以上工业利润总额从 74 916 亿元增长到 84 162 亿元，按统计局当年公布的增长率计算，年均增长 7.4%，其中私营工业企业从 23 043 亿元增长到 25 946 亿元，按统计局当年公布的增长率计算，年均增长 6.9%，国有及国有控股工业企业从 17 216 亿元增长到 24 399 亿元，年均增长率 9.1%，外商及港澳台商投资企业从 18 412 亿元增长到 19 701 亿元，年均增长 2.9%。（见表 11、表 12、图 9、图 10）

表 11　2011—2023 年规模以上工业企业利润总额

单位：亿元

年份	全国工业企业	国有及国有控股工业企业	私营工业企业	外商及港澳台商投资企业
2011	61 396	16 458	18 156	15 494
2012	61 910	15 176	20 192	13 966
2013	68 379	15 918	23 327	15 803
2014	68 155	14 508	23 550	16 577
2015	66 187	11 417	24 250	15 906
2016	71 921	12 324	25 495	17 597
2017	74 916	17 216	23 043	18 412
2018	71 609	19 285	21 763	16 944
2019	65 799	16 068	20 651	16 483
2020	68 465	15 346	23 800	18 167
2021	92 933	24 435	31 774	22 796
2022	84 162	24 399	25 946	19 701
2023	76 858	22 623	23 438	17 975

表 12　2012—2023 年规模以上工业企业利润总额增长率

单位：%

年份	全国工业企业	国有及国有控股工业企业	私营工业企业	外商及港澳台商投资企业
2012	5.3	−5.1	20	−4.1
2013	12.2	6.4	14.8	15.5
2014	3.3	−5.7	4.9	9.5
2015	−2.3	−21.9	3.7	−1.5
2016	8.5	6.7	4.8	12.1
2017	21	45.1	11.7	15.8
2018	10.3	12.6	11.9	1.9
2019	−3.3	−12	2.2	−3.6
2020	4.1	−2.9	3.1	7

续表

年份	全国工业企业	国有及国有控股工业企业	私营工业企业	外商及港澳台商投资企业
2021	34.3	56.0	27.6	21.1
2022	−4.0	3.0	−7.2	−9.5
2023	−2.3	−3.4	2.0	−6.7
按当年公布增长率计算的年均增长率			
2012—2017	8.3	3.9	7.9	10.1
2017—2022	7.4	9.1	6.9	2.9
绝对值计算的年均增长率			
2012—2017	3.9	2.6	2.7	5.7
2017—2022	2.4	7.2	2.4	1.4

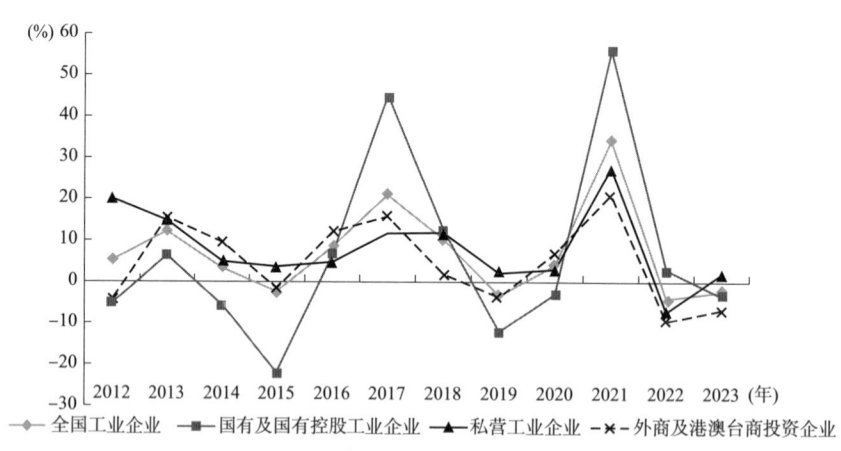

图9　2012—2023年规模以上工业企业利润总额同比增速

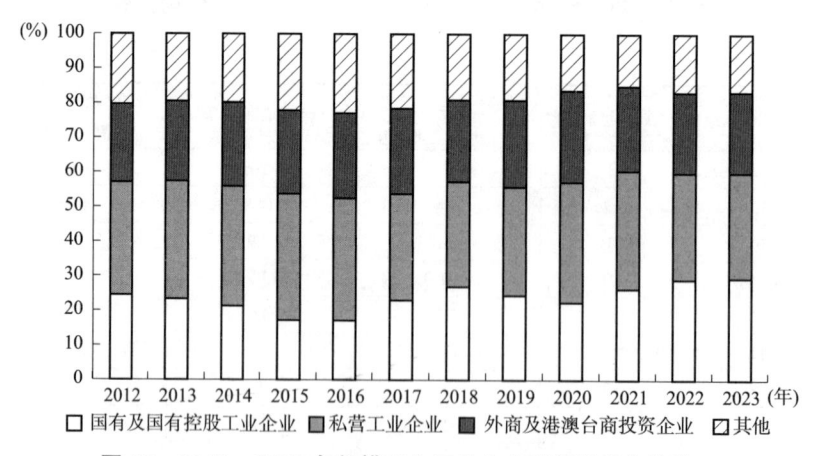

图10　2012—2023年规模以上工业企业利润总额占比情况

年均增长率方面，与营收总额的情况类似，2012—2017年、2017—2022年各类型工业企业利润总额的年均增长率，按当年公布增长率计算得出的结果均高于按绝对值计算得出的结果，详见表12。

2011—2023年规模以上工业企业利润总额占比情况见表13所示。

表13 2011—2023年规模以上工业企业利润总额占比情况

单位：%

年份	国有及国有控股工业企业	私营工业企业	外商及港澳台商投资企业
2011	26.8	29.6	25.2
2012	24.5	32.6	22.6
2013	23.3	34.1	23.1
2014	21.3	34.6	24.3
2015	17.2	36.6	24.0
2016	17.1	35.4	24.5
2017	23.0	30.8	24.6
2018	26.9	30.4	23.7
2019	24.4	31.4	25.1
2020	22.4	34.8	26.5
2021	26.3	34.2	24.5
2022	29.0	30.8	23.4
2023	29.4	30.5	23.4

五、各类型工业企业资产及资产负债率情况

截至2023年年末，规模以上工业企业资产总额为1 673 576.9亿元，同比增长6%。其中国有及国有控股工业企业资产总额607 555.7亿元，同比增长4.8%；私营工业企业资产总额476 586.4亿元，增长6.8%；外商及港澳台商投资企业资产总额301 800.4亿元，同比增长2.3%（见表14、图11）。

2017—2022年，规模以上工业资产从1 121 910亿元增长到1 601 926亿元，按统计局当年公布的增长率计算，年均增长7.4%。其中私营工业企业从242 637亿元增长到446 757亿元，按统计局当年公布的增长率计算，年均增长9.1%；国有及国有控股工业企业从439 623亿元增长到604 247亿元，年均增长率5.3%；外商及港澳台商投资企业从215 998亿元增长到292 954亿元，年均增长5.8%。（见表15、表16、表17、图12、图13）

表14　2023年规模以上工业企业资产总额

单位：亿元，%

		2023年3月	2023年6月	2023年9月	2023年12月
全国工业企业	总额	1 582 310.6	1 603 126.4	1 644 014.0	1 673 576.9
	同比增长	7.7	6.6	6.4	6.0（4.5）
国有及国有控股工业企业	总额	580 865.5	585 260.8	601 731.5	607 555.7
	同比增长	4.8	4.2	4.6	4.8（0.5）
私营工业企业	总额	448 790.6	454 467.9	463 768.6	476 586.4
	同比增长	9.9	7.9	7.8	6.8（6.7）
外商及港澳台商投资企业	总额	293 173.3	296 685.7	300 176.3	301 800.4
	同比增长	4	3.3	2.5	2.3（3.0）

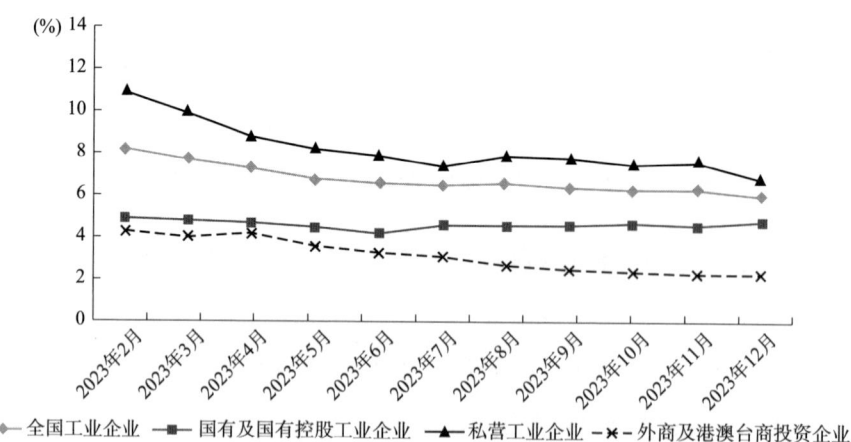

图11　2023年规模以上工业企业资产总额累计同比增速

表15 2011—2023年规模以上工业企业资产总额

单位：亿元

年份	全国工业企业	国有及国有控股工业企业	私营工业企业	外商及港澳台商投资企业
2011	675 797	281 674	127 750	161 988
2012	768 421	312 094	152 548	172 320
2013	870 751	343 986	187 704	188 661
2014	956 777	371 309	213 114	198 162
2015	1 023 398	397 404	229 007	201 303
2016	1 085 866	417 704	239 543	212 744
2017	1 121 910	439 623	242 637	215 998
2018	1 153 251	456 504	263 451	219 165
2019	1 205 869	469 680	282 830	228 744
2020	1 303 499	500 461	342 023	248 427
2021	1 466 716	565 082	409 303	279 179
2022	1 601 926	604 247	446 757	292 954
2023	1 673 577	607 556	476 586	301 800

表16 2012—2023年规模以上工业企业资产总额增长率

单位：%

年份	全国工业企业	国有及国有控股工业企业	私营工业企业	外商及港澳台商投资企业
2012	12	9.3	19.4	6.6
2013	11.9	9.6	17.4	8.5
2014	9.3	6.3	13.6	6.5
2015	6.9	6.6	8.2	3.1
2016	7.1	5.9	7.3	6.9
2017	6.9	5.3	7.3	6.8
2018	6.1	3.9	6.6	5.8
2019	5.8	5.3	7.5	3.7
2020	6.9	5.1	8.7	6.7
2021	9.9	6.8	11.9	8.8
2022	8.2	5.2	10.7	4.3
2023	6.0	4.8	6.8	2.3
按当年公布增长率计算的年均增长率				
2012—2017	8.4	6.7	10.7	6.3
2017—2022	7.4	5.3	9.1	5.8

续表

年份	全国工业企业	国有及国有控股工业企业	私营工业企业	外商及港澳台商投资企业
按绝对值计算的年均增长率			
2012—2017	7.9	7.1	9.7	4.6
2017—2022	7.4	6.6	13.0	6.3

表17与图13为2011年以来各类型工业企业资产总额占比情况。

表17 2011—2023年规模以上工业企业资产总额占比情况

单位：%

年份	国有及国有控股工业企业	私营工业企业	外商及港澳台商投资企业
2011	41.7	18.9	24.0
2012	40.6	19.9	22.4
2013	39.5	21.6	21.7
2014	38.8	22.3	20.7
2015	38.8	22.4	19.7
2016	38.5	22.1	19.6
2017	39.2	21.6	19.3
2018	39.6	22.8	19.0
2019	38.9	23.5	19.0
2020	38.4	26.2	19.1
2021	38.5	27.9	19.0
2022	37.7	27.9	18.3
2023	36.3	28.5	18.0

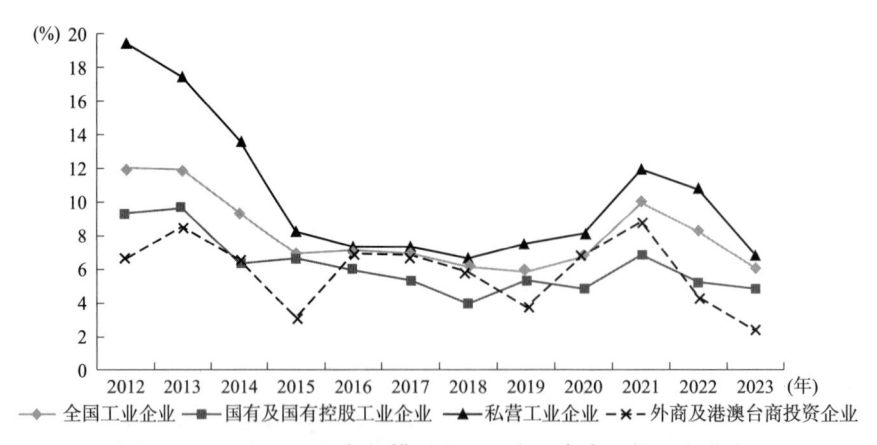

图12 2012—2023年规模以上工业企业资产总额同比增速

第四章 民营工业发展——增长小有恢复，效益明显承压

图 13　2012—2023 年规模以上工业企业资产总额占比情况

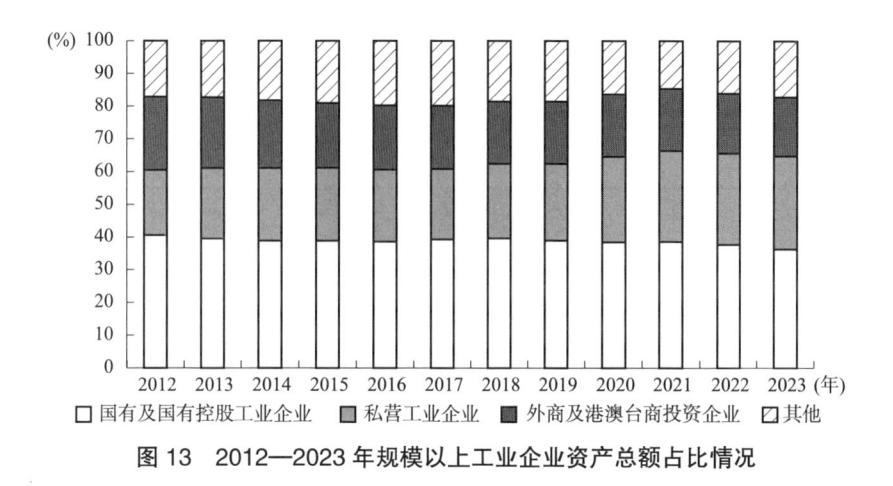

年均增长率方面，与营收总额和利润总额的情况相同，2012—2017年、2017—2022年各类型工业企业资产总额的年均增长率，按当年公布增长率计算得出的结果均与按绝对值计算得出的结果存在差距。这种按照不同方法计算得出的年均增长率存在较大差异的情况，值得进一步研究和讨论。

资产负债率方面，截至2023年12月末，全国规模以上工业企业资产负债率为57.1%，较2022年年底上升了0.5个百分点。其中，国有及国有控股工业企业资产负债率为57.1%，较2022年年底下降0.2个百分点；私营工业企业资产负债率从2018年开始升高的趋势在2021年稍有缓解之后又有所提高，达到59.7%，高于全国平均水平，比2022年年底升高了1.3个百分点；外商及港澳台商投资企业资产负债率最低，为53.5%，但同样较2022年年底有所提高，提高了0.6个百分点（见表18、表19、图14、图15）。

表 18　2023 年规模以上工业企业资产负债率

单位：%

	2023 年 3 月	2023 年 6 月	2023 年 9 月	2023 年 12 月
全国工业企业	57.1	57.6	57.6	57.1
国有及国有控股工业企业	57.5	57.6	57.5	57.1

续表

	2023年3月	2023年6月	2023年9月	2023年12月
私营工业企业	59.6	60.3	60.4	59.7
外商及港澳台商投资企业	53.2	53.6	53.7	53.5

说明：月度资产负债率为作者根据统计局网站公布的月度各类型工业企业资产和负债总额绝对值数据计算得出。

表19　2012—2023年规模以上工业企业资产负债率

单位：%

年份	全国工业企业	国有及国有控股工业企业	私营工业企业	外商及港澳台商投资企业
2012	58.0	61.3	54.2	56.5
2013	58.1	62.3	54.0	56.3
2014	57.2	62.0	52.1	55.5
2015	56.6	61.9	51.8	54.5
2016	55.9	61.6	50.7	54.0
2017	56.0	60.5	52.6	54.0
2018	56.7	58.8	56.5	54.1
2019	56.5	57.8	57.4	53.8
2020	56.4	57.8	58.0	53.8
2021	56.1	57.1	57.6	53.6
2022	56.6	57.3	58.4	52.9
2023	57.1	57.1	59.7	53.5

说明：2012—2022年资产负债率为作者根据《中国统计年鉴》各类型工业企业资产总额和负债总额绝对值数据计算得出，2023年12月为统计局网站公布数据。

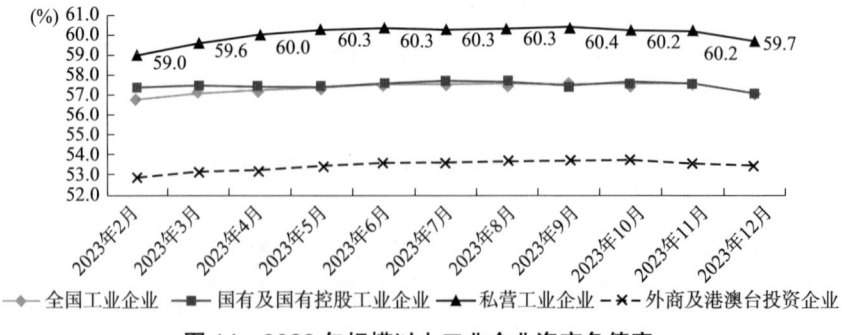

图14　2023年规模以上工业企业资产负债率

第四章 民营工业发展——增长小有恢复,效益明显承压

图15 2012—2023年规模以上工业企业资产负债率

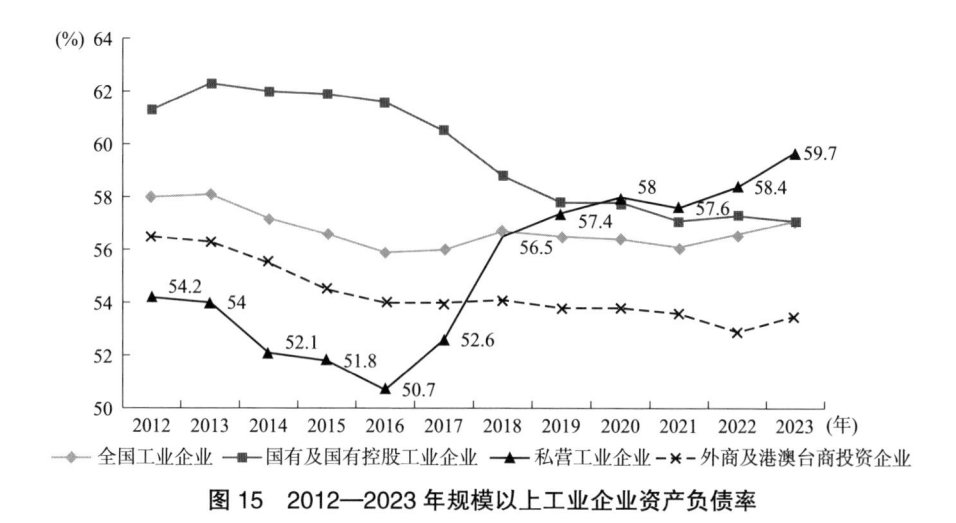

六、各类型工业企业效益情况

营业收入利润率方面,2023年,全国规模以上工业企业营业收入利润率为5.8%,较2022年年末降低了0.3个百分点。其中,国有及国有控股工业企业营业收入利润率为6.2%,较2022年年底降低了0.3个百分点;私营工业企业营业收入利润率为4.8%,较2022年年底降低0.2个百分点;外商及港澳台商投资企业为6.6%,较2022年年底降低了0.4个百分点(见表20、表21、图16、图17)。

表20 2023年规模以上工业企业营业收入利润率

单位:%

	2023年3月	2023年6月	2023年9月	2023年12月
全国工业企业	4.6	5.4	5.6	5.8
国有及国有控股工业企业	6.2	6.9	6.9	6.2
私营工业企业	3.6	3.5	4.1	4.8
外商及港澳台商投资企业	4.5	6.2	6.5	6.6

说明:营业收入利润率为作者根据统计局网站公布的各类型工业企业月度营业收入和利润总额绝对值数据计算得出。

表21 2011—2023年规模以上工业企业营业收入利润率

单位：%

年份	全国工业企业	国有及国有控股工业企业	私营工业企业	外商及港澳台商投资企业
2011	7.3	7.2	7.3	7.2
2012	6.7	6.2	7.1	6.3
2013	6.6	6.2	6.8	6.5
2014	6.2	5.5	6.3	6.6
2015	6.0	4.7	6.3	6.5
2016	6.2	5.2	6.2	7.0
2017	6.6	6.5	6.0	7.4
2018	6.8	6.6	6.3	7.2
2019	6.2	5.6	5.7	7.0
2020	6.3	5.5	5.8	7.5
2021	6.8	6.9	5.7	7.9
2022	6.1	6.5	5.0	7.0
2023	5.8	6.2	4.8	6.6

说明：2011—2022年营业收入利润率为作者根据历年《中国统计年鉴》公布的各类型工业企业营业收入和利润总额绝对值数据计算得出，2023年12月为统计局网站公布数据。

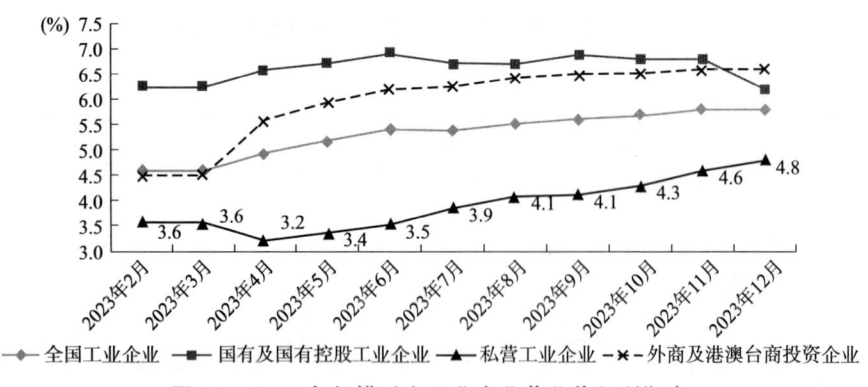

图16 2023年规模以上工业企业营业收入利润率

图 17　2012—2023 年规模以上工业企业营业收入利润率

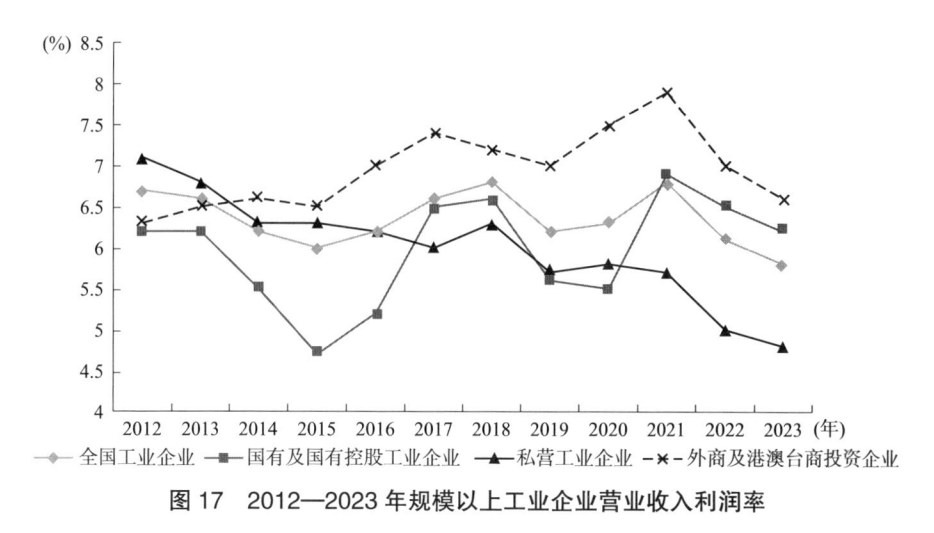

资产利润率方面，2023 年年末，全国规模以上工业企业资产利润率为 4.6%，较 2022 年年末降低 0.7 个百分点。其中，国有及国有控股工业企业资产利润率为 3.7%，较 2022 年年末降低 0.3 个百分点；私营工业企业资产利润率为 4.9%，较 2022 年年末降低了 0.9 个百分点；外商及港澳台商投资企业为 6.0%，高于全国平均水平，较上年年末降低了 0.7 个百分点（见表 22、表 23、图 18、图 19）。

表 22　2023 年规模以上工业企业资产利润率

单位：%

	2023 年 3 月	2023 年 6 月	2023 年 9 月	2023 年 12 月
全国工业企业	3.8	4.2	4.4	4.6
国有及国有控股工业企业	4.9	4.1	4.1	3.7
私营工业企业	3.5	3.6	4.1	4.9
外商及港澳台商投资企业	4.5	5.4	5.7	6.0

说明：资产利润率为作者根据统计局网站公布的各类型工业企业月度资产总额和利润总额绝对值数据计算得出，月度资产利润率计算公式为：资产利润率 = 利润总额 / 资产总额 ×12/ 月份数 ×100%。

表 23　2012—2023 年工业企业资产利润率

单位：%

年份	全国工业企业	国有及国有控股工业企业	私营工业企业	外商及港澳台商投资企业
2012	8.1	4.9	13.2	8.1

续表

年份	全国工业企业	国有及国有控股工业企业	私营工业企业	外商及港澳台商投资企业
2013	7.9	4.6	12.4	8.4
2014	7.1	3.9	11.1	8.4
2015	6.5	2.9	10.6	7.9
2016	6.6	3	10.6	8.3
2017	6.7	3.9	9.5	8.3
2018	6.2	4.2	8.3	7.7
2019	5.5	3.4	7.3	7.2
2020	5.3	3.1	7.0	7.3
2021	6.2	4.4	7.1	7.9
2022	5.3	4.0	5.8	6.7
2023	4.6	3.7	4.9	6.0

说明：历年资产利润率为作者根据《中国统计年鉴》及2023年统计局网站公布的12月各类型工业企业资产总额和利润总额绝对值数据计算得出。

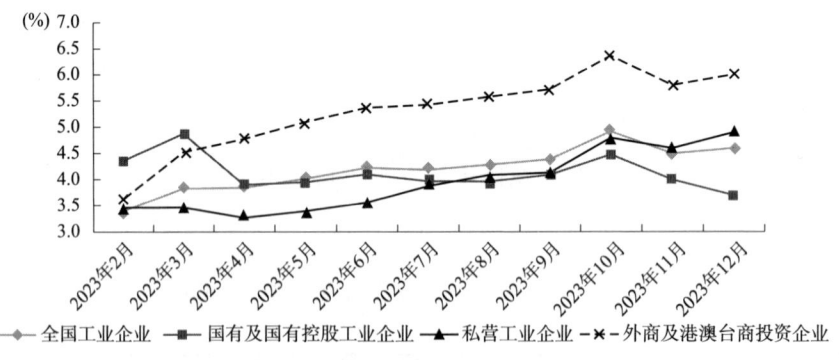

图18　2023年规模以上工业企业资产利润率

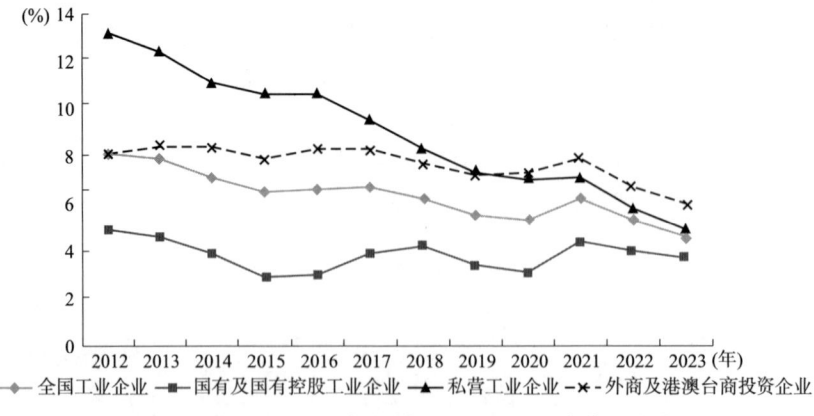

图19　2012—2023年规模以上工业企业资产利润率

每百元营业收入中的成本方面，2023年年末，全国规模以上工业企业每百元营业收入中的成本为84.8元，较2022年年底上升了0.1元。其中，国有及国有控股工业企业每百元营业收入中的成本在各类型企业中最低，为83.6元，比2022年年底提高0.6元；私营工业企业每百元营业收入中的成本为85.9元，高于全国平均水平，比2022年年底降低了0.5元；外商及港澳台商投资企业每百元营业收入中的成本为84.6元，与2022年年底持平。（见表24、表25、图20、图21）

表24　2023年规模以上工业企业每百元营业收入中的成本

单位：元

	2023年3月	2023年6月	2023年9月	2023年12月
全国工业企业	85.0	85.2	85.1	84.8
国有及国有控股工业企业	81.6	82.7	83.0	83.6
私营工业企业	87.4	87.3	86.9	85.9
外商及港澳台商投资企业	85.5	85.0	84.7	84.6

表25　2012—2023年规模以上工业企业每百元营业收入中的成本

单位：元

年份	全国工业企业	国有及国有控股工业企业	私营工业企业	外商及港澳台商投资企业
2012	84.4	82.7	85.1	85.4
2013	84.8	82.7	85.9	85.3
2014	85.2	82.8	86.6	85.1
2015	85.1	82.7	86.6	84.8
2016	85.0	82.1	86.7	84.3
2017	84.4	81.5	86.5	84.1
2018	83.3	81.3	85.3	83.7
2019	83.5	81.9	85.3	83.5
2020	83.9	82.3	85.9	83.3
2021	83.7	81.7	85.6	83.6
2022	84.7	83.0	86.4	84.6
2023	84.8	83.6	85.9	84.6

说明：2012—2022年每百元营业收入中的成本根据统计局公布的营收总额和营业成本总额绝对数计算得出，2023年为统计局网站公布数据。

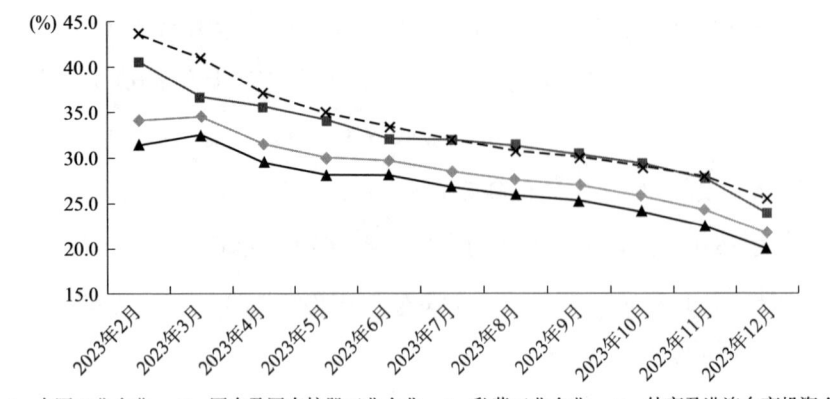

图 20　2023 年规模以上工业企业每百元营业收入中的成本

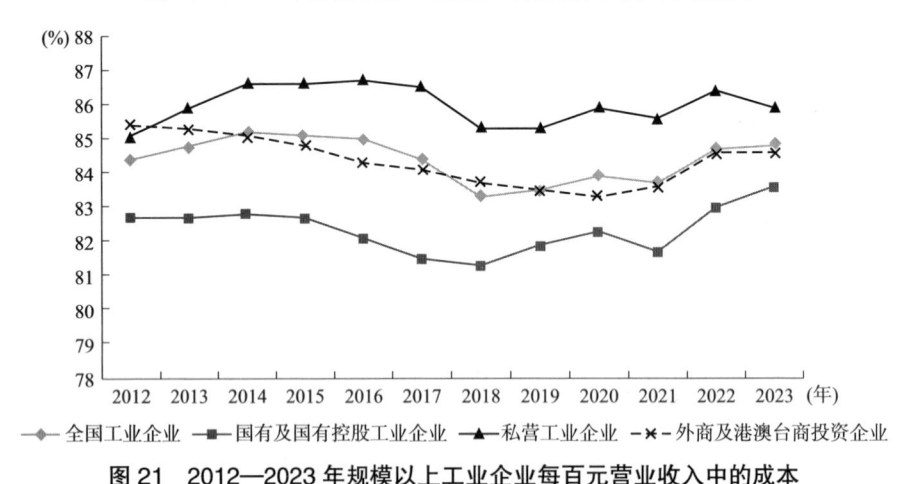

图 21　2012—2023 年规模以上工业企业每百元营业收入中的成本

七、各类型工业企业亏损面

截至 2023 年年末，全国规模以上工业企业亏损面为 21.6%，较 2022 年年末扩大了 1.4 个百分点。其中，国有及国有控股工业企业亏损面为 23.8%，较 2022 年年末缩小 0.72 个百分点；私营工业企业亏损面为 19.9%，较 2022 年底扩大了 1.4 个百分点；外商及港澳台商投资企业亏损面为 25.4%，较上年年底扩大了 0.9 个百分点。（见表 26、表 27、图 22、图 23）

表26　2023年规模以上工业企业亏损面

单位：%

	2023年3月	2023年6月	2023年9月	2023年12月
全国工业企业	34.5	29.7	26.9	21.6
国有及国有控股工业企业	36.7	32.1	30.3	23.8
私营工业企业	32.5	28.1	25.3	19.9
外商及港澳台商投资企业	41.0	33.4	30.1	25.4

说明：规模以上各类工业企业的亏损面为大成企业研究院根据国家统计局网站公布的相关数据计算得出。

表27　2011—2023年规模以上工业企业亏损面

单位：%

年份	全国工业企业	国有及国有控股工业企业	私营工业企业	外商及港澳台商投资企业
2011	9.4	20.6	5.9	17
2012	11.5	24	7.8	20.2
2013	11.3	24.7	7.8	20
2014	11.5	26.7	8.1	19.2
2015	12.6	28.9	9.1	20.8
2016	10.8	25.6	7.8	17.7
2017	11.8	24.7	9	19
2018	15.1	25	12.8	21.3
2019	15.9	23.6	13.6	21.9
2020	17.3	22.9	15.3	23.2
2021	16.5	22.8	14.6	21.6
2022	20.2	24.5	18.5	24.5
2023	21.6	23.8	19.9	25.4

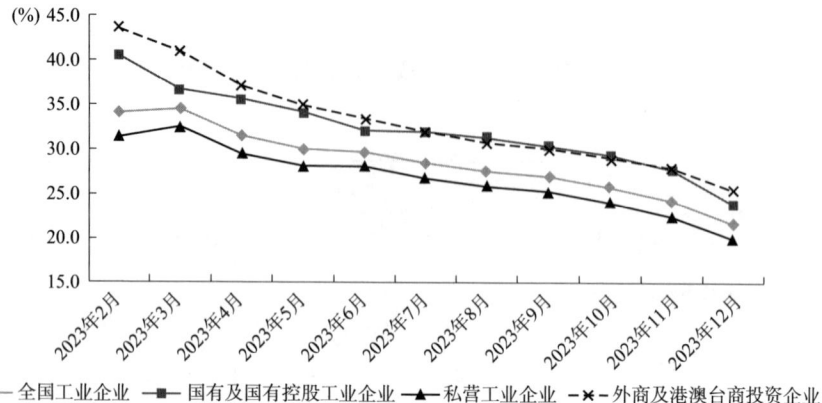

图 22　2023 年规模以上工业企业亏损面

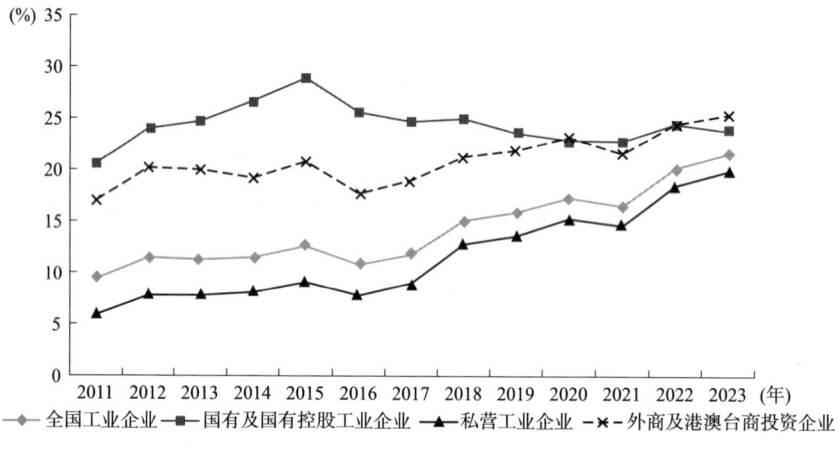

图 23　2012—2023 年规模以上工业企业亏损面

八、工业企业劳动生产率

人均营业收入方面，2023年年末，全国规模以上工业企业人均营业收入为181.5万元，较2022年年底下降了1.2万元。其中，国有及国有控股工业企业人均营业收入为299.2万元，较2022年年底增加了7.1万元；私营工业企业人均营业收入为138.1万元，较2022年年底减少了8万元；外商及港澳台商投资企业人均营业收入为188.3万元，较上年年底增加5.9万元（见表28、图24）。

表28　2012—2023年规模以上工业企业人均营业务收入

单位：万元

年份	全国工业企业	国有及国有控股工业企业	私营工业企业	外商及港澳台商投资企业
2012	97.1	129.5	91.5	86.2
2013	106.1	136.4	101.8	95.8
2014	111.0	142.6	106.2	102.2
2015	113.5	135.9	111.5	104.3
2016	122.3	140.9	120.7	114.7
2017	126.5	166.3	118.0	120.7
2018	126.5	190.8	103.6	127.6
2019	134.6	202.8	111.3	134.1
2020	145.0	215.6	120.8	148.1
2021	172.0	264.0	142.2	175.3
2022	182.7	292.1	146.1	182.4
2023	181.5	299.2	138.1	188.3

说明：2012—2019年人均营业收入根据统计局公布的营业收入总额及平均用工人数的绝对数计算得出，2020—2023年数据为统计局网站公布当年12月数据。

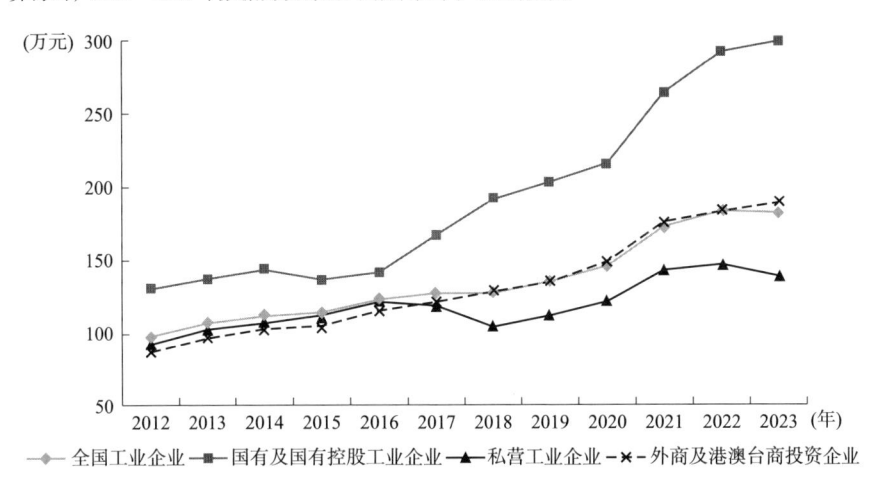

图24　2012—2023年规模以上工业企业人均营业收入

人均资产方面，2023年年末，全国规模以上工业企业人均资产为227.7万元，较2022年年底增加了20.9万元。其中，国有及国有控股工业企业人均资产为495.2万元，较2022年年底增加了42.5万元；私营工业企业人均资产为134.7万元,较2022年年底增加了11.1万元;外商及港澳台商投资企业人均资产为208.7万元,较2022年年底增加22万元(见表29、图25)。

表29　2012—2023年规模以上工业企业人均资产

单位:万元

年份	全国工业企业	国有及国有控股工业企业	私营工业企业	外商及港澳台商投资企业
2012	80.3	164.9	48.9	67.0
2013	88.9	182.1	55.9	74.4
2014	95.9	201.5	60.8	80.2
2015	104.7	223.5	66.1	85.5
2016	114.6	246.3	70.5	97.5
2017	125.2	275.5	75.1	105.2
2018	138.0	299.5	79.4	118.0
2019	152.1	331.1	87.1	130.8
2020	168.1	361.9	95.7	148.6
2021	189.9	416.1	114.2	175.4
2022	206.8	452.7	123.6	186.7
2023	227.7	495.2	134.7	208.7

说明:人均资产根据《中国统计年鉴》公布的规模以上工业企业资产总额及平均用工人数的绝对数计算得出。

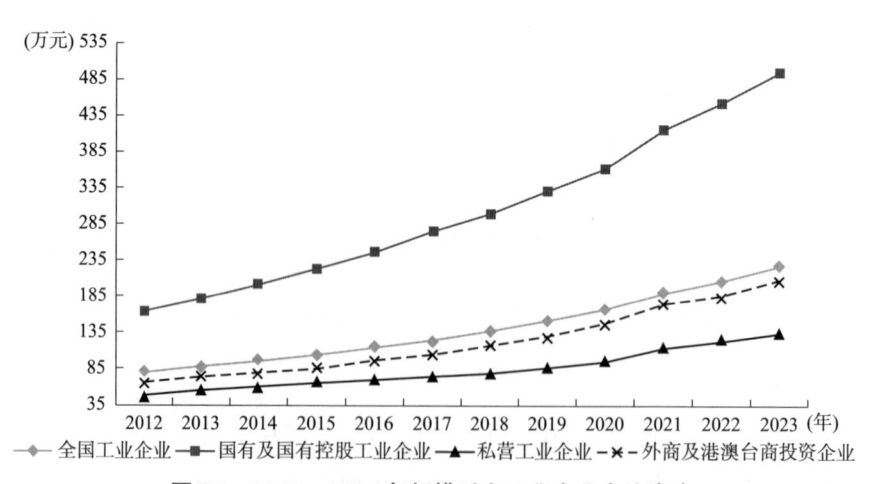

图25　2012—2023年规模以上工业企业人均资产

从人均营收和人均资产的变化趋势来看，国有及国有控股工业企业的人均营收和人均资产一直高于全国平均水平，并始终在三类企业中保持最高。私营工业企业的人均营收在2011—2016年略高于外商及港澳台商投资企业，2017年开始至今一直在各类型企业中最低。私营工业企业的人均资产在三种类型企业中一直最低。

每百元资产实现的营业收入方面，2023年年末，全国规模以上工业企业每百元资产实现的营业收入为82.4元，较2022年年末降低了10元。其中，国有及国有控股工业企业每百元资产实现的营业收入为62.1元，较2022年年末降低了4.7元；私营工业企业每百元资产实现的营业收入为106.2元，高于全国平均水平，但较2022年大幅下降了18.2元；外商及港澳台商投资企业每百元资产实现的营业收入为91.8元，较2022年下降了7.2元（见表30、图26）。

表30　2012—2023年规模以上工业企业每百元资产实现的营业收入

单位：元

年份	全国工业企业	国有及国有控股工业企业	私营工业企业	外商及港澳台商投资企业
2012	120.9	78.5	187.2	128.8
2013	119.3	74.9	182.2	128.8
2014	115.7	70.7	174.6	127.5
2015	108.4	60.8	168.7	122.1
2016	106.7	57.2	171.2	117.7
2017	101.0	60.4	157.0	114.6
2018	91.7	63.7	130.5	108.1
2019	88.5	61.3	127.7	102.5
2020	87.8	59.4	130.0	102.1
2021	95.4	65.7	133.9	104.2
2022	92.4	66.8	124.4	99.0
2023	82.4	62.1	106.2	91.8

说明：2012—2019年规模以上工业企业每百元资产实现的营业收入根据统计局公布的资产总额和营收总额绝对数计算得出，2020—2023年数据为统计局网站公布的当年1—12月数据。

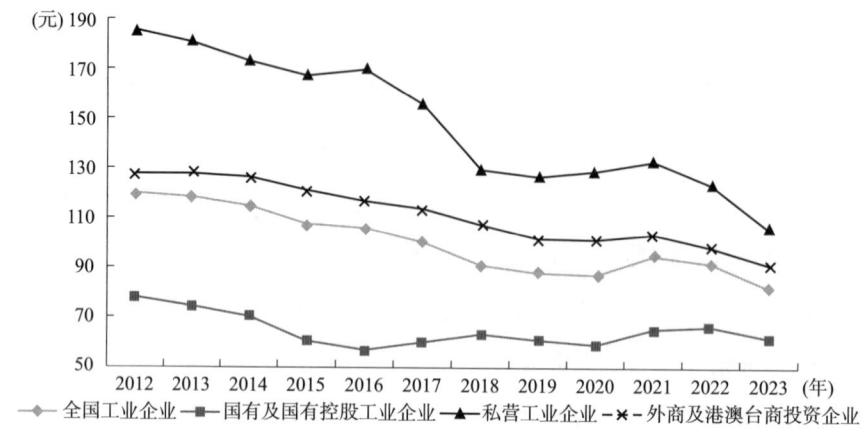

图 26　2012—2023 年规模以上工业企业每百元资产实现的营业收入

九、工业企业平均用工人数

2023 年年末，规模以上工业企业平均用工人数为 7 350.8 万人，同比下降 2.2%。其中国有控股企业 1 226.9 万人，同比下降 2.6%，就业人数占全部工业企业的 16.7%；私营工业企业 3 538 万人，同比下降 1.9%，就业人数占全部工业企业的 48.1%；外商及港澳台商投资企业 1 446.2 万人，同比下降 6.6%，在各类企业中降幅最大，就业人数占全部工业企业的 19.7%。

2017—2022 年，规模以上工业企业吸纳就业人数总体呈下降趋势，年均下降 2.8%，其中国有及国有控股工业企业年均下降 3.0%，私营工业企业年均下降 2.7%，外商及港澳台商投资企业平均用工人数年均下降 5.1%，在各类型企业中降速最大。（见表 31、表 32、表 33、图 27、图 28）

表 31　2011—2023 年规模以上工业企业平均用工人数

单位：万人

年份	全国工业企业	国有及国有控股工业企业	私营工业企业	外商及港澳台商投资企业
2011	9 167	1 812	2 956	2 574
2012	9 567	1 893	3 121	2 574
2013	9 791	1 889	3 359	2 536

续表

年份	全国工业企业	国有及国有控股工业企业	私营工业企业	外商及港澳台商投资企业
2014	9 977	1 843	3 505	2 472
2015	9 775	1 778	3 464	2 355
2016	9 476	1 696	3 398	2 182
2017	8 958	1 596	3 230	2 052
2018	8 356	1 524	3 319	1 857
2019	7 929	1 419	3 245	1 748
2020	7 756	1 383	3 574	1 672
2021	7 951	1 390	3 824	1 668
2022	7 764	1 370	3 698	1 581
2023	7 351	1 227	3 538	1 446

说明：2011—2022年规模以上工业企业平均用工人数数据来源为历年《中国统计年鉴》，2023年数据为统计局网站公布的12月数据。

表32　2012—2023年规模以上工业企业平均用工人数增长率

单位：%

年份	全国工业企业	国有及国有控股工业企业	私营工业企业	外商及港澳台商投资企业
2012	4.4	4.5	5.6	0.0
2013	2.3	−0.2	7.6	−1.5
2014	1.9	−2.4	4.3	−2.5
2015	−2.0	−3.5	−1.2	−4.7
2016	−3.1	−4.6	−1.9	−7.3
2017	−5.5	−5.9	−4.9	−6.0
2018	−6.7	−4.5	2.7	−9.5
2019	−5.1	−6.9	−2.2	−5.8
2020	−2.2	−2.5	10.1	−4.4
2021	2.5	0.5	7.0	−0.2
2022	−2.4	−1.5	−3.3	−5.2
2023	−2.2	−2.6	−1.9	−6.6
按绝对值计算的年均增长率				
2012—2017	−1.3	−3.4	0.7	−4.4
2017—2022	−2.8	−3.0	2.7	−5.1

说明：2012—2022年增长率根据《中国统计年鉴》中的绝对额计算得出，2023年数据为统计局网站公布的12月数据。

表33、图28为各类型工业企业平均用工人数占比情况。

表33 2012—2023年规模以上工业企业平均用工人数占比情况

单位：%

年份	国有及国有控股工业企业	私营工业企业	外商及港澳台商投资企业
2012	19.8	32.6	26.9
2013	19.3	34.3	25.9
2014	18.5	35.1	24.8
2015	18.2	35.4	24.1
2016	17.9	35.9	23.0
2017	17.8	36.1	22.9
2018	18.2	39.7	22.2
2019	17.9	40.9	22.0
2020	17.8	46.1	21.6
2021	17.5	48.1	21.0
2022	17.6	47.6	20.4
2023	16.7	48.1	19.7

图27为2012年以来各类型工业企业平均用工人数增长率情况。

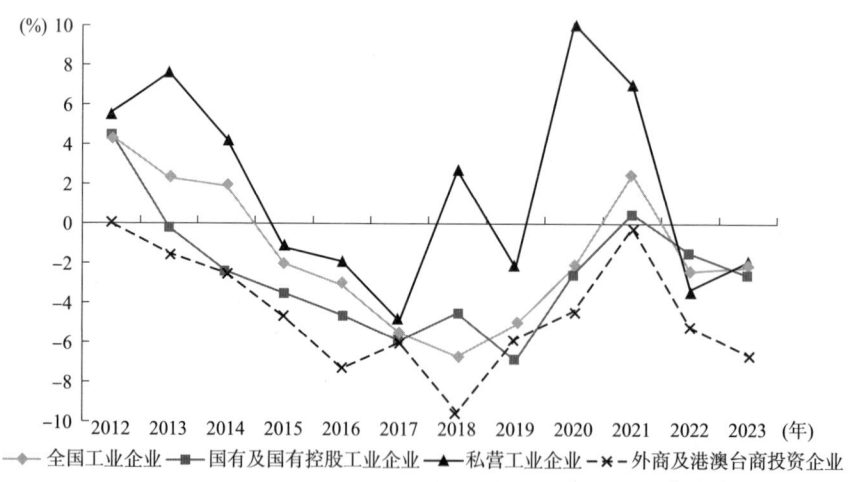

图27 2012—2023年规模以上工业企业平均用工人数增长率

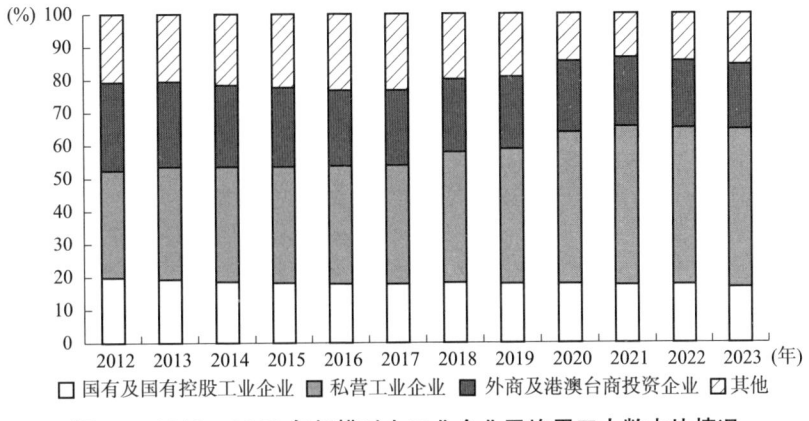

图 28　2012—2023 年规模以上工业企业平均用工人数占比情况

十、各类型工业资本金情况

企业资本金结构反映股东出资比例和股权结构，分析规模以上工业企业实收资本中各类型资本金情况，可以发现，我国工业企业股权社会化的程度在不断加强，国有及国有控股、民营和外资三类规模以上工业企业都在不同程度地、以不同形式发展着混合经济，且逐步发展成为三者相互混合的企业。由于国家统计局公布的工业企业实收资本情况统计数据只更新到 2019 年，以下仅对 2019 年规模以上各类型企业的资本金情况进行简要说明。

2019 年，全国规模以上工业企业实收资本 261 099.59 亿元，其中国家资本金 70 401.64 亿元，占 27.0%，法人资本金 104 905.5 亿元，占 40.2%，个人资本金 44 625.89 亿元，占 17.1%，外商及港澳台商资本金 37 117.73 亿元，占 14.2%。

具体来看，国有及国有控股工业企业实收资本 113 130.32 亿元，其中国家资本金 66 942.22 亿元，占 59.2%，法人资本金 40 273.66 亿元，占 35.6%，个人资本金 2 166.69 亿元，占 1.9%，外商及港澳台商资本金 2 770.4 亿元，占 2.4%。私营工业企业实收资本 54 892.63 亿元，其中国家资本金 547.37 亿元，占 1.0%，法人资本金 25 233.4 亿元，占 46.0%，个人资本金 28 008.95 亿元，占 51.0%，外商及港澳台商资本金 265.48 亿元，占 0.5%（见表 34）。

表34 2019年各类型工业企业资本金情况

单位：亿元，%

企业类型	指标	实收资本	国家	法人	个人	外商及港澳台商
全国工业	总额	261 099.59	70 401.64	104 905.5	44 625.89	37 117.73
	占比	100	27.0	40.2	17.1	14.2
国有及国有控股	总额	113 130.32	66 942.22	40 273.66	2 166.69	2 770.4
	占比	100	59.2	35.6	1.9	2.4
私营	总额	54 892.63	547.37	25 233.4	28 008.95	265.48
	占比	100	1.0	46.0	51.0	0.5
外商及港澳台商	总额	53 956.48	4 197.3	12 124.5	1 476.4	35 729.54
	占比	100	7.8	22.5	2.7	66.2

第五章　大中小型企业

——负债逐年提高，收入增利润降

2023年规模以上工业企业单位数超过48万家，小型企业占比继续稳步增长。小型工业企业负债增速、资产增速超过营收增速，而利润明显下降，用工人数也有所下降（见表1）。可以说小型工业企业由负债驱动增长，投入（负债、资产）增长超过产出（营收）增长，更超过效益（利润）增长，因此资产利润率、资产营收率、营收利润率等效率效益指标都有所恶化。

国家统计局在每年9月出版的《中国统计年鉴》公布上一年规模以上工业企业按企业规模（即大型、中型、小型）分的企业单位数、资产总计、营业收入、利润总额四项数据，因此，本章规模以上大中小型工业企业相关指标的最新数据为2022年数据。

国家统计局每月公布的工业数据只有规模以上工业企业和大中型工业企业数据，因此2023年小型工业企业数据为规模以上工业企业减去大中型工业企业的计算数据。

表1　规模以上大中小型工业企业各项指标2022年与2023年增速

单位：%

年份	各规模企业	负债合计	资产总计	营业收入	利润总额	用工人数	法人单位数
2022	规上工业企业	11.4	9.2	1.4	-9.4	-2.4	6.9
	大型企业	10.9	7.9	5.0	-10.0	-5.4	-4.5
	中型企业	9.5	8.4	-0.2	-10.2		-5.1
	小型企业	13.5	11.7	-1.7	-7.8	1.9	8.3

续表

年份	各规模企业	负债合计	资产总计	营业收入	利润总额	用工人数	法人单位数
2023	规上工业企业	3.9	4.5	0.1	-8.7	-5.3	2.2
	大中型企业	3.9	4.7	0.2	-7.7	-5.0	0.6
	小型企业	3.7	4.0	-0.1	-11.2	-5.8	2.3

注：数据来自国家统计局，资产总计、营业收入、利润总额、法人单位数来自《中国统计年鉴2023》，负债合计、用工人数来自《中国统计摘要2023》、统计局网站月度数据、《中国经济景气月报》。

一、企业单位数

2022年全国规模以上工业企业单位数约为47.2万个，比2021年增长6.9%。其中，大型工业企业单位数8 112个，比2021年下降4.5%，占全部工业企业单位数的比例为1.7%；中型工业企业单位数约为3.7万个，比2021年下降5.1%，占比7.8%；小型工业企业单位数约为42.7万个，比2021年增长8.3%，占比90.5%。自2011年调整中小型企业划型标准以来，小型工业企业占比逐年增长，中型和大型工业企业占比逐年下降（见表2）。

表2 规模以上大中小型工业企业单位数

单位：个，%

年份	工业企业 单位数	增速	大型工业企业 单位数	占比	增速	中型工业企业 单位数	占比	增速	小型工业企业 单位数	占比	增速
2015	383 148	1.4	9 633	2.5	-2.6	54 070	14.1	-2.4	319 445	83.4	2.2
2016	378 599	-1.2	9 631	2.5	0.0	52 681	13.9	-2.6	316 287	83.5	-1.0
2017	372 729	-1.6	9 240	2.5	-4.1	49 614	13.3	-5.8	313 875	84.2	-0.8
2018	374 964	0.6	8 448	2.3	-8.6	42 625	11.4	-14.1	323 891	86.4	3.2
2019	377 815	0.8	8 210	2.2	-2.8	39 974	10.6	-6.2	329 631	87.2	1.8
2020	399 375	5.7	8 020	2.0	-2.3	39 025	9.8	-2.4	352 330	88.2	6.9
2021	441 517	10.6	8 490	1.9	5.9	38 937	8.8	-0.2	394 090	89.3	11.9
2022	472 009	6.9	8 112	1.7	-4.5	36 949	7.8	-5.1	426 948	90.5	8.3
2023	482 192	2.2	绝对数45 321；占比9.4；增速0.6						436 871	90.6	2.3

注：数据来自国家统计局，其中2022年及之前数据来自统计局网站年度数据和《2023中国统计年鉴》，2023年数据来自统计局网站月度数据和《中国经济景气月报》，占比和增长率为大成课题组根据总量数据计算得出，下同。

2023年全国规模以上工业企业单位数约为48.2万个，比2022年增长2.2%。其中，大中型工业企业单位数约为4.5万个，比2022年增长0.6%；小型工业企业单位数约为43.7万个，比2022年增长2.3%。2023年小型工业企业单位数占全部工业企业单位数的比例为90.6%，大中型工业企业占比为9.4%（见表2）。

二、资产总计

2022年全国规模以上工业企业资产总计约160.2万亿元，比2021年增长9.2%。其中，大型工业企业资产总计约73.1万亿元，比2021年增长7.9%，占全部工业企业资产总计的比例为45.6%；中型工业企业资产总计约34.5万亿元，比2021年增长8.4%，占比21.5%；小型工业企业资产总计约52.6万亿元，比2021年增长11.7%，占比32.8%（见表3）。

2023年全国规模以上工业企业资产总计约167.4万亿元，比2022年增长4.5%。其中，大中型工业企业资产总计约112.6万亿元，比2022年增长4.7%；小型工业企业资产总计约54.7万亿元，比2022年增长4.0%。2023年小型工业企业资产总计占全部工业企业资产总计的比例为32.7%，大中型工业企业占比为67.3%（见表3）。

表3 规模以上大中小型工业企业资产总计

单位：亿元，%

年份	工业企业 资产总计	增速	大型工业企业 资产总计	占比	增速	中型工业企业 资产总计	占比	增速	小型工业企业 资产总计	占比	增速
2015	1 023 398.1	7.0	476 028.2	46.5	5.7	242 810.4	23.7	6.0	304 559.5	29.8	9.8
2016	1 085 865.9	6.1	508 070.4	46.8	6.7	258 989.4	23.9	6.7	318 806.1	29.4	4.7
2017	1 121 909.6	3.3	534 349.1	47.6	5.2	263 386.8	23.5	1.7	324 173.4	28.9	1.7
2018	1 153 251.2	2.8	559 620.7	48.5	4.7	260 730.5	22.6	−1.0	332 899.9	28.9	2.7
2019	1 205 868.9	4.6	569 249.1	47.2	1.7	271 433.5	22.5	4.1	365 186.4	30.3	9.7
2020	1 303 499.3	8.1	604 454.9	46.4	6.2	293 324.4	22.5	8.1	405 720.1	31.1	11.1
2021	1 466 716.3	12.5	677 739.3	46.2	12.1	318 137.0	21.7	8.5	470 840.1	32.1	16.1

续表

年份	工业企业		大型工业企业			中型工业企业			小型工业企业		
	资产总计	增速	资产总计	占比	增速	资产总计	占比	增速	资产总计	占比	增速
2022	1 601 925.7	9.2	730 971.8	45.6	7.9	344 880.6	21.5	8.4	526 073.3	32.8	11.7
2023	1 673 576.9	4.5	绝对数 1 126 472.2；占比 67.3；增速 4.7						547 104.7	32.7	4.0

三、营业收入

2022 年全国规模以上工业企业营业收入约为 133.3 万亿元，比 2021 年增长 1.4%。其中，大型工业企业营业收入约为 57.4 万亿元，比 2021 年增长 5.0%，占全部工业企业营业收入的比例为 43.1%；中型工业企业营业收入约为 29.2 万亿元，比 2021 年下降 0.2%，占比 21.9%；小型工业企业营业收入约为 46.7 万亿元，比 2021 年下降 1.7%，占比 35.1%（见表 4）。

2023 年全国规模以上工业企业营业收入约为 133.4 万亿元，比 2022 年增长 0.1%。其中，大中型工业企业营业收入约为 86.8 万亿元，比 2022 年增长 0.2%；小型工业企业营业收入约为 46.7 万亿元，比 2022 年下降 0.1%。2023 年小型工业企业营业收入占全部工业企业营业收入的比例为 35.0%，大中型工业企业占比为 65.0%（见表 4）。

表 4 规模以上大中小型工业企业营业收入

单位：亿元，%

年份	工业企业		大型工业企业			中型工业企业			小型工业企业		
	营业收入	增速	营业收入	占比	增速	营业收入	占比	增速	营业收入	占比	增速
2015	1 109 853.0	0.3	421 567.3	38.0	-3.5	272 360.5	24.5	1.5	415 925.1	37.5	3.5
2016	1 158 999.5	4.4	436 444.5	37.7	3.5	286 489.9	24.7	5.2	436 064.1	37.6	4.8
2017	1 133 161.8	-2.2	452 178.5	39.9	3.6	269 166.2	23.8	-6.0	411 816.1	36.3	-5.6
2018	1 057 327.3	-6.7	459 178.9	43.8	1.5	238 287.8	22.7	-11.5	354 918.2	33.5	-13.8
2019	1 067 397.2	1.0	451 017.8	42.3	-1.8	240 542.7	22.5	0.9	375 836.6	35.2	5.9
2020	1 083 658.4	1.5	451 853.1	41.7	0.2	243 175.3	22.4	1.1	388 630.1	35.9	3.4
2021	1 314 557.3	21.3	546 639.6	41.6	21.0	292 500.4	22.3	20.3	475 417.2	36.2	22.3
2022	1 333 214.5	1.4	573 992.4	43.1	5.0	291 866.9	21.9	-0.2	467 354.9	35.1	-1.7
2023	1 334 390.8	0.1	绝对数 867 628.7；占比 65.0；增速 0.2						466 762.1	35.0	-0.1

四、利润总额

2022年全国规模以上工业企业利润总额约为8.4万亿元，比2021年下降9.4%。其中，大型工业企业利润总额约为4.0万亿元，比2021年下降10.0%，占全部工业企业利润总额的比例为47.9%；中型工业企业利润总额约为2.0万亿元，比2021年下降10.2%，占比23.4%；小型工业企业利润总额约为2.4万亿元，比2021年下降7.8%，占比28.7%（见表5）。

2023年全国规模以上工业企业利润总额约为7.7万亿元，比2022年下降8.7%。其中，大中型工业企业利润总额5.5万亿元，比2022年下降7.7%；小型工业企业利润总额2.1万亿元，比2022年下降11.2%。2023年小型工业企业利润总额占全部工业企业利润总额的比例为27.9%，大中型工业企业占比为72.1%（见表5）。

表5 规模以上大中小型工业企业利润总额

单位：亿元，%

年份	工业企业 利润总额	增速	大型工业企业 利润总额	占比	增速	中型工业企业 利润总额	占比	增速	小型工业企业 利润总额	占比	增速
2015	66 187.1	-2.9	23 582.3	35.6	-10.5	17 982.6	27.2	1.0	24 622.2	37.2	2.6
2016	71 921.4	8.7	26 787.8	37.2	13.6	19 405.0	27.0	7.9	25 728.6	35.8	4.5
2017	74 916.3	4.2	32 713.1	43.7	22.1	18 648.5	24.9	-3.9	23 554.7	31.4	-8.4
2018	71 608.9	-4.4	33 541.3	46.8	2.5	16 829.3	23.5	-9.8	21 238.2	29.7	-9.8
2019	65 799.0	-8.1	29 526.4	44.9	-12.0	16 496.6	25.1	-2.0	19 776.1	30.1	-6.9
2020	68 465.0	4.1	29 085.0	42.5	-1.5	18 113.6	26.5	9.8	21 266.5	31.1	7.5
2021	92 933.0	35.7	44 826.2	48.2	54.1	21 888.8	23.6	20.8	26 218.0	28.2	23.3
2022	84 162.4	-9.4	40 339.2	47.9	-10.0	19 656.7	23.4	-10.2	24 166.5	28.7	-7.8
2023	76 858.3	-8.7	绝对数 55 402.9；占比 72.1；增速 -7.7			21 455.4	27.9	-11.2

五、负债合计

2023年全国规模以上工业企业负债合计95.6万亿元，比2022年增长3.9%。其中，大中型工业企业负债合计62.6万亿元，比2022年增长3.9%，占全部工业企业负债合计的比例为65.5%；小型工业企业负债合计32.9万亿元，比2022年增长3.7%，占比34.5%（见表6）。

表6 规模以上大中小型工业企业负债合计

单位：亿元，%

年份	工业企业 负债合计	增速	大中型工业企业 负债合计	占比	增速	小型工业企业 负债合计	占比	增速
2015	579 310.5	5.9	416 708.3	71.9	4.8	162 602.1	28.1	9.0
2016	606 641.5	4.7	438 442.2	72.3	5.2	168 199.3	27.7	3.4
2017	628 016.3	3.5	451 584.5	71.9	3.0	176 431.8	28.1	4.9
2018	653 871.3	4.1	463 975.9	71.0	2.7	189 895.5	29.0	7.6
2019	681 085.1	4.2	469 324.8	68.9	1.2	211 760.3	31.1	11.5
2020	735 385.9	8.0	498 299.2	67.8	6.2	237 086.7	32.2	12.0
2021	828 485.4	12.7	550 415.9	66.4	10.5	278 069.5	33.6	17.3
2022	920 053.6	11.1	602 627.4	65.5	9.5	317 426.2	34.5	14.2
2023	955 717.7	3.9	626 428.6	65.5	3.9	329 289.1	34.5	3.7

注：小型工业企业数据为工业企业减去大中型工业企业。

六、用工人数

2023年全国规模以上工业企业用工人数7 350.8万人，比2022年下降5.3%。其中，大中型工业企业用工人数4 144.4万人，比2022年下降5.0%，占全部工业企业用工人数的比例为56.4%；小型工业企业用工人数3 206.4万人，比2022年下降5.8%，占比43.6%（见表7）。

表7 规模以上大中小型工业企业用工人数

单位：万人、%

年份	工业企业 用工人数	增速	大中型工业企业 用工人数	占比	增速	小型工业企业 用工人数	占比	增速
2015	9 775.0	−2.0	6 245.2	63.9	−3.0	3 529.8	36.1	−0.3
2016	9 475.6	−3.1	6 051.6	63.9	−3.1	3 424.0	36.1	−3.0
2017	8 957.9	−5.5	5 664.9	63.2	−6.4	3 293.0	36.8	−3.8
2018	8 356.4	−6.7	5 138.2	61.5	−9.3	3 218.2	38.5	−2.3
2019	7 929.1	−5.1	4 732.8	59.7	−7.9	3 196.3	40.3	−0.7
2020	7 756.1	−2.2	4 582.6	59.1	−3.2	3 173.5	40.9	−0.7
2021	7 951.0	2.5	4 611.1	58.0	0.6	3 339.9	42.0	5.2
2022	7 764.1	−2.4	4 360.3	56.2	−5.4	3 403.8	43.8	1.9
2023	7 350.8	−5.3	4 144.4	56.4	−5.0	3 206.4	43.6	−5.8

注：小型工业企业数据为工业企业减去大中型工业企业。

七、资产负债率

2023年，全国规模以上工业企业资产负债率为57.1%，其中大中型、小型工业企业资产负债率分别为55.6%、60.2%。小型工业企业资产负债率从2016年的低点持续升高，2023年基本稳定；而大中型工业企业的负债率自2014年一直在缓慢下降，2022年重新上升后，2023年又有所下降（见表8）。

表8 规模以上大中小型工业企业资产负债率

单位：%

年份	工业企业	大中型工业企业	小型工业企业
2015	56.6	58.0	53.4
2016	55.9	57.2	52.8
2017	56.0	56.6	54.4
2018	56.7	56.6	57.0
2019	56.5	55.8	58.0
2020	56.4	55.5	58.4
2021	56.5	55.3	59.1
2022	57.4	56.0	60.3
2023	57.1	55.6	60.2

八、资产利润率

2022年，全国规模以上工业企业资产利润率为5.3%，其中大型、中型、小型工业企业资产利润率分别为5.5%、5.7%、4.6%，整体均较上一年均有所恶化。2023年规上工业企业资产利润率为4.6%，小型企业、大中型企业资产利润率分别为3.9%、4.9%，整体均较2022年进一步恶化（见表9）。

表9 规模以上大中小型工业企业资产利润率

单位：%

年份	工业企业	大型工业企业	中型工业企业	小型工业企业
2015	6.5	5.0	7.4	8.1
2016	6.6	5.3	7.5	8.1
2017	6.7	6.1	7.1	7.3
2018	6.2	6.0	6.5	6.4
2019	5.5	5.2	6.1	5.4
2020	5.3	4.8	6.2	5.2
2021	6.3	6.6	6.9	5.6
2022	5.3	5.5	5.7	4.6
2023	4.6	4.9		3.9

九、资产营收率

2022年，全国规模以上工业企业资产营收率为83.2%，其中大型、中型、小型工业企业资产营收率分别为78.5%、84.6%、88.8%，资产营收率下降的主要原因是资产有所增长，而营收增幅小于资产增幅，甚至负增长。2023年规上工业企业资产营收率为79.7%，小型企业、大中型企业资产营收率分别为85.3%、77.0%（见表10）。

表 10 规模以上大中小型工业企业资产营收率

单位：%

年份	工业企业	大型工业企业	中型工业企业	小型工业企业
2015	108.4	88.6	112.2	136.6
2016	106.7	85.9	110.6	136.8
2017	101.0	84.6	102.2	127.0
2018	91.7	82.1	91.4	106.6
2019	88.5	79.2	88.6	102.9
2020	83.1	74.8	82.9	95.8
2021	89.6	80.7	91.9	101.0
2022	83.2	78.5	84.6	88.8
2023	79.7	77.0		85.3

十、营收利润率

2022年，全国规模以上工业企业营收利润率为6.3%，其中大型、中型、小型工业企业营收利润率分别为7.0%、6.7%、5.2%，营收利润率下降的原因是增收不增利。2023年，规上工业企业营收利润率为5.8%，小型企业、大中型企业营收利润率分别为4.6%、6.4%（见表11）。

表 11 规模以上大中小型工业企业营收利润率

单位：%

年份	工业企业	大型工业企业	中型工业企业	小型工业企业
2015	6.0	5.6	6.6	5.9
2016	6.2	6.1	6.8	5.9
2017	6.6	7.2	6.9	5.7
2018	6.8	7.3	7.1	6.0
2019	6.2	6.5	6.9	5.3
2020	6.3	6.4	7.4	5.5
2021	7.1	8.2	7.5	5.5
2022	6.3	7.0	6.7	5.2
2023	5.8	6.4		4.6

十一、劳动生产率

2023年，全国规模以上工业企业劳动生产率为181.5万元/人，其中大中型、小型工业企业劳动生产率分别为209.3万元/人、145.6万元/人。2019年以来，除了2022年，营业收入整体保持增长，而用工人数不断下降，所以劳动生产率持续提高（见表12）。

表12 规模以上大中小型工业企业劳动率

单位：万元/人

年份	工业企业	大中型工业企业	小型工业企业
2015	113.5	111.1	117.8
2016	122.3	119.5	127.4
2017	126.5	127.3	125.1
2018	126.5	135.7	110.3
2019	134.6	146.1	117.6
2020	139.7	151.7	122.5
2021	165.2	182.0	142.0
2022	171.7	198.6	137.3
2023	181.5	209.3	145.6

第六章　民营建筑发展

——房产萧条拖累，建筑产值下降

2023年，全国建筑业总产值仅增长2.6%，其中国有及国有控股建筑业企业总产值增长6.9%；而非国有建筑业企业总产值下降0.4%，首度出现负增长，占全国建筑业总产值的比重从2014年高峰时的70.1%进一步下降至57.6%，已降至2003年有统计数据以来的最低。非国有建筑业企业的本年新签合同金额、房屋施工面积连续两年负增长，从业人员数、利润（预计）连续四年负增长，房屋竣工面积更是自2015年以来年年负增长，这些指标占全国的比重也继续下降。建筑业从新签合同金额到房屋施工面积到房屋竣工面积再到总产值的这一业务流程也预示，未来一段时期内非国有建筑业企业总产值还将继续萎缩。

一、增加值和总产值

国家统计局每季度公布全国建筑业和国有及国有控股建筑业企业主要数据，包括总产值、签订合同情况、施工面积、企业个数、从业人员、竣工面积等。

国家统计局每年9月出版的统计年鉴公布按登记注册类型分的建筑业企业主要数据，包括企业单位数、从业人员数、总产值等。

建筑业中港澳台商投资企业和外商投资企业总产值占比不足1%，集体企业占比不足2%，所以除了国有及国有控股企业之外，基本上是民营企业，而民营企业中则基本上是私营企业。基于全国和国有及国有控股建筑业企业数据可以得出非国有建筑业企业数据，能够基本反映民营建筑业企业的情况。因此，本章数据以能够获得国有控股建筑业企业数据的季度数据为主，辅以部分从统计年鉴和统计公报获得的年度数据。

本章非国有建筑业企业数据为全国建筑业数据减去国有及国有控股建筑业企业数据，民营建筑业企业数据为全国建筑业数据减去国有及国有控股、港澳台商投资、外商投资建筑业企业数据。

2023年，全年建筑业增加值约为8.60万亿元，占国内生产总值的比例为6.8%，同比增长7.1%，比国内生产总值增速高1.9个百分点（见表1）。

表1 2015年以来建筑业总产值与增加值

单位：亿元，%

年份	全国建筑业 总产值	全国建筑业 增速	建筑业增加值 绝对数	建筑业增加值 增速	建筑业增加值 增加值率
2015	180 758	2.3	47 761	7.3	26.4
2016	193 567	7.1	51 499	7.7	26.6
2017	213 944	10.5	57 906	3.9	27.1
2018	225 817	5.5	65 493	4.8	29.0
2019	248 443	10.0	70 648	5.2	28.4
2020	263 947	6.2	72 445	2.7	27.4
2021	289 277	9.6	78 741	2.1	27.2
2022	307 935	6.4	80 766	2.9	26.2
2023	315 912	2.6	85 691	7.1	27.1

注：数据源自国家统计局，其中2023年数据来自季度数据，2022年及之前数据来自年度数据。总产值增速按绝对数计算，增加值增速为公布数据；建筑业增加值率等于增加值/总产值。

2023年全国建筑业总产值约为31.6万亿元，同比增长2.6%，增加值率为27.1%。其中，国有及国有控股建筑业企业总产值约为13.4万亿元，同比增长6.9%；非国有建筑业企业总产值约为18.2万亿元，同比下降0.4%，占全国建筑业总产值的比重为57.6%，已降至2003年以来的最低（见表2）。

表2 2015年以来建筑业总产值

单位：亿元，%

年份	全国建筑业 总产值	增速	国有及国有控股建筑业企业 总产值	增速	占比	非国有建筑业企业 总产值	增速	占比	港澳台商与外商投资企业总产值	民营建筑业企业 总产值	增速	占比
2015	180 758	2.3	54 875	4.0	30.4	125 883	1.6	69.6	1 300	124 583	1.6	68.9
2016	193 567	7.1	59 518	8.5	30.7	134 049	6.5	69.3	1 209	132 840	6.6	68.6
2017	213 944	10.5	67 756	13.8	31.7	146 188	9.1	68.3	1 347	144 841	9.0	67.7
2018	225 817	5.5	75 950	12.1	33.6	149 867	2.5	66.4	1 383	148 484	2.5	65.8
2019	248 443	10.0	85 367	12.4	34.4	163 076	8.8	65.6	1 345	161 731	8.9	65.1
2020	263 947	6.2	95 907	12.3	36.3	168 040	3.0	63.7	2 174	165 866	2.6	62.8
2021	289 277	9.6	112 923	17.7	39.0	176 354	4.9	61.0	2 255	174 099	5.0	60.2
2022	307 935	6.4	125 382	11.0	40.7	182 553	3.5	59.3	2 341	180 212	3.5	58.5
2023	315 912	2.6	134 075	6.9	42.4	181 837	-0.4	57.6	—	—	—	—

注：数据源自国家统计局，其中国有及国有控股、2023年数据来自季度数据，2022年及之前的数据来自年度数据。非国有建筑业企业数据为全国减去国有及国有控股企业，民营建筑业数据为全国减去国有及国有控股企业、港澳台商和外商投资企业。

二、新签合同额

2023年全国建筑业企业新签合同金额约为35.6万亿元，同比下降2.8%，新订单保障系数为1.13倍。其中，国有及国有控股建筑业企业新签合同金额约为18.9万亿元，同比下降2.2%，占全国建筑业企业的比例为53.1%，新订单保障系数为1.41倍。非国有建筑业企业新签合同金额约为16.7万亿，同比下降3.6%，占全国建筑业企业的比例为46.9%，新订单保障系数仅为0.92倍（见表3）。

表3 2015年以来建筑业企业新签合同金额

单位：亿元，%

时间	全国建筑业企业 本年新签合同金额	增速	新订单保障系数	国有及国有控股建筑业企业 本年新签合同金额	增速	占比	新订单保障系数	非国有建筑业企业 本年新签合同金额	增速	占比	新订单保障系数
2015	184 402	-0.2	1.02	70 014	5.7	38.0	1.28	114 388	-3.4	62.0	0.91
2016	212 768	15.4	1.10	84 890	21.2	39.9	1.43	127 878	11.8	60.1	0.95
2017	254 666	19.7	1.19	106 054	24.9	41.6	1.57	148 612	16.2	58.4	1.02
2018	272 854	7.1	1.21	111 253	4.9	40.8	1.46	161 601	8.7	59.2	1.08
2019	289 235	6.0	1.16	127 557	14.7	44.1	1.49	161 678	0.0	55.9	0.99
2020	325 174	12.4	1.23	152 439	19.5	46.9	1.59	172 735	6.8	53.1	1.03
2021	344 558	6.0	1.18	165 669	8.7	48.1	1.50	178 889	3.6	51.9	0.98
2022	366 481	6.4	1.17	193 075	16.5	52.7	1.54	173 406	-3.1	47.3	0.93
2023年1—3月	69 255	9.3	1.26	36 870	16.0	53.2	1.66	32 385	2.4	46.8	0.99
2023年1—6月	154 394	3.1	1.17	82 788	8.0	53.6	1.44	71 606	-2.0	46.4	0.96
2023年1—9月	234 288	0.0	1.12	122 080	2.3	52.1	1.34	112 208	-2.3	47.9	0.94
2023年1—12月	356 040	-2.8	1.13	188 916	-2.2	53.1	1.41	167 124	-3.6	46.9	0.92

注：新订单保障系数＝本年新签合同金额/本年总产值。

三、利润和产值利润率

据2023年国民经济和社会发展统计公报，全国具有资质等级的总承包和专业承包建筑业企业利润8 326亿元，比上年增长0.2%；其中国有及国有控股建筑业企业4 019亿元，增长4.3%，占全国建筑业企业利润的比例为48.3%（见表4）。

表4 2015年以来建筑业利润

单位：亿元，%

年份	全国建筑业企业 利润	增速	国有及国有控股建筑业企业 利润	增速	占比	非国有建筑业企业 利润	增速	占比
2015	6 508	1.6	1 676	6.0	25.8	4 832	-8.4	74.2

续表

年份	全国建筑业企业		国有及国有控股建筑业企业			非国有建筑业企业		
	利润	增速	利润	增速	占比	利润	增速	占比
2016	6 745	4.6	1 879	6.8	27.9	4 866	0.7	72.1
2017	7 661	9.7	2 313	15.1	30.2	5 348	9.9	69.8
2018	8 104	8.2	2 470	8.5	30.5	5 634	5.3	69.5
2019	8 381	5.1	2 585	14.5	30.8	5 796	2.9	69.2
2020	8 303	0.3	2 871	4.7	34.6	5 432	−6.3	65.5
2021	8 554	1.3	3 620	8.0	42.3	4 934	−9.2	57.7
2022	8 369	−1.2	3 922	8.4	46.9	4 447	−9.9	53.1
2023	8 326	0.2	4 019	4.3	48.3	4 307	−3.1	51.7

注：全国建筑业企业和国有及国有控股建筑业企业利润和增速源自历年统计公报；非国有建筑业企业数据为全国建筑业企业减去国有及国有控股建筑业企业，增速为根据绝对值计算得出，与公布增速不具可比性。

2023年全国建筑业企业产值利润率为2.6%，国有及国有控股建筑业企业为3.0%，是全国的1.14倍；非国有建筑业企业为2.4%，为全国的89.9%（见表5）。

表5　2015年以来建筑业产值利润率

单位：%

年份	全国建筑业企业	国有及国有控股建筑业企业		非国有建筑业企业	
		产值利润率	国有/全国	产值利润率	非国有/全国
2015	3.6	3.1	84.8	3.8	106.6
2016	3.5	3.2	90.6	3.6	104.2
2017	3.6	3.4	95.3	3.7	102.2
2018	3.6	3.3	90.6	3.8	104.8
2019	3.4	3.0	89.8	3.6	105.4
2020	3.1	3.0	95.2	3.2	102.8
2021	3.0	3.2	109.8	2.8	95.9
2022	2.7	3.1	116.6	2.4	90.8
2023	2.6	3.0	113.7	2.4	89.9

注：产值利润率=利润/总产值。

四、企业单位数、从业人员和劳动生产率

2023年全国建筑业企业单位数约为15.8万个，同比增长10.0%。其中，国有及国有控股建筑业企业单位数10 060个，同比增长12.9%，占全国建筑业企业的比例为6.4%；非国有建筑业企业单位数147 869个，同比增长9.8%，占全国建筑业企业的比例为93.6%（见表6）。

表6　2015年以来建筑业企业单位数

单位：个，%

时间	全国建筑业企业		国有及国有控股建筑业企业			非国有建筑业企业		
	单位数	增速	单位数	增速	占比	单位数	增速	占比
2015年	80 911	−0.3	6 789	−1.0	8.4	74 122	−0.2	91.6
2016年	83 017	2.6	6 814	0.4	8.2	76 203	2.8	91.8
2017年	88 074	6.1	6 800	−0.2	7.7	81 274	6.7	92.3
2018年	96 544	9.6	6 880	1.2	7.1	89 664	10.3	92.9
2019年	103 805	7.5	6 927	0.7	6.7	96 878	8.0	93.3
2020年	116 722	12.4	7 190	3.8	6.2	109 532	13.1	93.8
2021年	128 743	10.3	7 826	8.8	6.1	120 917	10.4	93.9
2022年	143 621	11.6	8 914	13.9	6.2	134 707	11.9	93.8
2023年1—3月	127 008	10.7	7 915	15.2	6.2	119 093	10.4	93.8
2023年1—6月	139 740	7.9	8 712	11.9	6.2	131 028	7.7	93.8
2023年1—9月	148 337	8.7	9 604	11.7	6.5	138 733	8.5	93.5
2023年1—12月	157 929	10.0	10 060	12.9	6.4	147 869	9.8	93.6

2023年全国建筑业企业从业人员5 253.8万人，同比增长1.3%。其中，国有及国有控股建筑业企业从业人员1 358.1万人，同比增长12.2%，占全国建筑业企业的比例为25.8%；非国有建筑业企业从业人员3 895.7万人，同比下降4.2%，占全国建筑业企业的比例为74.2%（见表7）。

表7 2015年以来建筑业企业从业人员数

单位：万人，%

时间	全国建筑业企业 从业人员数	增速	国有及国有控股建筑业企业 从业人员数	增速	占比	非国有建筑业企 从业人员数	增速	占比
2015年	5 093.7	12.3	914.5	-2.6	18.0	4 179.2	3.9	82.0
2016年	5 184.5	1.8	975.2	6.6	18.8	4 209.3	0.7	81.2
2017年	5 529.6	6.7	1 030.5	5.7	18.6	4 499.1	6.9	81.4
2018年	5 305.2	-4.1	1 072.9	4.1	20.2	4 232.3	-5.9	79.8
2019年	5 427.1	2.3	1 081.2	0.8	19.9	4 345.9	2.7	80.1
2020年	5 367.0	-1.1	1 158.5	7.1	21.6	4 208.5	-3.2	78.4
2021年	5 282.9	-1.6	1 201.4	3.7	22.7	4 081.5	-3.0	77.3
2022年	5 184.0	-1.9	1 210.5	0.8	23.4	3 973.5	-1.6	76.6
2023年1—3月	3 463.4	-2.9	885.3	4.7	25.6	2 578.1	-5.3	74.4
2023年1—6月	4 016.4	-3.8	1 032.9	5.5	25.7	2 983.5	-6.6	74.3
2023年1—9月	4 407.6	-3.0	1 118.7	0.5	25.4	3 288.9	-4.2	74.6
2023年1—12月	5 253.8	1.3	1 358.1	12.2	25.8	3 895.7	-4.2	74.2

2023年全国建筑业企业人均产值约为46.5万元。其中，国有及国有控股建筑业企业人均产值约为68.2万元，是全国的1.47倍；非国有建筑业企业人均产值约为37.7万元，是全国的81.0%（见表8）。

表8 2015年以来建筑业企业按总产值计算的劳动生产率

单位：元/人

时间	全国建筑企业 人均产值	国有及国有控股建筑业企业 人均产值	国有/全国	非国有建筑业企业 人均产值	非国有/全国
2015年	323 733	470 315	145.3	285 015	88.0
2016年	336 227	484 633	144.1	295 984	88.0
2017年	347 462	508 796	146.4	302 943	87.2
2018年	373 187	549 950	147.4	323 554	86.7
2019年	399 656	596 932	149.4	340 713	85.3
2020年	422 906	623 357	147.4	357 326	84.5
2021年	473 191	681 110	143.9	398 193	84.2

续表

时间	全国建筑企业人均产值	国有及国有控股建筑业企业		非国有建筑业企业	
		人均产值	国有/全国	人均产值	非国有/全国
2022年	493 526	727 905	147.5	405 741	82.2
2023年1—3月	140 028	196 190	140.1	117 198	83.7
2023年1—6月	282 986	421 278	148.9	225 844	79.8
2023年1—9月	392 874	570 674	145.3	317 305	80.8
2023年1—12月	464 899	681 670	146.6	376 597	81.0

注：国家统计局计算劳动生产率的人数为"直接从事生产经营活动的平均人数"，与前述"企业从业人员数"口径不同。

五、房屋施工和竣工面积

2023年全国建筑业企业房屋施工面积约为151.3亿平方米，同比下降3.3%。其中，国有及国有控股建筑业企业房屋施工面积约为63.2亿平方米，同比增长5.9%，占全国建筑业企业的比例为41.7%；非国有建筑业企业房屋施工面积约为88.2亿平方米，同比下降8.9%，占全国建筑业企业的比例为58.3%（见表9）。

表9 2015年以来建筑业企业房屋施工面积

单位：万平方米，%

时间	全国建筑业企业		国有及国有控股建筑业企业			非国有建筑业企业		
	房屋施工面积	增速	房屋施工面积	增速	占比	房屋施工面积	增速	占比
2015年	1 242 570	-0.6	325 275	6.0	26.2	917 295	-2.8	73.8
2016年	1 264 220	1.7	344 119	5.8	27.2	920 101	0.3	72.8
2017年	1 317 195	4.2	369 461	7.4	28.0	947 734	3.0	72.0
2018年	1 408 920	7.0	408 186	10.5	29.0	1 000 734	5.6	71.0
2019年	1 441 645	2.3	454 942	11.5	31.6	986 703	-1.4	68.4
2020年	1 494 743	3.7	505 522	11.1	33.8	989 221	0.3	66.2
2021年	1 575 464	5.4	576 254	14.0	36.6	999 210	1.0	63.4
2022年	1 564 518	-0.7	596 499	3.5	38.1	968 019	-3.1	61.9

续表

时间	全国建筑业企业 房屋施工面积	增速	国有及国有控股建筑业企业 房屋施工面积	增速	占比	非国有建筑业企业 房屋施工面积	增速	占比
2023年1—3月	1 019 938	1.7	455 022	14.2	44.6	564 916	−6.6	55.4
2023年1—6月	1 177 621	−2.5	505 645	7.5	42.9	671 976	−8.8	57.1
2023年1—9月	1 317 377	−3.8	553 105	3.2	42.0	764 272	−8.3	58.0
2023年1—12月	1 513 426	−3.3	631 756	5.9	41.7	881 670	−8.9	58.3

2023年全国建筑业企业房屋竣工面积约为38.6亿平方米，同比下降4.9%。其中，国有及国有控股建筑业企业房屋竣工面积约为10.5亿平方米，同比增长1.4%，占全国建筑业企业的比例为27.1%；非国有建筑业企业房屋竣工面积约为28.1亿平方米，同比下降7.1%，占全国建筑业企业的比例为72.9%（见表10）。

表10　2015年以来建筑业企业房屋竣工面积

单位：万平方米，%

时间	全国建筑业企业 房屋竣工面积	增速	国有及国有控股建筑业企业 房屋竣工面积	增速	占比	非国有建筑业企业 房屋竣工面积	增速	占比
2015年	420 803	−0.5	63 571	8.6	15.1	357 232	−2.0	84.9
2016年	422 376	0.4	66 584	4.7	15.8	355 792	−0.4	84.2
2017年	419 074	−0.8	66 886	0.5	16.0	352 188	−1.0	84.0
2018年	413 509	−1.3	68 150	1.9	16.5	345 359	−1.9	83.5
2019年	402 411	−2.7	74 951	10.0	18.6	327 460	−5.2	81.4
2020年	384 820	−4.4	73 664	−1.7	19.1	311 156	−5.0	80.9
2021年	408 028	6.0	100 304	36.2	24.6	307 724	−1.1	75.4
2022年	405 477	−0.6	103 034	2.7	25.4	302 443	−1.7	74.6
2023年1—3月	64 702	1.0	14 352	14.1	22.2	50 350	−2.2	77.8
2023年1—6月	142 645	−3.1	34 357	5.5	24.1	108 288	−5.5	75.9
2023年1—9月	222 945	−6.1	55 471	−1.3	24.9	167 474	−7.6	75.1
2023年1—12月	385 588	−4.9	104 521	1.4	27.1	281 067	−7.1	72.9

第七章 民营商业经济
——虽居市场主体，效益情况欠佳

本章数据主要来自国家统计局历年年鉴，主要对全国商业经济的数据进行比较和分析，比较了限额以上批发和零售业各类型企业的法人企业数量、资产、利润、营收、从业人员的增长情况和相关指标。其中，国有企业是指未经股份制改革的完全国有企业，有限公司和股份有限公司中，既包含国有控股企业，也包含私人控股企业。

总体而言，根据不包括私人控股的股份有限公司和有限公司的狭义的民营经济（即私营企业）的法人企业数量、从业人数、资产总额、营收总额数据，已经可以看出，民营经济在我国商业经济当中占据汇总重要的主体地位，限额以上私营批发业资产占全国限额以上批发业资产的33.6%，私营批发业法人企业数量占全国的79.8%。限额以上私营零售业资产占全国限额以上零售业资产38.2%，法人企业数量占79.2%。数据反映出民营企业在我国商业经济中的重要性，是我国经济的重要增长动能之一。

但也要关注到，一些数据反映出经济下行风险较大，比如全国零售业利润从2019年开始大幅下降，私营零售企业资产、利润、从业人数均有不同程度下降，民营商业在挣扎中求生，背后原因值得进一步探究。从另一个角度来说，2019年一年发生剧烈的数据变化，不免有违常理，可能是由于统计口径变化，也可能是其他原因造成，还有待相关部门做出解答。

一、限额以上批发和零售业整体情况

限额以上批发和零售业总体数据。2014—2022年，批发和零售业法人企业数从18万个增长到36万个，年均增长9.1%，就业人数年均增长1.25%，商品销售从49万亿元增长到113万亿元，年均增长10.48%。其中，批发业法人企业数量年均增长11.88%，商品销售年均增长11.75%，零售业法人企业数量年均增长5.43%，商品销售年均增长4.24%（见表1）。

表1 限额以上批发和零售业企业主要指标

单位：个，万人，亿元，%

年份	批零业 法人企业	批零业 就业人数	批零业 商品购进	批零业 商品销售	批发业 法人企业	批发业 就业人数	批发业 商品购进	批发业 商品销售	零售业 法人企业	零售业 就业人数	零售业 商品购进	零售业 商品销售
2014	181 612	1182	493 664	541 320	93 960	500	397 152	430 678	87 652	682	96 512	110 641
2015	183 077	1174	468 072	515 568	91 819	491	369 539	401 312	91 258	683	98 533	114 255
2016	193 371	1194	506 309	558 878	95 066	496	397 419	432 265	98 305	698	108 891	126 612
2017	200 170	1184	572 288	630 181	100 988	506	468 165	507 096	99 182	678	104 122	123 085
2018	211 515	1185	616 551	691 162	113 696	527	516 112	566 174	97 819	658	100 440	124 988
2019	242 544	1214	709 505	782 518	140 075	569	601 909	652 164	102 469	645	107 597	130 354
2020	276 499	1235	800 299	864 261	168 738	596	689 230	733 273	107 761	639	111 069	130 988
2021	318 134	1287	1 037 966	1 107 727	200 137	635	911 850	959 635	117 997	651	126 117	148 092
2022	364 480	1306	1 132 163	1 201 794	230 637	655	998 327	1 047 570	133 843	651	133 837	154 224

从逐年的增长情况来看，2018年开始，批发业法人企业数量增幅从个位数扩大到十位数增长，2019年增长23.2%，2021年增长18.6%，2022年增速回落至15.2%，商品销售额在这些年份当中也获得了客观的增长。而零售业法人企业数量在2018年减少1.4%，2021年增长9.5%，2022年增长13.4%（见表2）。

表2 限额以上批发和零售业企业增速主要指标

单位：%

年份	批零业 法人企业	批零业 就业人数	批零业 商品购进	批零业 商品销售	批发业 法人企业	批发业 就业人数	批发业 商品购进	批发业 商品销售	零售业 法人企业	零售业 就业人数	零售业 商品购进	零售业 商品销售
2015	0.8	−0.7	−5.2	−4.8	−2.3	−1.9	−7.0	−6.8	4.1	0.1	2.1	3.3
2016	5.6	1.7	8.2	8.4	3.5	1.1	7.5	7.7	7.7	2.2	10.5	10.8
2017	3.5	−0.8	13.0	12.8	6.2	2.1	17.8	17.3	0.9	−2.9	−4.4	−2.8
2018	5.7	0.1	7.7	9.7	12.6	4.1	10.2	11.7	−1.4	−2.9	−3.5	1.6
2019	14.7	2.5	15.1	13.2	23.2	7.9	16.6	15.2	4.8	−1.9	7.1	4.3
2020	14.0	1.7	12.8	10.5	20.5	4.8	14.5	12.4	5.2	−1.0	3.2	0.5
2021	15.1	4.2	29.7	28.2	18.6	6.6	32.3	30.9	9.5	1.8	13.6	13.1
2022	14.6	1.5	9.1	8.5	15.2	3.2	9.5	9.2	13.4	0.0	6.1	4.1
2014—2022年年均增长率	9.10	1.25	10.93	10.48	11.88	3.43	12.21	11.75	5.43	−0.58	4.17	4.24

二、全国批发业蓬勃发展，私营企业利润不足

（一）限额以上批发业企业总体情况

1.限额以上各类型批发业企业法人数量变化

2014—2022年，全国限额以上批发业法人企业数量从9.4万个增加到23万个，年均增长11.88%，其中私营企业数量年均增长16.25%，国有企业数量年均下降1.58%，外商投资企业数量年均增长10.92%。

从增长率来看，2015—2019年，国有批发业法人企业每年大幅下降，这一趋势在2020年得到扭转，当年国有批发业法人企业增加56.6%，之后连续增长；私营企业国有批发业法人企业数量则从2018年开始每年都大幅度增加，但对于全国批发业法人企业总量来看，国有批发业法人企业整体还是处于下降趋势。（见表3、表4）

表3 限额以上批发业法人企业数量

单位：个、%

年份	批发企业	国有企业	有限公司	股份公司	私营企业	港澳台商投资	外商投资
2014	93 960	2 556	27 598	1 981	55 379	1 836	2 456
2015	91 819	2 368	27 701	1 970	53 537	1 896	2 419
2016	95 066	2 130	28 865	2 067	55 704	2 071	2 488
2017	100 988	1 887	29 638	2 106	61 032	2 299	2 689
2018	113 696	1 495	27 384	2 136	76 261	2 416	3 019
2019	140 075	1 334	29 948	2 175	98 753	2 990	4 006
2020	168 738	2 089	24 825	1 747	130 807	3 454	4 876
2021	200 137	2 105	26 835	1 593	159 472	3 730	5 374
2022	230 637	2 250	31 263	1 614	184 696	4 019	5 626

表4 限额以上批发业法人企业数量增速

单位：%

年份	批发企业	国有企业	有限公司	股份公司	私营企业	港澳台商投资	外商投资
2015	−2.3	−7.4	0.4	−0.6	−3.3	3.3	−1.5
2016	3.5	−10.1	4.2	4.9	4	9.2	2.9
2017	6.2	−11.4	2.7	1.9	9.6	11	8.1
2018	12.6	−20.8	−7.6	1.4	25	5.1	12.3
2019	23.2	−10.8	9.4	1.8	29.5	23.8	32.7
2020	20.5	56.6	−17.1	−19.7	32.5	15.5	21.7
2021	18.6	0.8	8.1	−8.8	21.9	8	10.2
2022	15.2	6.9	16.5	1.3	15.8	7.7	4.7
2014—2022年年均增长率	11.88	−1.58	1.57	−2.53	16.25	10.29	10.92

从占比来看，2014—2018年，全国限额以上批发业法人企业中，私营企业占比不断增加，从2015年数量占全国接近6成，到2022年数量占全国接近8成，而国有企业占比则从2.7%下降到1.1%（见表5）。

表5　限额以上批发业法人企业数量占比

单位：%

年份	批发企业	国有企业	有限公司	股份公司	私营企业	港澳台商投资	外商投资
2015	100	2.7	29.4	2.1	58.9	2	2.6
2016	100	2.6	30.2	2.1	58.3	2.1	2.6
2017	100	2.2	30.4	2.2	58.6	2.2	2.6
2018	100	1.9	29.3	2.1	60.4	2.3	2.7
2019	100	1.3	24.1	1.9	67.1	2.1	2.7
2020	100	1	21.4	1.6	70.5	2.1	2.9
2021	100	1.2	14.7	1	77.5	2	2.9
2022	100	1.1	13.4	0.8	79.7	1.9	2.7

2. 全国限额以上批发业法人企业从业人员数量变化

2014—2022年，全国限额以上批发业企业从业人员数量从500万人增长到655万人，年均增长3.43%，其中国有企业就业人数年均下降3.43%，私营企业就业人数年均增长9.53%，增速在各类企业中最快，港澳台商投资、外商投资企业年均增长率分别为2.74%、4.57%（见表6、表7）。

表6　限额以上批发法人企业从业人员数量

单位：人

年份	批发企业	国有企业	有限公司	股份公司	私营企业	港澳台商投资	外商投资
2014	5 000 515	397 941	1 571 993	497 122	1 668 400	342 090	414 590
2015	4 907 387	382 133	1 574 160	470 056	1 635 653	344 488	403 472
2016	4 959 341	337 504	1 638 414	469 671	1 700 674	341 529	385 687
2017	5 063 213	310 232	1 680 898	446 659	1 834 929	320 168	411 772
2018	5 268 895	279 628	1 581 365	428 157	2 077 631	411 319	448 200
2019	5 685 374	264 852	1 659 003	388 377	2 380 281	433 554	525 470
2020	5 957 306	318 835	1 444 744	304 634	2 885 970	427 835	542 382
2021	6 354 272	305 949	1 435 511	279 168	3 280 728	438 571	581 317
2022	6 550 065	301 076	1 492 270	254 350	3 454 846	424 773	592 814

从逐年增长情况来看，2015—2019年，国有批发业从业人员连续大幅下降，这一趋势在2020年扭转，2021年、2022年继续下降，总体呈不断下降趋势。私营企业就业人数从2017年开始快速增长，2022年增速放缓（见表7）。

表7 限额以上批发业从业人员数量增速

单位：%

年份	批发企业	国有企业	有限公司	股份公司	私营企业	港澳台商投资	外商投资
2015	−1.9	−4	0.1	−5.4	−2	0.7	−2.7
2016	1.1	−11.7	4.1	−0.1	4	−0.9	−4.4
2017	2.1	−8.1	2.6	−4.9	7.9	−6.3	6.8
2018	4.1	−9.9	−5.9	−4.1	13.2	28.5	8.8
2019	7.9	−5.3	4.9	−9.3	14.6	5.4	17.2
2020	4.8	20.4	−12.9	−21.6	21.2	−1.3	3.2
2021	6.7	−4	−0.6	−8.4	13.7	2.5	7.2
2022	3.1	−1.6	4	−8.9	5.3	−3.1	2
2014—2022年年均增长率	3.43	−3.43	−0.65	−8.04	9.53	2.74	4.57

从占比来看，2022年超过全国的半数批发业就业来自私营企业。国有企业批发业企业从业人员数量占比逐年下降至4.8%，私营企业批发业法人企业占比逐年上升到51.6%。2014—2018年，全国限额以上批发业法人企业中，私营企业从业人员数量占比不断增加，从2015年的33.4%，增长到2022年的51.6%，超过全国的半数批发业就业来自私营企业。而国有企业批发业从业人员数量占比则从8%不断下降，从2019年开始国有企业占比保持在5%左右（见表8）。

表8 限额以上批发业从业人员数量占比

单位：%

年份	批发企业	国有企业	有限公司	股份公司	私营企业	港澳台商投资	外商投资
2015	100	8	31.4	9.9	33.4	6.8	8.3

续表

年份	批发企业	国有企业	有限公司	股份公司	私营企业	港澳台商投资	外商投资
2016	100	7.8	32.1	9.6	33.3	7	8.2
2017	100	6.8	33	9.5	34.3	6.9	7.8
2018	100	6.1	33.2	8.8	36.2	6.3	8.1
2019	100	5.3	30	8.1	39.4	7.8	8.5
2020	100	4.7	29.2	6.8	41.9	7.6	9.2
2021	100	5.4	24.3	5.1	48.4	7.2	9.1
2022	100	4.8	22.6	4.4	51.6	6.9	9.1

3. 全国限额以上批发业法人企业资产变化

私营批发业法人企业资产增速跑赢全国。2014—2022年，全国限额以上批发业企业资产从17.6万亿元增加到45.9万亿元，年均增长12.71%；私营企业资产从4.5万亿元增加到15.5万亿元，年均增长16.65%；港澳台商投资企业资产年均增长16.11%；外商投资企业资产年均增长12.74%；有限公司、股份有限公司增速也较快；国有企业资产年均增长3.95%，增速最慢（见表9）。

表9 限额以上批发业法人企业资产总额

单位：亿元，%

年份	批发企业	国有企业	有限公司	股份公司	私营企业	港澳台商投资	外商投资
2014	176 250	13 365	73 774	18 704	45 272	8 490	15 571
2015	181 199	13 870	77 578	20 461	42 956	9 383	15 911
2016	201 323	12 421	87 253	22 177	49 020	11 520	18 129
2017	222 005	11 647	96 251	23 651	54 564	15 059	20 169
2018	247 654	8 607	108 358	25 546	65 406	16 127	23 052
2019	293 884	7 950	123 998	30 302	85 053	18 276	27 741
2020	344 736	14 577	132 898	31 426	110 888	21 311	32 595
2021	398 640	16 105	152 600	32 529	133 775	24 864	37 793
2022	458 951	18 224	182 739	33 064	155 232	28 041	40 634

从逐年增速来看，国有批发业企业资产在2016—2019年间连续下降，

2020年大幅度扭转，当年增长83.4%，2021年、2022年保持增长；私营企业资产则从2016年开始持续快速增长，2019年、2020年两年增速都保持在30%以上（见表10）。

表10 限额以上批发业资产总额增速

单位：%

年份	批发企业	国有企业	有限公司	股份公司	私营企业	港澳台商投资	外商投资
2015	2.8	3.8	5.2	9.4	-5.1	10.5	2.2
2016	11.1	-10.4	12.5	8.4	14.1	22.8	13.9
2017	10.3	-6.2	10.3	6.6	11.3	30.7	11.3
2018	11.6	-26.1	12.6	8	19.9	7.1	14.3
2019	18.7	-7.6	14.4	18.6	30	13.3	20.3
2020	17.3	83.4	7.2	3.7	30.4	16.6	17.5
2021	15.6	10.5	14.8	3.5	20.6	16.7	15.9
2022	15.1	13.2	19.8	1.6	16	12.8	7.5
2014—2022年年均增长率	12.71	3.95	12.01	7.38	16.65	16.11	12.74

从占比来看，2015—2022年，私营批发业企业资产占比从25.7%增长到33.6%，有限公司企业资产占比最多，但是呈下降趋势，从41.9%下降到38.3%，国有企业资产占比从7.6%下降到4%（见表11）。私营批发业企业以全国五成的法人企业数量占据全国三成的资产。

表11 限额以上批发业资产总额占比

单位：%

年份	批发企业	国有企业	有限公司	股份公司	私营企业	港澳台商投资	外商投资
2015	100	7.6	41.9	10.6	25.7	4.8	8.8
2016	100	7.7	42.8	11.3	23.7	5.2	8.8
2017	100	6.2	43.3	11	24.3	5.7	9
2018	100	5.2	43.4	10.7	24.6	6.8	9.1
2019	100	3.5	43.8	10.3	26.4	6.5	9.3
2020	100	2.7	42.2	10.3	28.9	6.2	9.4
2021	100	4.2	38.6	9.1	32.2	6.2	9.5
2022	100	4	38.3	8.2	33.6	6.2	9.5

4. 全国限额以上批发业法人企业营收情况

2015—2022年，全国批发业企业营收从38.7万亿元增至93.7万亿元，年均增长11.67%；私营企业营收从10万亿元增至37.4万亿元，年均增长17.92%，增速最快；有限公司营收年均增长9.64%（见表12）。

表12 限额以上批发业法人企业营业收入

单位：亿元

年份	批发企业	国有企业	有限公司	股份公司	私营企业	港澳台商投资	外商投资
2014	387 325	28 238	166 037	39 352	99 912	15 639	35 716
2015	358 481	25 129	153 496	34 196	92 469	16 977	33 727
2016	384 581	19 797	170 244	33 056	103 621	19 142	36 641
2017	445 794	19 422	196 313	37 737	124 964	21 911	43 725
2018	499 369	16 401	208 430	42 244	153 988	23 534	53 446
2019	589 293	16 466	241 104	40 760	200 903	28 528	60 210
2020	658 881	31 175	238 857	37 744	255 228	31 836	62 344
2021	857 486	37 820	305 628	46 946	346 841	40 535	77 647
2022	936 799	37 507	346 689	50 880	373 547	43 872	82 238

从逐年的营收增速来看，国有批发业法人企业在2015—2018年间营收连续下降，2020年大幅度扭转，当年营收增长89.3%，2021年营收增长21.3%，2022年回落0.8%，私营企业营收从2015年持续增长，2019年增长30.5%、2020年增长27%，2021年增长35.9%，2022年增长7.7%（见表13）。

表13 限额以上批发业法人营业收入增速

单位：%

年份	批发企业	国有企业	有限公司	股份公司	私营企业	港澳台商投资	外商投资
2015	−7.4	−11	−7.6	−13.1	−7.4	8.6	−5.6
2016	7.3	−21.2	10.9	−3.3	12.1	12.8	8.6
2017	15.9	−1.9	15.3	14.2	20.6	14.5	19.3
2018	12	−15.6	6.2	11.9	23.2	7.4	22.2

续表

年份	批发企业	国有企业	有限公司	股份公司	私营企业	港澳台商投资	外商投资
2019	18	0.4	15.7	−3.5	30.5	21.2	12.7
2020	11.8	89.3	−0.9	−7.4	27	11.6	3.5
2021	30.1	21.3	28	24.4	35.9	27.3	24.5
2022	9.2	−0.8	13.4	8.4	7.7	8.2	5.9
2014—2022年年均增长率	11.67	3.61	9.64	3.26	17.92	13.76	10.99

从营收占比来看，国有企业从2018年以来营收占比维持在4%上下，私营企业营收占比在2015—2018年维持在30%以下，2019年占30.8%，2022年占比达到40.4%，有限公司营收占比从2015年的42.9%下降到2022年的35.6%（见表14）。

表14 限额以上批发业营业收入占比

单位：%

年份	批发企业	国有企业	有限公司	股份公司	私营企业	港澳台商投资	外商投资
2015	100	7.3	42.9	10.2	25.8	4	9.2
2016	100	7	42.8	9.5	25.8	4.7	9.4
2017	100	5.1	44.3	8.6	26.9	5	9.5
2018	100	4.4	44	8.5	28	4.9	9.8
2019	100	3.3	41.7	8.5	30.8	4.7	10.7
2020	100	2.8	40.9	6.9	34.1	4.8	10.2
2021	100	4.7	36.3	5.7	38.7	4.8	9.5
2022	100	4.4	35.6	5.5	40.4	4.7	9.1

5.全国限额以上批发业法人企业利润变化

2014—2018年，全国批发业法人企业利润从2.2万亿元增长到3万亿元，2019年断崖式下降到1.2万亿元，其中原因值得关注。2014—2022年，国有企业利润年均下降3.69%，私营企业利润年均下降3.52%，有限公司利润年均下降2.6%（见表15）。

表 15　限额以上批发业法人企业利润总额

单位：亿元，%

年份	批发企业	国有企业	有限公司	股份公司	私营企业	港澳台商投资	外商投资
2014	22 714	2 973	6 695	1 561	5 302	1 717	4 243
2015	22 376	2 764	6 902	1 492	5 140	1 891	3 974
2016	24 845	2 371	8 174	1 781	5 744	2 106	4 471
2017	26 405	2 338	8 470	1 891	6 108	2 248	5 214
2018	30 559	2 302	9 260	2 011	8 188	2 848	5 845
2019	11 873	1 566	4 149	827	2 247	841	2 214
2020	13 167	1 918	3 901	725	2 668	1 361	2 574
2021	16 842	1 986	5 181	862	4 151	1 481	3 154
2022	16 810	2 020	5 423	1 093	3 982	1 353	2 910

从每年的增长速度来看，各类型企业利润在 2015—2018 年总体稳定增长，而在 2019 年全都出现大幅下降，尤其私营企业利润在 2019 年下降 72.6%（见表 16）。必须指出的是，全国限额以上批发业法人企业利润普遍下降，国有企业利润年均下降速度最快，主要是 2019 年以来断崖式下降，背后原因究竟是统计口径变化，还是其他原因，值得进一步深入研究和关注，也盼望有关部门解答。

表 16　限额以上批发业利润总额增速

单位：%

年份	批发企业	国有企业	有限公司	股份公司	私营企业	港澳台商投资	外商投资
2015	−1.5	−7	3.1	−4.4	−3.1	10.1	−6.3
2016	11	−14.2	18.4	19.4	11.8	11.4	12.5
2017	6.3	−1.4	3.6	6.2	6.3	6.7	16.6
2018	15.7	−1.5	9.3	6.4	34.1	26.7	12.1
2019	−61.1	−32	−55.2	−58.9	−72.6	−70.5	−62.1
2020	10.9	22.5	−6	−12.3	18.8	61.8	16.3
2021	27.9	3.6	32.8	18.9	55.6	8.8	22.5
2022	−0.2	1.7	4.7	26.8	−4.1	−8.6	−7.7
2014—2022年年均增长率	−3.69	−4.72	−2.60	−4.36	−3.52	−2.93	−4.60

从占比来看，批发业企业中有限公司利润总额占比最多，私营企业利润占比居第二位。2015—2022年，私营企业利润占全国比重从23.3%增加到24.6%，基本变化不大，国有企业利润占比从13.1%下降到11.8%，有限公司利润占比从29.5%增长到30.8%，占比始终是各类企业中最高的（见表17）。

表17　限额以上批发业利润总额占比

单位：%

年份	批发企业	国有企业	有限公司	股份公司	私营企业	港澳台商投资	外商投资
2015	100	13.1	29.5	6.9	23.3	7.6	18.7
2016	100	12.4	30.8	6.7	23	8.5	17.8
2017	100	9.5	32.9	7.2	23.1	8.5	18
2018	100	8.9	32.1	7.2	23.1	8.5	19.7
2019	100	7.5	30.3	6.6	26.8	9.3	19.1
2020	100	13.2	34.9	7	18.9	7.1	18.6
2021	100	14.6	29.6	5.5	20.3	10.3	19.6
2022	100	11.8	30.8	5.1	24.6	8.8	18.7

（二）限额以上批发业企业效益分析

资产营收率。2014—2022年，全国批发企业资产营收率从219.8%下降到204.1%，国有批发企业资产营收率从211.3%下降到205.8%，基本与全国水平相当，私营企业资产营收率从220.7%增长到240.6%（见表18）。

表18　限额以上批发业资产营收率

单位：%

年份	批发企业	国有企业	有限公司	股份公司	私营企业	港澳台商投资	外商投资
2014	219.8	211.3	225.1	210.4	220.7	184.2	229.4
2015	197.8	181.2	197.9	167.1	215.3	180.9	212
2016	191	159.4	195.1	149.1	211.4	166.2	202.1
2017	200.8	166.8	204	159.6	229	145.5	216.8
2018	201.6	190.6	192.4	165.4	235.4	145.9	231.9

续表

年份	批发企业	国有企业	有限公司	股份公司	私营企业	港澳台商投资	外商投资
2019	200.5	207.1	194.4	134.5	236.2	156.1	217
2020	191.1	213.9	179.7	120.1	230.2	149.4	191.3
2021	215.1	234.8	200.3	144.3	259.3	163	205.5
2022	204.1	205.8	189.7	153.9	240.6	156.5	202.4

资产利润率。盈利能力方面，国有企业资产利润率在各类企业中最高，2022年达到11.1%，而该年私营企业资产利润率仅为2.6%，股份公司3.3%，有限公司3%，外商投资企业资产利润率在2014—2019年间保持在25%上下，2019年断崖式下降（见表19）。2014—2022年，国有企业营收利润率从10.5%下降到5.4%，私营企业营收利润率从5.3%下降到1.1%，为各类企业中最低（见表20）。

表19 限额以上批发业资产利润率

单位：%

年份	批发企业	国有企业	有限公司	股份公司	私营企业	港澳台商投资	外商投资
2014	12.9	22.2	9.1	8.3	11.7	20.2	27.2
2015	12.3	19.9	8.9	7.3	12	20.2	25
2016	12.3	19.1	9.4	8	11.7	18.3	24.7
2017	11.9	20.1	8.8	8	11.2	14.9	25.9
2018	12.3	26.7	8.5	7.9	12.5	17.7	25.4
2019	4	19.7	3.3	2.7	2.6	4.6	8
2020	3.8	13.2	2.9	2.3	2.4	6.4	7.9
2021	4.2	12.3	3.4	2.6	3.1	6	8.3
2022	3.7	11.1	3	3.3	2.6	4.8	7.2

总体来说，2014—2022年，私营企业资产营收率跑赢全国，但盈利情况不佳，国有企业营收利润率尚可，资产利润率较高，外商投资企业资产利润率下降幅度太大，这些数据背后的原因都值得关注。

表20　限额以上批发业营收利润率

单位：%

年份	批发企业	国有企业	有限公司	股份公司	私营企业	港澳台商投资	外商投资
2014	5.9	10.5	4	4	5.3	11	11.9
2015	6.2	11	4.5	4.4	5.6	11.1	11.8
2016	6.5	12	4.8	5.4	5.5	11	12.2
2017	5.9	12	4.3	5	4.9	10.3	11.9
2018	6.1	14	4.4	4.8	5.3	12.1	10.9
2019	2	9.5	1.7	2	1.1	2.9	3.7
2020	2	6.2	1.6	1.9	1	4.3	4.1
2021	2	5.3	1.7	1.8	1.2	3.7	4.1
2022	1.8	5.4	1.6	2.1	1.1	3.1	3.5

（三）限额以上批发业企业户均情况

户均资产变化。2014—2022年，全国批发企业户均资产从1.88亿元增长到1.99亿元，变化很小，年均增长0.71%；国有企业户均资产从5.23亿元增长到8.1亿元，年均增长5.62%；股份公司户均资产最大，从9.44亿元增长到20.49亿元，年均增长10.17%，跑赢全国；私营企业户均资产最小，且几乎无增长，从0.82亿元增长到0.84亿元，年均仅增0.3%（见表21）。

表21　限额以上批发业企业户均资产

单位：亿元，%

年份	批发企业	国有企业	有限公司	股份公司	私营企业	港澳台商投资	外商投资
2014	1.88	5.23	2.67	9.44	0.82	4.62	6.34
2015	1.97	5.86	2.8	10.39	0.8	4.95	6.58
2016	2.12	5.83	3.02	10.73	0.88	5.56	7.29
2017	2.2	6.17	3.25	11.23	0.89	6.55	7.5
2018	2.18	5.76	3.96	11.96	0.86	6.68	7.64
2019	2.1	5.96	4.14	13.93	0.86	6.11	6.92
2020	2.04	6.98	5.35	17.99	0.85	6.17	6.68
2021	1.99	7.65	5.69	20.42	0.84	6.67	7.03
2022	1.99	8.1	5.85	20.49	0.84	6.98	7.22
2014—2022年年均增长率	0.71	5.62	10.30	10.17	0.30	5.29	1.64

户均从业人数变化。2014—2022年，全国批发业企业户均人数从53人下降到28人，年均下降6.84%；国有企业户均人数从156人下降到134人，年均下降1.67%；私营企业户均人数从30人下降到19人，年均下降4.95%；港澳台商投资企业户均人数从186人下降到106人，年均下降6.06%；外商投资企业户均人数从169人下降到105人，年均下降5.15%（见表22）。

表22 限额以上批发业企业户均人数

单位：人，%

年份	批发企业	国有企业	有限公司	股份公司	私营企业	港澳台商投资	外商投资
2014	53	156	57	251	30	186	169
2015	53	161	57	239	31	182	167
2016	52	158	57	227	31	165	155
2017	50	164	57	212	30	139	153
2018	46	187	58	200	27	170	148
2019	41	199	55	179	24	145	131
2020	35	153	58	174	22	124	111
2021	32	145	53	175	21	118	108
2022	28	134	48	158	19	106	105
2014—2022年年均增长率	-6.84	-1.67	-1.89	-5.01	-4.95	-6.06	-5.15

户均营收变化。2014—2022年，全国限额以上批发业户均营收从4.12亿元下降到4.06亿元，年均下降0.18%；外商投资企业户均营收从14.54亿元增长到14.62，八年来几乎没有变化；而国有企业户均营收从11.05亿元增长到16.67亿元，年均增长5.27%，超过外资企业；私营企业户均营收从1.8亿元增长到2.02亿元，增长幅度很小，八年来年均仅增1.45%。有限公司户均营收年均增长7.94%，增长速度最快（见表23）。

表 23　限额以上批发业户均营收

单位：亿元，%

年份	国有企业	有限公司	股份公司	私营企业	港澳台投资	外商投资
2014	11.05	6.02	19.86	1.8	8.52	14.54
2015	10.61	5.54	17.36	1.73	8.95	13.94
2016	9.29	5.9	15.99	1.86	9.24	14.73
2017	10.29	6.62	17.92	2.05	9.53	16.26
2018	10.97	7.61	19.78	2.02	9.74	17.7
2019	12.34	8.05	18.74	2.03	9.54	15.03
2020	14.92	9.62	21.6	1.95	9.22	12.79
2021	17.97	11.39	29.47	2.17	10.87	14.45
2022	16.67	11.09	31.52	2.02	10.92	14.62
2014—2022年年均增长率	5.27	7.94	5.94	1.45	3.15	0.07

户均利润变化。2014—2022 年，全国限额以上批发业户均利润年均下降 14.27%，从 0.24 亿元断崖式下降到 0.07 亿元。其中，私营企业户均利润从 0.1 亿元下降到 0.02 亿元，年均下降 18.22%；外商投资企业户均利润从 1.73 亿元下降到 0.52 亿元，年均下降 13.95%；国有企业户均利润从 1.16 亿元下降到 0.9 亿元，年均下降 3.12%（见表 24）。

表 24　限额以上批发业户均利润

单位：亿元，%

年份	批发企业	国有企业	有限公司	股份公司	私营企业	港澳台商投资	外商投资
2014	0.24	1.16	0.24	0.79	0.1	0.94	1.73
2015	0.24	1.17	0.25	0.76	0.1	1	1.64
2016	0.26	1.11	0.28	0.86	0.1	1.02	1.8
2017	0.26	1.24	0.29	0.9	0.1	0.98	1.94
2018	0.27	1.54	0.34	0.94	0.11	1.18	1.94
2019	0.08	1.17	0.14	0.38	0.02	0.28	0.55
2020	0.08	0.92	0.16	0.41	0.02	0.39	0.53
2021	0.08	0.94	0.19	0.54	0.03	0.4	0.59
2022	0.07	0.9	0.17	0.68	0.02	0.34	0.52
2014—2022年年均增长率	-14.27	-3.12	-4.22	-1.86	-18.22	-11.94	-13.95

三、全国零售业挣扎中求生存，利润空间普遍较小

（一）限额以上零售业企业总体数据

1. 零售业法人企业数量变化

2014—2022年，全国限额以上零售业企业数量从8.8万个增加到13.4万个，年均增长5.43%；国有零售业企业数量从1826个减少到808个，大幅度下降，年均减少9.69%；私营零售企业从4.9万个增加到10.7万个，年均增长10.3%（见表25、表26）。

从历年增速来看，2015—2022年限额以上私营零售业持续高速增长，尤其是2020—2022年，增长19.2%、12.3%、14.4%，港澳台商投资零售业也保持稳定增长（见表25、表26）。

表25　限额以上零售业法人企业数量

单位：个，%

年份	零售企业	国有企业	有限公司	股份公司	私营企业	港澳台商投资	外商投资
2014	87 652	1 826	28 841	2 385	48 802	1 193	1 045
2015	91 258	1 614	30 874	2 310	50 733	1 269	1 012
2016	98 305	1 383	33 317	2 504	55 494	1 409	987
2017	99 182	1 119	32 572	2 337	58 217	1 448	924
2018	97 819	839	26 321	2 118	64 537	1 328	928
2019	102 469	738	25 840	1 952	69 850	1 458	1 117
2020	107 761	907	18 092	1 177	83 239	1 563	1 344
2021	117 997	829	17 955	1 079	93 495	1 640	1 561
2022	133 843	808	20 259	1 043	106 918	1 685	1 630

从占比来看，2015—2022年，各类企业中，占据绝大多数的是私营企业，限额以上私营零售企业数量占比从55.7%扩大到79.2%，接近八成，零售业有限公司数量占比则从32.9%下降到15.2%，国有零售企业占比从2.1%下降到0.7%（见表27）。

表26　限额以上零售业法人企业数量增速

单位：%

年份	零售企业	国有企业	有限公司	股份公司	私营企业	港澳台商投资	外商投资
2015	4.1	−11.6	7	−3.1	4	6.4	−3.2
2016	7.7	−14.3	7.9	8.4	9.4	11	−2.5
2017	0.9	−19.1	−2.2	−6.7	4.9	2.8	−6.4
2018	−1.4	−25	−19.2	−9.4	10.9	−8.3	0.4
2019	4.8	−12	−1.8	−7.8	8.2	9.8	20.4
2020	5.2	22.9	−30	−39.7	19.2	7.2	20.3
2021	9.5	−8.6	−0.8	−8.3	12.3	4.9	16.1
2022	13.4	−2.5	12.8	−3.3	14.4	2.7	4.4
2014—2022年年均增长率	5.43	−9.69	−4.32	−9.82	10.30	4.41	5.71

表27　限额以上零售业法人企业数量占比

单位：%

年份	零售企业	国有企业	有限公司	股份公司	私营企业	港澳台商投资	外商投资
2015	100	2.1	32.9	2.7	55.7	1.4	1.2
2016	100	1.8	33.8	2.5	55.6	1.4	1.1
2017	100	1.4	33.9	2.5	56.5	1.4	1.0
2018	100	1.1	32.8	2.4	58.7	1.5	0.9
2019	100	0.9	26.9	2.2	66.0	1.4	0.9
2020	100	0.7	25.2	1.9	68.2	1.4	1.1
2021	100	0.8	16.8	1.1	77.2	1.5	1.2
2022	100	0.7	15.2	1.1	79.2	1.4	1.3

2.限额以上零售业法人企业从业人员数量变化

2014—2022年，全国限额以上零售企业从业人员数从681.9万人下降到651.1万人，年均减少0.58%；私营零售企业从业人员数从240.6万人增长到364.8万人，年均增加5.34%。除私营外，其他各类零售业从业人员基本都在减少，股份公司从业人员年均减少8.12%，有限公司从业人员年均减少5.97%，外商投资企业从业人员年均减少1.25%，国有企业从业人员年均减少7.99%，港澳台商投资企业从业人员年均增加0.64%，从41.4万人增加到43.6万人（见表28、表29）。

表28　限额以上零售业企业从业人员数量

单位：人

年份	零售企业	国有企业	有限公司	股份公司	私营企业	港澳台商投资	外商投资
2014	6 819 000	137 669	2 568 628	656 735	2 405 755	414 168	456 911
2015	6 828 000	129 469	2 598 504	645 067	2 413 752	425 419	447 939
2016	6 977 000	101 806	2 690 024	657 684	2 485 214	464 997	428 705
2017	6 775 000	79 540	2 554 643	598 487	2 545 480	469 350	420 573
2018	6 576 000	63 163	2 237 001	573 968	2 734 993	468 325	430 495
2019	6 454 000	52 217	2 097 885	514 968	2 828 691	471 516	436 058
2020	6 392 395	73 358	1 686 882	373 068	3 328 905	452 088	428 780
2021	6 512 804	68 433	1 602 656	322 454	3 554 945	476 539	446 593
2022	6 510 873	70 715	1 570 270	333 642	3 648 180	435 722	413 245

从历年增长率来看，2015—2022年，限额以上私营零售业从业人员连年保持稳定增长，其他类型零售业基本每年都有不同程度下降，国有零售业在2016—2019年每年从业人员下降幅度都在20%上下（见表29）。

表29　限额以上零售业从业人员数量增速

单位：%

年份	零售企业	国有企业	有限公司	股份公司	私营企业	港澳台商投资	外商投资
2015	0.1	−6	1.2	−1.8	0.3	2.7	−2
2016	2.2	−21.4	3.5	2	3	9.3	−4.3
2017	−2.9	−21.9	−5	−9	2.4	0.9	−1.9
2018	−2.9	−20.6	−12.4	−4.1	7.4	−0.2	2.4
2019	−1.9	−17.3	−6.2	−10.3	3.4	0.7	1.3
2020	−1	40.5	−19.6	−27.6	17.7	−4.1	−1.7
2021	1.9	−6.7	−5	−13.6	6.8	5.4	4.2
2022	0	3.3	−2	3.5	2.6	−8.6	−7.5
2014—2022年年均增长率	−0.58	−7.99	−5.97	−8.12	5.34	0.64	−1.25

从占比来看，2015—2022年，限额以上私营零售业从业人员占比持续扩大，零售业有限公司、股份公司、国有企业从业人员占比持续减少，到2022年，私营零售业从业人员占全国的54.6%，有限公司从业人员占24.6%，外商投资零售业从业人员占比从6.7%增长到6.9%，占比几乎无变化（见表30）。

表30　限额以上零售业从业人员数量占比

单位：%

年份	零售企业	国有企业	有限公司	股份公司	私营企业	港澳台商投资	外商投资
2015	100	2	37.7	9.6	35.3	6.1	6.7
2016	100	1.9	38.1	9.4	35.4	6.2	6.6
2017	100	1.5	38.6	9.4	35.6	6.7	6.1
2018	100	1.2	37.7	8.8	37.6	6.9	6.2
2019	100	1	34	8.7	41.6	7.1	6.5
2020	100	0.8	32.5	8	43.8	7.3	6.8
2021	100	1.1	26.4	5.8	52.1	7.1	6.7
2022	100	1.1	24.6	5	54.6	7.3	6.9

3. 限额以上零售业法人企业资产数据变化

2014—2022年，全国限额以上零售业企业资产总额从5万亿元增长到7.6万亿元，年均增长5.24%；私营零售企业资产总额从1.5万亿元增长到2.9万亿元，年均增长8.77%，占比从29.6%增加到38.2%；零售业有限公司资产总额从2万亿元增长到2.2万亿元，年均增长1.34%，占比从39.1%下降到29%；外商投资零售企业资产年均增长13.6%，增长速度最快（见表31、表33）。

表31　限额以上零售业法人企业资产总额

单位：亿元，%

年份	零售企业	国有企业	有限公司	股份公司	私营企业	港澳台商投资	外商投资
2014	50 825	1 043	19 860	7 635	15 025	3 371	3 297
2015	53 507	928	20 856	8 938	15 464	3 448	3 276

续表

年份	零售企业	国有企业	有限公司	股份公司	私营企业	港澳台商投资	外商投资
2016	60 436	760	23 136	11 260	17 126	3 980	3 665
2017	61 206	652	23 030	10 110	17 066	5 884	4 060
2018	61 828	973	22 384	9 947	18 990	4 186	5 043
2019	64 892	579	21 643	9 941	21 191	4 912	6 238
2020	67 337	1 354	20 153	7 653	25 167	5 299	7 414
2021	72 599	1 154	21 028	7 516	27 716	6 013	8 919
2022	76 496	1 121	22 098	7 807	29 431	6 630	9 141
2014—2022年年均增长率	5.24	0.90	1.34	0.28	8.77	8.82	13.60

从历年增速来看，限额以上外商投资零售业企业在2018—2021年每年的资产增速都在20%上下，私营零售业企业在2019—2021年每年资产增速都保持在10%以上（见表32）。

表32 限额以上零售业资产总额增速

单位：%

年份	零售企业	国有企业	有限公司	股份公司	私营企业	港澳台商投资	外商投资
2015	5.3	−11.1	5	17.1	2.9	2.3	−0.6
2016	12.9	−18.1	10.9	26	10.7	15.4	11.9
2017	1.3	−14.2	−0.5	−10.2	−0.3	47.8	10.8
2018	1	49.2	−2.8	−1.6	11.3	−28.9	24.2
2019	5	−40.4	−3.3	−0.1	11.6	17.3	23.7
2020	3.8	133.8	−6.9	−23	18.8	7.9	18.9
2021	7.8	−14.8	4.3	−1.8	10.1	13.5	20.3
2022	5.4	−2.9	5.1	3.9	6.2	10.2	2.5

从占比来看，2015—2022年，限额以上私营企业资产不断增加，已经接近全国的四成，私营零售业企业资产占比从29.6%增加到38.2%，与此同时，有限公司零售业企业资产占比从39.1%下降到29%（见表33）。

表 33　限额以上零售业资产总额占比

单位：%

年份	零售企业	国有企业	有限公司	股份公司	私营企业	港澳台商投资	外商投资
2015	100	2.1	39.1	15	29.6	6.6	6.5
2016	100	1.7	39	16.7	28.9	6.4	6.1
2017	100	1.3	38.3	18.6	28.3	6.6	6.1
2018	100	1.1	37.6	16.5	27.9	9.6	6.6
2019	100	1.6	36.2	16.1	30.7	6.8	8.2
2020	100	0.9	33.4	15.3	32.7	7.6	9.6
2021	100	2	29.9	11.4	37.4	7.9	11
2022	100	1.6	29	10.4	38.2	8.3	12.3

4.限额以上零售业法人企业营业收入情况

2014—2022年，全国限额以上零售业企业营收从9.7万亿元增长到13.9万亿元，年均增长4.62%，其中，外商投资零售业企业营收年均增长15.63%，港澳台商投资零售业企业营收年均增长10.75%，私营零售业企业营收年均增长8.88%，国有零售业企业营收年均下降0.96%（见表34、表35）。

表 34　限额以上零售业企业营业收入

单位：亿元

年份	零售企业	国有企业	有限公司	股份公司	私营企业	港澳台商投资	外商投资
2014	96 889	2 015	37 727	13 910	30 546	4 891	5 638
2015	99 453	1 842	39 267	13 150	32 327	5 298	5 489
2016	110 428	1 387	44 921	13 596	36 171	6 083	6323
2017	107 016	999	43 623	12 165	35 484	6 450	6 974
2018	108 314	1 086	41 526	12 420	38 349	6 747	7 370
2019	117 712	907	41 862	12 080	44 917	7 874	9 258
2020	118 869	1 334	37 411	8 605	51 108	8 690	11 017
2021	133 370	1 621	36 400	8 965	58 207	11 162	16 383
2022	139 053	1 866	36 495	10 664	60 341	11 070	18 019

从历年增速来看，限额以上国有零售业企业营收从2015—2019年持续下降，2020年增长47%，外商投资零售业企业营收持续增长，2021年增长48.7%，增长势头良好（见表35）。

表35　限额以上零售业企业营业收入增速

单位：%

年份	零售企业	国有企业	有限公司	股份公司	私营企业	港澳台商投资	外商投资
2015	2.6	−8.6	4.1	−5.5	5.8	8.3	−2.7
2016	11	−24.7	14.4	3.4	11.9	14.8	15.2
2017	−3.1	−28	−2.9	−10.5	−1.9	6	10.3
2018	1.2	8.8	−4.8	2.1	8.1	4.6	5.7
2019	8.7	−16.5	0.8	−2.7	17.1	16.7	25.6
2020	1	47	−10.6	−28.8	13.8	10.4	19
2021	12.2	21.5	−2.7	4.2	13.9	28.4	48.7
2022	4.3	15.1	0.3	19	3.7	−0.8	10
2014—2022年年均增长率	4.62	−0.96	−0.41	−3.27	8.88	10.75	15.63

从占比来看，2015—2022年，限额以上私营零售业企业营收占比从31.5%增长到43.6%，大幅度增加，有限公司零售业企业营收占比从38.9下降到27.3%，外商投资零售业企业营收占比从5.8%增至12.3%（见表36）。

表36　限额以上零售业企业营业收入占比

单位：%

年份	零售企业	国有企业	有限公司	股份公司	私营企业	港澳台商投资	外商投资
2015	100	2.1	38.9	14.4	31.5	5	5.8
2016	100	1.9	39.5	13.2	32.5	5.3	5.5
2017	100	1.3	40.7	12.3	32.8	5.5	5.7
2018	100	0.9	40.8	11.4	33.2	6	6.5
2019	100	1	38.3	11.5	35.4	6.2	6.8
2020	100	0.8	35.6	10.3	38.2	6.7	7.9
2021	100	1.1	31.5	7.2	43	7.3	9.3
2022	100	1.2	27.3	6.7	43.6	8.4	12.3

5. 限额以上零售业法人企业利润变化

2014—2022年，全国限额以上零售业企业利润从1.1万亿元下降到1 914亿元，年均下降19.35%，主要是2019年全国零售业企业利润下降81.9%，该年各类零售业企业利润均断崖式下降，2020年全国下降11.4%、2022年全国下降22.8%，国有零售业企业在2022年甚至出现亏损20亿元，背后原因值得深思。从占比来看，2014—2022年，私营企业利润占比从31.4%增长到35.5%，外商投资零售业企业利润占比从8.5%增长到15.9%，有限公司零售业企业利润占比从35.7%下降到24.8%（见表37、表38、表39）。

表37 限额以上零售业企业利润总额

单位：亿元

年份	零售企业	国有企业	有限公司	股份公司	私营企业	港澳台商投资	外商投资
2014	10 689	206	3 820	1 254	3 358	874	913
2015	11 117	204	3 975	1 286	3 499	950	944
2016	12 450	175	4 566	1 343	3 919	1 101	1 104
2017	12 631	125	4 618	1 269	3 847	1 251	1 348
2018	13 282	148	4 507	1 230	4 544	1 308	1 427
2019	2 398	27	710	301	778	213	329
2020	2 124	58	598	162	647	316	316
2021	2 480	27	614	150	879	395	394
2022	1 914	−20	421	207	691	308	287
2014—2022年年均增长率	−19.35		−24.10	−20.14	−17.93	−12.23	−13.48

表38 限额以上零售业利润总额增速

单位：%

年份	零售企业	内资企业	国有企业	有限公司	股份公司	私营企业	港澳台商投资	外商投资
2015	4	3.6	−1.4	4.1	2.6	4.2	8.7	3.4
2016	12	11.1	−14.1	14.9	4.4	12	15.8	17
2017	1.5	−2.1	−28.8	1.1	−5.5	−1.9	13.7	22.1
2018	5.2	5.1	18.9	−2.4	−3.1	18.1	4.6	5.8

续表

年份	零售企业	内资企业	国有企业	有限公司	股份公司	私营企业	港澳台商投资	外商投资
2019	-81.9	-82.4	-81.7	-84.2	-75.5	-82.9	-83.7	-77
2020	-11.4	-19.6	115	-15.8	-46.3	-16.8	48.6	-3.9
2021	16.8	13.4	-54.3	2.7	-7.7	35.9	25	24.6
2022	-22.8	-22	-175.1	-31.5	38.7	-21.4	-22.1	-27.2

表39 限额以上零售业利润总额占比

单位：%

年份	零售企业	国有企业	有限公司	股份公司	私营企业	港澳台商投资	外商投资
2015	100	1.9	35.7	11.7	31.4	8.2	8.5
2016	100	1.8	35.8	11.6	31.5	8.5	8.5
2017	100	1.4	36.7	10.8	31.5	8.8	8.9
2018	100	1	36.6	10	30.5	9.9	10.7
2019	100	1.1	33.9	9.3	34.2	9.9	10.7
2020	100	1.1	29.6	12.6	32.5	8.9	13.7
2021	100	2.8	28.2	7.6	30.5	14.9	14.9
2022	100	1.1	24.8	6	35.5	5.9	15.9

（二）全国限额以上零售业各类型企业效益情况

资产营收率。2014—2022年，全国限额以上零售业企业资产营收率从190.6%下降到181.8%，国有企业、有限公司、股份公司资产营收率均下降，私营企业资产营收率从203.3%增至205%，外商投资企业资产营收率从171%上升到197.1%（见表40）。

表40 限额以上零售业企业资产营收率

单位：%

年份	零售企业	国有企业	有限公司	股份公司	私营企业	港澳台商投资	外商投资
2014	190.6	193.2	190	182.2	203.3	145.1	171
2015	185.9	198.5	188.3	147.1	209	153.6	167.6

续表

年份	零售企业	国有企业	有限公司	股份公司	私营企业	港澳台商投资	外商投资
2016	182.7	182.5	194.2	120.7	211.2	152.8	172.5
2017	174.8	153.2	189.4	120.3	207.9	109.6	171.8
2018	175.2	111.7	185.5	124.9	201.9	161.2	146.2
2019	181.4	156.6	193.4	121.5	212	160.3	148.4
2020	176.5	98.5	185.6	112.4	203.1	164	148.6
2021	183.7	140.5	173.1	119.3	210	185.6	183.7
2022	181.8	166.5	165.2	136.6	205	167	197.1

资产利润率。2014—2022年，全国限额以上零售业企业资产利润率从21%下降到2.5%，主要是2019—2022年，全国零售业企业资产利润率较前几年大幅下降，2018年私营企业资产利润率23.9%，2019年下降至3.7%，其他各类型企业也大幅下降（见表41）。

表41　限额以上零售业企业资产利润率

单位：%

年份	零售企业	国有企业	有限公司	股份公司	私营企业	港澳台商投资	外商投资
2014	21	19.8	19.2	16.4	22.3	25.9	27.7
2015	20.8	21.9	19.1	14.4	22.6	27.6	28.8
2016	20.6	23	19.7	11.9	22.9	27.7	30.1
2017	20.6	19.1	20.1	12.6	22.5	21.3	33.2
2018	21.5	15.2	20.1	12.4	23.9	31.3	28.3
2019	3.7	4.7	3.3	3	3.7	4.3	5.3
2020	3.2	4.3	3	2.1	2.6	6	4.3
2021	3.4	2.3	2.9	2	3.2	6.6	4.4
2022	2.5	-1.8	1.9	2.7	2.3	4.6	3.1

营收利润率。营收利润率同样大幅下降，2014年全国限额以上零售业企业营收利润率11%，2018年这一数据是12.3%，2019年骤降至2%，2022年仅1.4%。其中，下降最多的是国有企业，2022年，国有零售业企业资产利润率、营收利润率是负数，为-1.8%、-1.1%（见表42）。

表 42　限额以上零售企业营收利润率

单位：%

年份	零售企业	国有企业	有限公司	股份公司	私营企业	港澳台商投资	外商投资
2014	11	10.2	10.1	9	11	17.9	16.2
2015	11.2	11.1	10.1	9.8	10.8	17.9	17.2
2016	11.3	12.6	10.2	9.9	10.8	18.1	17.5
2017	11.8	12.5	10.6	10.4	10.8	19.4	19.3
2018	12.3	13.6	10.9	9.9	11.8	19.4	19.4
2019	2	3	1.7	2.5	1.7	2.7	3.6
2020	1.8	4.4	1.6	1.9	1.3	3.6	2.9
2021	1.9	1.6	1.7	1.7	1.5	3.5	2.4
2022	1.4	-1.1	1.2	1.9	1.1	2.8	1.6

（三）全国限额以上零售业各类型企业户均资产

户均资产变化。2014—2021 年，全国限额以上零售企业户均资产从 0.58 亿元增加到 0.62 亿元，2022 年下降到 0.57 亿元。2014—2022 年，私营零售企业户均资产从 0.31 下降到 0.28，年均下降 1.26%。国有零售企业户均资产年均增长 11.79%，有限公司零售企业户均资产年均增长 5.88%，股份公司户均资产年均增长 11.22%，外商投资零售企业户均资产年均增长 7.48%，港澳台商投资零售企业户均资产年均增长 4.19%（见表 43）。

表 43　限额以上零售企业户均资产

单位：亿元

年份	零售企业	国有企业	有限公司	股份公司	私营企业	港澳台商投资	外商投资
2014	0.58	0.57	0.69	3.2	0.31	2.83	3.15
2015	0.59	0.57	0.68	3.87	0.3	2.72	3.24
2016	0.61	0.55	0.69	4.5	0.31	2.82	3.71
2017	0.62	0.58	0.71	4.33	0.29	4.06	4.39
2018	0.63	1.16	0.85	4.7	0.29	3.15	5.43
2019	0.63	0.78	0.84	5.09	0.3	3.37	5.58

续表

年份	零售企业	国有企业	有限公司	股份公司	私营企业	港澳台商投资	外商投资
2020	0.62	1.49	1.11	6.5	0.3	3.39	5.52
2021	0.62	1.39	1.17	6.97	0.3	3.67	5.71
2022	0.57	1.39	1.09	7.49	0.28	3.93	5.61
2014—2022年年均增长率	−0.22	11.79	5.88	11.22	−1.26	4.19	7.48

户均从业人数变化。2014—2022年，全国限额以上零售业企业就业人数从78人下降到49人，年均减少5.65%；国有零售企业、股份公司零售业企业实现就业人数年均正增长；私营零售业企业户均从业人数年均负增长（见表44）。

表44 限额以上零售业企业户均人数

单位：人

年份	零售企业	国有企业	有限公司	股份公司	私营企业	港澳台商投资	外商投资
2014	78	75	89	275	49	347	437
2015	75	80	84	279	48	335	443
2016	71	74	81	263	45	330	434
2017	68	71	78	256	44	324	455
2018	67	75	85	271	42	353	464
2019	63	71	81	264	41	323	390
2020	59	81	93	317	40	289	319
2021	55	83	89	299	38	291	286
2022	49	88	78	320	34	259	254
2014—2022年年均增长率	−5.65	2.02	−1.64	1.91	−4.47	−3.59	−6.56

户均营收变化。2014—2022年，全国限额以上零售业企业户均营收从1.11亿元下降到1.04亿元，年均下降0.81%；私营零售业企业户均营收年均下降1.46%，私营零售业企业的发展情况良莠不齐；国有零售业企业户均营收年均增长9.72%，增长幅度较大；股份公司零售业企业户均营收年均增长7.27%（见表45）。

表 45 限额以上零售业企业户均营收

单位：亿元

年份	零售企业	国有企业	有限公司	股份公司	私营企业	港澳台商投资	外商投资
2014	1.11	1.1	1.31	5.83	0.63	4.1	5.4
2015	1.09	1.14	1.27	5.69	0.64	4.17	5.42
2016	1.12	1	1.35	5.43	0.65	4.32	6.41
2017	1.08	0.89	1.34	5.21	0.61	4.45	7.55
2018	1.11	1.29	1.58	5.86	0.59	5.08	7.94
2019	1.15	1.23	1.62	6.19	0.64	5.4	8.29
2020	1.1	1.47	2.07	7.31	0.61	5.56	8.2
2021	1.13	1.96	2.03	8.31	0.62	6.81	10.49
2022	1.04	2.31	1.8	10.22	0.56	6.57	11.05
2014—2022年年均增长率	-0.81	9.72	4.05	7.27	-1.46	6.07	9.36

户均利润变化。2014—2022年，全国限额以上零售企业户均利润从0.12亿元下降到0.01亿元，年均下降26.70%，应当引起关注。私营零售业企业户均利润年均下降21.59%，国有零售企业户均利润不断下降，2022年甚至亏损0.02亿元，其他各类型零售企业的户均利润年均下降幅度也非常惊人，股份公司零售业企业户均利润年均下降11.47%，降幅最小（见表46）。

表 46 限额以上零售业企业户均利润

单位：亿元，%

年份	零售企业	国有企业	有限公司	股份公司	私营企业	港澳台商投资	外商投资
2014	0.12	0.11	0.13	0.53	0.07	0.73	0.87
2015	0.12	0.13	0.13	0.56	0.07	0.75	0.93
2016	0.13	0.13	0.14	0.54	0.07	0.78	1.12
2017	0.13	0.11	0.14	0.54	0.07	0.86	1.46
2018	0.14	0.18	0.17	0.58	0.07	0.99	1.54
2019	0.02	0.04	0.03	0.15	0.01	0.15	0.29
2020	0.02	0.06	0.03	0.14	0.01	0.2	0.23
2021	0.02	0.03	0.03	0.14	0.01	0.24	0.25
2022	0.01	-0.02	0.02	0.2	0.01	0.18	0.18
2014—2022年年均增长率	-26.70		-20.86	-11.47	-21.59	-16.06	-17.88

第八章　民企外经外贸

——内外环境趋严，外贸首现负增

党的十八大以来的十年多，我国货物进出口繁荣，是我国外贸发展的黄金十年，尤其是外贸民营企业的迅速发展，大大提高了我国的对外开放速度。十年来，我国实际吸收外资规模不断扩大，与对外直接投资存量基本相当，对外直接投资存量、流量位列全球前三，显示中国经济是开放的经济、活跃的经济，中国市场是全球化的推动主力。广义的民营经济，或者说"非公有控股经济"，对我国货物进出口以及对外投资都起到了至关重要的作用。

2023年1—12月，我国进出口总体呈现下降趋势，外贸民营企业面临前所未有的困难。据公开数据，与中国出口产生主要竞争的亚洲国家，韩国、越南、日本等今年的出口普遍下降，产业转移并不是此轮进出口下降的原因。造成今年外贸民营企业进出口断崖式下降的原因有三，一是美元持续走强，导致中国出口货物价格以美元计价被压低；二是美国加大从墨西哥、加拿大等市场的进口，对中国形成一定的替代；三是中国境内制造业外资企业持续撤离中国，外资进出口大幅度下降。未来，造成本轮中国外贸乏力的三大影响因素短期内不会得到根本改变，预计我国外贸企业将继续承受较大的压力，需要警惕外贸持续走弱对经济和就业的负面影响。

必须说明的是，按照人民币计算，2023年1—12月进出口总额较去年同期几乎无变化，出口同比增长0.2%，进口同比下降0.3%，下降幅度远小于按美元计价的进出口金额，说明 2023 年我国实物出口下降幅度并没有那么剧烈，主要是美元不断走强，我国出口商品价格下跌，共同导致以美元计算的进出口总额下降幅度较大。

一、2023 年 1—12 月外贸逐季下降

（一）全国货物贸易进出口面临空前危机

根据海关总署发布的数据，我国外贸企业在 2023 年的进出口面临空前危机，从一年的走势来看，按美元计算的货物进出口额，下降幅度逐季不断扩大，2023 年一季度末进出口总额 1.4 万亿美元，下降（同比，下同）4%，二季度末进出口总额 2.9 亿万美元，下降 4.7%，三季度末进出口 4.4 万亿美元，下降 6.4%。11 月单月外贸下降态势有所扭转，进出口额 5 154.7 亿美元，与去年同期基本持平（比去年同期增加了 1 800 万美元），环比 10 月增长 4.7%，12 月单月进出口额 5 319 亿美元，环比 11 月增长 3.1%，因而 1—12 月进出口达到 5.9 万亿美元，降幅较三季度末整体收窄至 5%。1—12 月，共达成贸易顺差 8 232 亿美元，同比下降 6.2%（见表 1）。

出口方面，2023 年一季度末全国出口总额 8 218 亿美元，同比增长 0.5%，二季度末出口约 1.7 万亿美元，下降 3.2%，三季度末出口约 2.5 万亿美元，降幅扩大到 5.7%，1—12 月全国出口总额约 3.4 万亿美元，降幅收窄至 4.6%（见表 2）。

进口方面，2023 年一季度末全国进口总额 6 171 亿美元，同比下降 7.1%，二季度末进口约 1.3 万亿美元，下降 6.7%，三季度末进口约 1.9 万亿美元，降幅扩大到 7.5%，1—12 月进口总额约为 2.6 万亿美元，降幅收窄至 5.5%（见表 3）。

（二）外贸三驾马车仅民营企业仍在发力增长，但也承受巨大压力

外贸三驾马车中，民营企业外贸下降幅度最小，占比进一步扩大，民营外贸企业健康发展对国家稳外贸的重要性提升。2023年1—12月，民营企业进出口约3.2万亿美元，同比下降0.7%，占比提升至53.8%，民营企业一季度末进出口增长6.3%、二季度末进出口增长0.9%、三季度末进出口下降1.7%，下降幅度远低于全国。

出口方面，1—12月民营企业出口约2.1万亿美元，同比下降1.9%，占比提升至63.5%，民营企业一季度末出口增长9.3%、二季度末出口增长1.5%、三季度末出口下降2%。

进口方面，1—12月，民营企业进口约1.05万亿美元，同比增长1.6%，占比提升至41.0%，为首次超过进口总量四成。民营企业一季度末进口增长0.4%、二季度末进口下降0.4%、三季度末进口下降1%（见表1、表2、表3）。

表1　2023年1—12月进出口总额情况（商品贸易方式企业性质）

单位：亿美元，%

		2022年6月	2022年12月	2023年3月	2023年6月	2023年9月	2023年12月
全国企业	进出口金额	30 791	63 096	14 129	29 182	44 102	59 368
	进出口增长额	2 939	2 581	-660	-1 609	-3 418	-3 728
	进出口增长率	10.6	4.3	-4.0	-4.7	-6.4	-5.0
国有企业	进出口金额	4 981	10 158	2 397	4 785	7 100	9 500
	进出口增长率	17.5	10.5	1.8	-3.9	-7.4	2.3
	进出口比重	16.2	16.1	17.0	16.4	16.1	16.0
	进出口增长额	743	968	43	-196	-571	-658
	进出口贡献率	25.3	37.5	-6.6	12.2	16.7	17.7
港澳台资及外资企业	进出口金额	10 496	20 764	4 417	8 945	13 491	17 932
	进出口增长率	3.1	-4.4	-16.8	-14.8	-15.3	-6.5
	进出口比重	34.1	32.9	31.3	30.7	30.6	30.2
	进出口增长额	311	-953	-892	-1 551	-2 438	-2 832
	进出口贡献率	10.6	-36.9	135.0	96.4	71.3	76.0

续表

		2022年6月	2022年12月	2023年3月	2023年6月	2023年9月	2023年12月
民营企业	进出口金额	15 314	32 174	7 575	15 451	23 511	31 937
	进出口增长率	14.0	8.7	6.3	0.9	-1.7	-0.7
	进出口比重	49.7	51.0	53.6	52.9	53.3	53.8
	进出口增长额	1 885	2 565	449	137	-409	-237
	进出口贡献率	64.1	99.4	-68.0	-8.5	12.0	6.4
贸易差额		3 854	8 776	2 047	4 087	6 304	8 232

注：1.本章节表1至表3的贸易额、增长率、贸易差额数据来自中国海关总署，其中民营企业为私营企业与其他企业数据之和（本章同）；2.比重、增长额、贡献率及民营企业增长率为本院计算（本章同）。

表2　2023年1—12月出口总额情况（商品贸易方式企业性质）

单位：亿美元，%

		2022年6月	2022年12月	2023年3月	2023年6月	2023年9月	2023年12月
全国企业	出口金额	17 323	35 936	8 218	16 634	25 203	33 800
	出口增长率	14.2	7.0	0.5	-3.2	-5.7	-4.6
	出口占比	100	100	100	100	100	100
	出口增长额	2 139	2 296	9	-689	-1 783	-2 136
国有企业	出口金额	1 366	2 841	658	1 334	2 016	2 689
	出口增长率	9.6	5.6	6.0	-2.2	-6.4	-5.2
	出口比重	7.9	7.9	8.0	8.0	8.0	8.0
	出口增长额	119	152	38	-32	-140	-152
	出口贡献率	5.6	6.6	404.2	4.6	7.9	7.1
港澳台资及外资企业	出口金额	5 631	11 233	2 382	4 816	7 292	9 656
	出口增长率	6.6	-2.5	-16.3	-14.4	-15.2	-14
	出口比重	32.5	31.3	29.0	29.0	28.9	28.6
	出口增长额	345	-297	-468	-815	-1 314	-1 577
	出口贡献率	16.1	-12.9	-5 027.5	118.3	73.7	73.8
民营企业	出口金额	10 326	21 862	5 179	10 484	15 895	21 455
	出口增长率	19.4	12.6	9.3	1.5	-2.0	-1.9
	出口比重	59.6	60.8	63.0	63.0	63.1	63.5
	出口增长额	1 675	2 442	440	158	-329	-407
	出口贡献率	78.3	106.4	4723	-22.9	18.5	19.1

表3　2023年1—12月进口总额情况（商品贸易方式企业性质）

单位：亿美元，%

		2022年6月	2022年12月	2023年3月	2023年6月	2023年9月	2023年12月
全国企业	进口金额	13 468	27 160	6 171	12 547	18 899	25 568
	进口增长率	5.7	1.1	−7.1	−6.7	−7.5	−5.5
	进口占比	100	100	100	100	100	100
	进口增长额	800	285	−409	−921	−1 635	−1 592
国有企业	进口金额	3 616	7 317	1 740	3 451	5 084	6 811
	进口增长率	19	12.5	−1.2	−4.7	−7.2	−6.6
	进口比重	26.8	26.9	28.2	27.5	26.9	26.6
	进口增长额	625	817	6	−165	−431	−506
	进口贡献率	78.0	286.8	−1.4	17.9	26.4	31.8
港澳台资及外资企业	进口金额	4 865	9 530	2 035	4 129	6 199	8 275
	进口增长率	−0.8	−6.3	−17.4	−15.1	−15.2	−13.1
	进口比重	36.1	35.1	33.0	32.9	32.8	32.4
	进口增长额	−34	−657	−425	−736	−1 124	−1 255
	进口贡献率	−4.2	−230.4	103.9	79.9	68.8	78.8
民营企业	进口金额	4 988	10 312	2 396	4 968	7 616	10 482
	进口增长率	4.4	1.2	0.4	−0.4	−1.0	1.6
	进口比重	37.0	38.0	38.8	39.6	40.3	41.0
	进口增长额	209	124	10	−20	−80	170
	进口贡献率	26.1	43.7	−2.5	2.2	4.9	−10.6

港澳台资及外资企业进出口额断崖式下跌，出口占比跌破三成。2023年1—12月，港澳台资及外资企业进出口约1.8万亿美元，同比下降6.5%，占比跌至30.2%，一季度末进出口下降16.8%、二季度末进出口下降14.8%、三季度末进出口下降15.3%。

2023年1—12月，港澳台资及外资企业出口约0.97万亿美元，同比下降14%，占比跌破三成，下降至28.6%，一季度末出口下降16.3%、二季度末出口下降14.4%、三季度末出口下降15.2%。

2023年1—12月，港澳台资及外资企业进口约0.83万亿美元，同比下降13.1%，占比跌至32.4%，和民营企业进口的差距进一步拉大。一季度末进口下降17.4%、二季度末进口下降15.1%、三季度末进口下降15.2%（见表1、表2、表3）。

二、2012—2023年外贸进出口繁荣向好

（一）全国货物进出口高速增长

党的十八大、十九大以来，我国货物进出口繁荣，是我国外贸发展的黄金十年，尤其是党的十九大以来，外贸企业业绩空前增长，进出口、出口、进口年均的增长速度都接近10%。

2012—2017年，全国进出口额从约3.9万亿美元增长到约4.1万亿美元，年均增长1.2%，全国出口额从约2万亿美元增长到约2.3万亿美元，年均增长2%，全国进口额从1.82万亿美元增长到1.84万亿美元，年均增长0.3%。

2017—2023年，全国进出口额从约4.1万亿美元增长到约5.9万亿美元，年均增长6.3%，全国出口额从约2.3万亿美元增长到约3.4万亿美元，年均增长6.9%，全国进口额从约1.84万亿美元增长到约2.6万亿美元，年均增长5.6%（见表4、表5、表6）。

表4 2012—2023年各类企业进出口情况

单位：亿美元，%

年份	全国企业 金额	全国企业 增长率	国有企业 金额	国有企业 比重	国有企业 增长率	港澳台资及外资企业 金额	港澳台资及外资企业 比重	港澳台资及外资企业 增长率	民营企业 金额	民营企业 比重	民营企业 增长率
2012	38 671	6.2	7 517	19.4	−1.2	18 940	49.0	1.8	12 211	31.6	19.6
2013	41 590	7.5	7 480	18.0	−0.5	19 191	46.1	1.3	14 933	35.9	22.3
2014	43 015	3.4	7 476	17.4	−0.1	19 840	46.1	3.7	15 714	36.5	5.2
2015	39 530	−8.1	6 502	16.4	−13.0	18 346	46.4	−7.5	14 721	37.2	−6.3

续表

年份	全国企业 金额	全国企业 增长率	国有企业 金额	国有企业 比重	国有企业 增长率	港澳台资及外资企业 金额	港澳台资及外资企业 比重	港澳台资及外资企业 增长率	民营企业 金额	民营企业 比重	民营企业 增长率
2016	36 849	−6.8	5 764	15.6	−11.4	16 874	45.8	−8.0	14 206	38.6	−3.5
2017	41 045	11.4	6 687	16.3	16.0	18 391	44.8	9.0	15 967	38.9	12.4
2018	46 230	12.6	8 046	17.4	20.3	19 681	42.6	7.0	18 504	40.2	15.9
2019	45 761	−1.0	7 725	16.9	−4.0	18 239	39.9	−7.3	19 796	43.3	7.0
2020	46 463	1.5	6 657	14.3	−13.8	17 976	38.7	−1.4	21 830	47.0	10.3
2021	60 515	30.0	9 190	15.2	38.0	21 717	35.9	20.8	29 608	48.9	5.6
2022	63 096	4.3	10 158	16.1	10.5	20 764	32.9	−4.4	32 174	51.0	8.7
2023	59 368	−5.0	9 500	16.0	2.3	17 932	30.2	−6.5	31 937	53.8	−0.7
进出口额年均增长率											
2012—2017	1.2		−2.3			−0.6			5.5		
2017—2023	6.3		6.0			−0.4			12.2		

注：绝对数和年度增长率来自中国海关总署、海关信息网；比重、年均增长率为大成企业研究院根据绝对数计算得出，下同。民营企业为海关总署口径下的私营企业加其他企业。

表5 2012—2023年各类企业出口走势情况

单位：亿美元，%

年份	全国企业 金额	全国企业 增长率	国有企业 金额	国有企业 比重	国有企业 增长率	港澳台资及外资企业 金额	港澳台资及外资企业 比重	港澳台资及外资企业 增长率	民营企业 金额	民营企业 比重	民营企业 增长率
2012	20 490	7.9	2 563	12.5	−4.1	10 228	49.9	2.8	7 699	37.6	21.1
2013	22 100	7.9	2 490	11.3	−2.8	10 443	47.3	2.1	9 168	41.5	19.1
2014	23 428	6.1	2 565	10.9	3.1	10 747	45.9	3.0	10 115	43.1	10.3
2015	22 750	−2.9	2 424	10.7	−5.5	10 047	44.2	−6.5	10 278	45.2	1.6
2016	20 982	−7.7	2 156	10.3	−11.0	9 170	43.7	−8.7	9 651	46.0	−6.1
2017	22 635	7.9	2 312	10.2	7.3	9 776	43.2	6.6	10 547	46.6	9.3
2018	24 874	9.9	2 573	10.3	11.1	10 360	41.7	6.0	11 941	48.0	13.2
2019	24 990	0.5	2 356	9.4	−8.3	9 661	38.7	−6.7	12 974	51.9	8.6
2020	25 906	3.6	2 075	8.0	−12.0	9 323	36.0	−3.5	14 509	56.0	11.8
2021	33 640	29.9	2 689	8.0	29.5	11 530	34.3	23.7	19 420	57.7	33.9
2022	35 936	7.0	2 841	7.9	5.6	11 233	31.3	−2.5	21 862	60.8	12.6
2023	33 800	−4.6	2 689	8.0	−5.2	9 656	28.6	−14.0	21 455	63.5	−1.9

续表

年份	全国企业		国有企业			港澳台资及外资企业			民营企业		
	金额	增长率	金额	比重	增长率	金额	比重	增长率	金额	比重	增长率
出口额年均增长率											
2012—2017	2.0		-2.0			-0.9			6.5		
2017—2023	6.9		2.5			-0.2			12.6		

表6 2012—2023年各类企业进口走势情况

单位：亿美元，%

年份	全国企业		国有企业			港澳台资及外资企业			民营企业		
	金额	增长率	金额	比重	增长率	金额	比重	增长率	金额	比重	增长率
2012	18 178	4.3	4 954	27.3	0.3	8 713	47.9	0.8	4 512	24.8	17.2
2013	19 503	7.3	4 990	25.6	0.6	8 748	44.9	0.4	5 765	29.6	27.8
2014	19 603	0.4	4 911	25.1	-1.9	9 093	46.4	3.9	5 599	28.5	-3.0
2015	16 820	-14.2	4 078	24.2	-16.9	8 299	49.3	-8.7	4 442	26.4	-21.0
2016	15 874	-5.5	3 608	22.8	-11.4	7 705	48.6	-7.0	4 555	28.8	3.0
2017	18 410	15.9	4 374	23.8	21.1	8 616	46.8	11.8	5 420	29.4	19.0
2018	21 356	15.8	5 474	25.6	24.9	9 321	43.6	8.1	6 561	30.8	21.1
2019	20 771	-2.7	5 369	25.8	-1.9	8 578	41.3	-7.9	6 824	32.9	4.0
2020	20 556	-1.1	4 582	22.3	-14.7	8 653	42.1	0.9	7 321	35.6	7.3
2021	26 875	30.1	6 500	24.2	40.2	10 187	37.9	17.5	10 188	37.9	39.2
2022	27 160	1.1	7 317	26.9	12.5	9 530	35.1	-6.3	10 312	38.0	1.2
2023	25 568	-5.5	6 811	26.6	-6.6	8 275	32.4	-13.1	10 482	41.0	1.6
进口额年均增长率											
2012—2017	0.3		-2.5			-0.2			3.7		
2017—2023	5.6		7.7			-0.7			11.6		

（二）外贸民企担纲主力，港澳台及外商投资企业不断下降

民营企业外贸增速大幅跑赢全国，占比不断扩大。2012—2017年，民营企业进出口额年均增长5.5%，出口额年均增长6.5%，进出口占全国

的比重从31.6%提升到38.9%，出口占比从37.6%提升到46.6%；2017—2023年，民营企业进出口额年均增长12.2%，出口额年均增长12.6%，进出口占全国的比重从38.9%提升到53.8%，出口占比从46.6%提升到63.5%（见表4、表5）。

港澳台资及外资企业进出口份额不断下降。2012—2017年，港澳台资及外资企业进出口额年均下降0.6%，出口额年均下降0.9%，进出口占全国的比重从49.0%下降到44.8%，出口占比从49.9%下降到43.2%；2017—2023年，港澳台资及外资企业进出口额年均下降0.4%，出口额年均下降0.2%，进出口占全国的比重从44.8%下降到30.2%，出口占比从43.2%下降到28.6%（见表4、表5）。

（三）一些数据的矛盾反差值得关注

一是工业交货值占出口总额的比重不断下降。根据国家统计局数据，以人民币计算，2012—2023年12月，我国工业出口交货值占工业销售收入的总比例保持在11%上下，说明出口交货值在工业整体的比重是稳定的，但是近年来，工业出口交货值占外贸出口总额的比重不断下降。2012年工业出口交货值占出口总额的82.5%，2023年1—12月这一指标下降至61.5%。

二是出口交货值增速与外贸增速出现反差。2012—2018年，出口交货值增速与外贸增速幅度大致同步，但2019年以来，两者增长幅度出现较大反差，尤其是2023年工业出口交货值以人民币计算，连续同比下降，但同期外贸出口额却有所增长，考虑到出口交货值占工业总体销售的比重未变，说明工业出口交货水平是长期稳定的，那么货物出口值在工业出口交货值不断下降的情况下，出现增长，这两个数据如此反差的原因是什么？值得进一步研究和探讨（见表7）。

表7 2012—2023年我国工业出口交货值和外贸出口额情况对比

单位：亿元人民币，%

时间	工业出口交货值	累计增长率	外贸出口总额	累计增长率	工业销售收入	累计增长率	出口交货值/出口总额	出口交货值/销售收入
2012年	106 759	7.1	129 359	5	929 292	10.4	82.5	11.5
2013年	113 471	5	137 131	6	1 038 659	11.8	82.7	10.9
2014年	120 933	6.4	143 884	4.9	1 107 033	6.6	84	10.9
2015年	118 582	-1.8	141 255	-1.8	1 109 853	0.3	83.9	10.7
2016年	119 191	0.4	138 455	-1.9	1 158 999	4.4	86.1	10.3
2017年	123 230	10.7	153 321	10.8	1 164 624	11.1	80.4	10.6
2018年	123 932	8.5	164 177	7.1	1 022 241	8.5	75.5	12.1
2019年	124 216	1.3	172 342	5	1 057 825	3.8	72.1	11.7
2020年	122 796	-0.3	179 326	4	1 061 434	0.8	68.5	11.6
2021年	145 254	17.7	217 348	21.2	1 279 227	19.4	66.2	11.4
2022年	153 427	5.5	239 654	10.5	1 379 098	5.9	64	11.1
2023年3月	34 194	-5.3	56 484	8.4	311 798	-0.5	60.5	11
2023年6月	69 768	-4.8	114 588	3.7	626 239	-0.4	60.9	11.1
2023年9月	108 549	-4.8	176 025	0.6	963 463	0	61.7	11.3
2023年12月	146 218	-3.9	237 726	0.3	1 334 391	1.1	61.5	11

注：绝对数来自海关总署、国家统计局，出口交货值占出口总额比重、出口交货值占销售收入比重为本院计算。销售收入是规模以上工业销售收入。

三、党的十九大以来我国吸收外商投资和对外直接投资创新高、双向繁荣发展

（一）对外经济总体情况

党的十九大以来，我国开放程度、开放水平不断提升，对外投资流量、存量同时跃居世界前三，根据国家统计局、商务部披露数据，历年来我国实际吸收外资规模不断扩大的同时，对外直接投资占全球的份额也不断提升，两者规模大致相当，双向繁荣发展。据有关部门统计，1979—

2021年，我国实际使用港澳台及外资金额不断增加，尤其是2010年以后，使用港澳台及外资流量达到1 147.3亿美元，2021年港澳台资及外资金额流量达到1 809.6亿美元，累计达到2.6万亿美元（见表8）。对比来看，截至2022年年末，我国对境外直接投资存量约为2.8万亿美元，两者大致相当。

表8　中国历年吸收外商直接投资统计

单位：亿美元

年度	新设外商投资企业数（个）	实际使用外资金额
总计	1 087 860	26 207.7
1979—1982	920	17.7
1990	7 273	34.9
1995	37 011	375.2
2000	22 347	407.2
2010	27 420	1 147.3
2011	27 717	1 239.9
2012	24 934	1 210.7
2013	22 819	1 239.1
2014	23 794	1 285.0
2015	26 584	1 355.8
2016	27 908	1 337.1
2017	35 662	1 363.2
2018	60 560	1 383.1
2019	40 910	1 412.3
2020	38 578	1 493.4
2021	47 647	1 809.6

资料来源：2022年中国商务年鉴。

（二）中国香港等地是对外投资和吸收外资重要目的地和来源地

近年来，中国香港及一些自由港（英属维尔京群岛、开曼群岛）等既是我国对境外直接投资的最重要目的地，也是投资与中国大陆外商资金的主要来源地，两者的重合值得关注，其中是否有境内资金通过投入这些目的地出境，又作为外资转投回中国大陆的现象，值得关注和研究。

从商务部披露的数据趋势来看，我国对外投资的前三大目的地为中国香港、英属维尔京群岛和开曼群岛，中国澳门也是对外直接投资资金流向的主要目的地之一。其中，2022年中国对境外直接投资流量中，投资在中国香港的流量占比达到59.8%，英属维尔京群岛占5.6%，开曼群岛占3.5%，中国澳门占1.3%；2020年，中国对境外直接投资流量中，投资在中国香港的流量占比达到58%，英属维尔京群岛占4.5%，开曼群岛占5.6%，中国澳门占0.5%。

我国吸收的境外投资中，来自中国香港的资金比重最大，英属维尔京群岛也是外商投资资金的重要来源。中国香港投入中国大陆的资金，2021年占总量的75.95%，2020年占73.28%，2017年占72.12%；英属维尔京群岛投入中国大陆的资金，2021年占总量的3.04%，2020年占3.60%，2017年占3.04%（见表9）。

表9 历年中国吸收外商投资情况

单位：亿美元，%

年份	指标	总计	中国香港	中国澳门	开曼群岛	英属维尔京群岛	百慕大
2021	实际投资金额	1 734.8	1 317.6	21.9	24.6	52.8	1.2
	增长率	20.16	24.55	-0.45	-11.19	1.54	-25.00
	占比	100.00	75.95	1.26	1.42	3.04	0.07
2020	实际投资金额	1 443.7	1 057.9	22	27.7	52	1.6
	增长率	4.5	9.9	26.4	8.2	4.8	-66.7
	占比	100.00	73.28	1.52	1.92	3.60	0.11
2019	实际投资金额	1 381.3	963	17.4	25.6	49.6	4.8
	增长率	2.34	7.10	35.94	-37.10	5.31	-77.88
	占比	100.00	69.72	1.26	1.85	3.59	0.35

续表

年份	指标	总计	中国香港	中国澳门	开曼群岛	英属维尔京群岛	百慕大
2018	实际投资金额	1 349.7	899.2	12.8	40.7	47.1	21.7
	增长率	3.0	-4.9	100.0	86.7	18.0	61.9
	占比	100.00	66.62	0.95	3.02	3.49	1.6
2017	实际投资金额	1 310.4	945.1	6.4	21.8	39.9	13.4
	增长率	4.00	16.01	-21.95	-57.67	-40.80	191.30
	占比	100	72.12	0.49	1.66	3.04	1.02
2016	实际投资金额	1 734.8	1 317.6	21.9	24.6	52.8	1.2
	增长率	20.16	24.55	-0.45	-11.19	1.54	-25.00
	占比	100.00	75.95	1.26	1.42	3.04	0.07

注：绝对数来自国家统计局历年《中国统计年鉴》，增长率和占比为本院计算。

党的十八大以来，我国对外直接投资流量位列全球前三。2012—2022年，我国对外直接投资流量从1 078.4亿美元增长至1 631.2亿美元，保持在全球前三位，2021年以1 788.2亿美元的流量位居世界第一。流量占全球的份额从6.3%提升至10.9%，最高达到20.2%（2020年）。党的十九大以来，我国对外直接投资存量位列世界第三。2017—2022年，我国对外直接投资存量从1.8万亿美元增长至2.8万亿美元，保持在世界第三位。2022年对香港投资的流量、存量占比接近六成（见表10、图1、表11）。

表10 中国历年对外直接投资流量、存量总体情况

年份	流量			存量	
	金额（亿美元）	全球位次	比上年增长（%）	金额（亿美元）	全球位次
2002	27.0	26		299.0	25
2003	28.5	21	5.6	332.0	25
2004	55.0	20	93.0	448.0	27
2005	122.6	17	122.9	572.0	24
2006	211.6	13	43.8	906.3	23
2007	265.1	17	25.3	1 179.1	22

续表

年份	流量 金额（亿美元）	流量 全球位次	流量 比上年增长（%）	存量 金额（亿美元）	存量 全球位次
2008	559.1	12	110.9	1 839.7	18
2009	565.3	5	1.1	2 457.5	16
2010	688.1	5	21.7	3 172.1	17
2011	746.5	6	8.5	4 247.8	13
2012	878.0	3	17.6	5 319.4	13
2013	1 078.4	3	22.8	6 604.8	11
2014	1 231.2	3	14.2	8 826.4	8
2015	1 456.7	2	18.3	10 978.6	8
2016	1 964.5	2	34.7	13 573.9	6
2017	1 582.9	3	−19.3	18 090.4	2
2018	1 430.4	2	−9.6	19 822.7	3
2019	1 369.1	2	−4.3	21 988.8	3
2020	1 537.1	1	12.3	25 806.6	3
2021	1 788.2	2	16.3	27 851.5	3
2022	1 631.2	2	−8.8	27 548.1	3

数据来源：2022 年中国对外投资统计公报，下同。

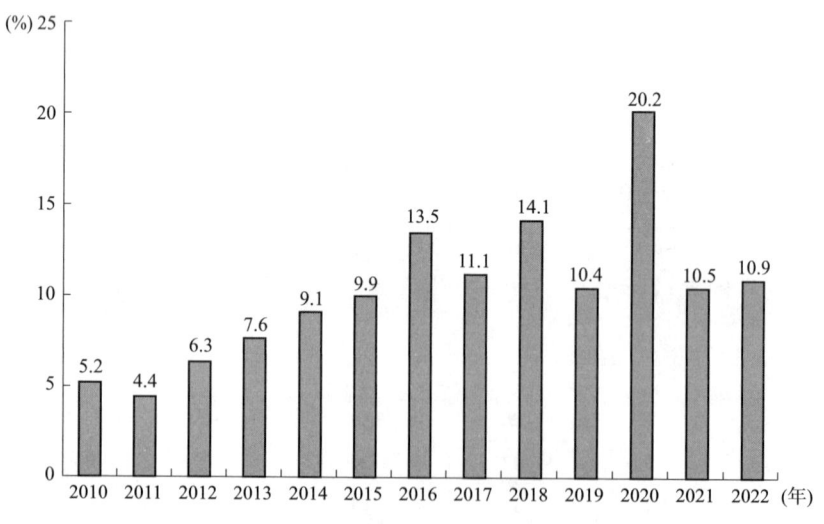

图 1　2010—2022 年中国对外直接投资流量占全球份额

表11 2022年中国对世界主要经济体投资情况

经济体名称	流量 金额（亿美元）	流量 比上年（%）	流量 比重（%）	存量 金额（亿美元）	存量 比重（%）
中国香港	975.3	-3.6	59.8	15 886.7	57.6
东盟	186.5	-5.5	11.4	1 546.6	5.6
欧盟	69.0	-12.2	4.2	1 011.9	3.7
美国	72.9	30.6	4.5	791.7	2.9
澳大利亚	27.9	44.9	1.7	357.9	1.3
合计	1 331.6	-2.3	81.6	19 594.8	71.1

党的十九大以来，非公有经济控股的对外投资者占历年投资流量的比重浮动较大，2018年，非公有经济控股的对外投资流量占62.3%，2022年，这一数据减少至50.3%，但仍然占据半壁江山，略多于公有经济控股对外投资流量份额。这说明我国公有经济和非公有经济都保持着相当的活力，对中国企业走出去都起到了至关重要的作用（见图2）。

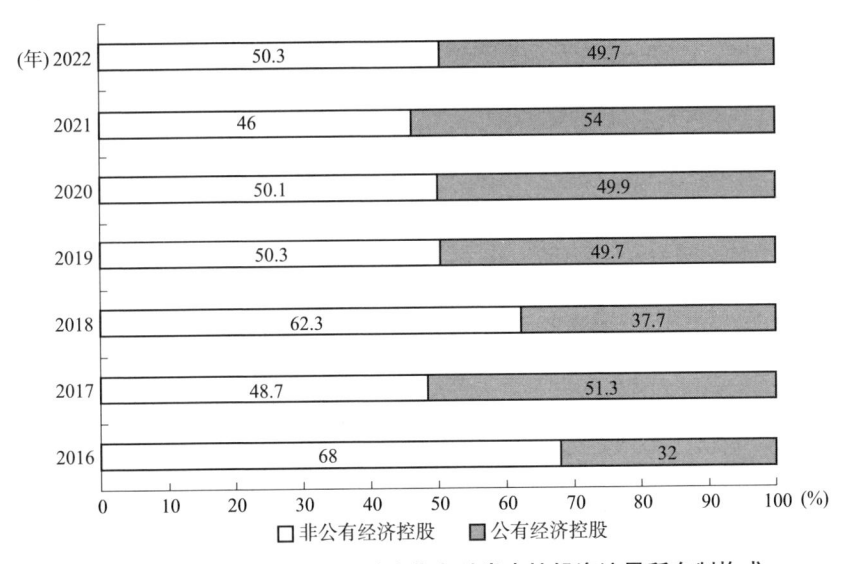

年	非公有经济控股	公有经济控股
2022	50.3	49.7
2021	46	54
2020	50.1	49.9
2019	50.3	49.7
2018	62.3	37.7
2017	48.7	51.3
2016	68	32

图2 2016—2022年中国对外非金融类直接投资流量所有制构成

从2022年境外投资存量按境内投资者注册类型的情况来看，国有企业投资存量占比52.4%，非国有企业（包括广义的民营企业，以及有限责任公司、股份有限公司中的国有控股企业）占47.6%。从2022年年末境内投资者按登记注册类型构成的情况来看，国有企业占5.6%，私营企业占33.6%，广义的民营企业还包括股份有限公司、有限责任公司中的私人控股企业，以及集体企业、股份合作企业等（见图3、图4）。

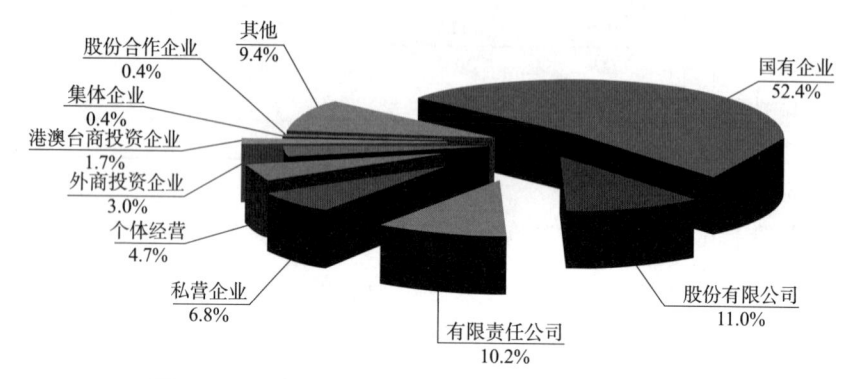

图3 2022年中国对外非金融类直接投资存量按境内投资者注册类型分布情况

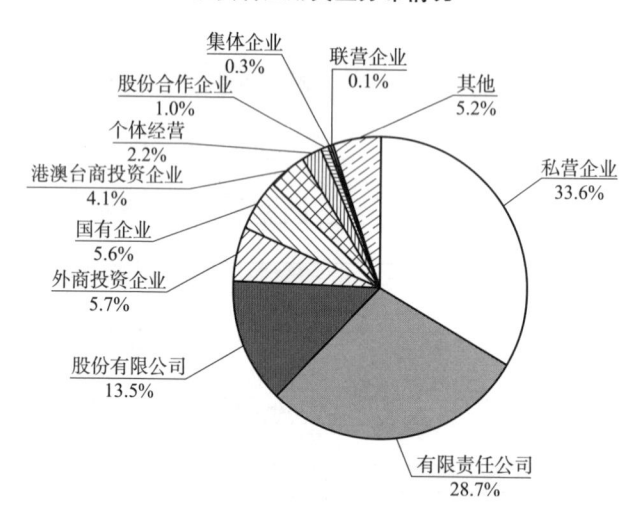

图4 2022年年末境内投资者按登记注册类型构成情况

第九章 民营科技发展

——投入持续增长，技术创新提高

作为我国科技创新的重要力量，党的十八大以来，民营企业创新主体地位日益显著，贡献了50%以上的研发投入和研发人员、70%以上的技术创新成果、80%以上的专精特新"小巨人"企业、90%以上的高新技术企业。当前，我国民营企业已经站在了创新和全球竞争的最前沿，在通信、芯片、人工智能、新能源汽车、锂电池、光伏、互联网、生活服务等领域发挥越来越重要的影响力。

本章主要对规模以上工业企业中的私营企业科技活动情况、全国工商联发布的《2023研发投入前1 000家民营企业创新状况报告》中的民营企业创新情况相关数据进行分析，力求展现民营企业科技创新的总体情况。

一、规模以上工业企业科技活动开展情况

自2012年以来，国家统计局每年对去年年底的规模以上工业企业科技活动情况进行分类统计，包括研究与试验发展（R&D）活动情况、新产品开发及生产情况、专利情况等。在此选用R&D人员、R&D经费、新产品开发项目数、新产品开发经费支出、新产品销售收入、有效发明专利数等指标进行分析。

2012年以来，私营工业企业的科技发展与创新整体呈现平稳增长的态势，逐渐超越有限责任公司成为规模以上工业企业科技发展的第一大贡献者。从研发人员、研发经费、研发项目数、有效发明专利数，以及

新产品开发项目数、新产品开发经费支出、新产品销售收入等指标来看，私营工业企业在规模以上工业企业中的占比逐年增加，大都保持了平稳增长、增速逐年提高。

（一）R&D 人员

截至 2022 年年末，全国规模以上工业企业 R&D 人员全时当量约为 421.47 万人年，其中私营企业约为 192.46 万人年，占比为 45.66%；港澳台商投资企业约为 40.21 万人年，占比为 9.54%；外商投资企业约为 38.21 万人年，占比为 9.07%（见表1、表3）。

表 1 按登记注册类型分规模以上工业企业 R&D 人员全时当量

单位：人年

年份	规模以上工企整体	国有企业	有限责任公司	股份有限公司	私营企业	港澳台商投资企业	外商投资企业
2011	1 939 075	148 871	582 652	332 955	345 095	217 522	278 675
2012	2 246 179	162 963	662 323	371 179	419 112	258 541	336 479
2013	2 493 958	85 572	807 435	432 027	523 551	274 173	354 457
2014	2 641 578	88 869	841 754	450 615	606 229	283 159	355 264
2015	2 638 290	82 297	826 422	433 413	662 024	285 158	328 657
2016	2 702 489	74 005	845 680	425 175	732 398	285 902	330 649
2017	2 736 244	55 692	832 012	431 937	790 796	303 102	313 490
2018	2 981 234	21 624	862 665	442 700	993 467	319 641	334 362
2019	3 151 828	23 575	831 757	451 358	1 202 413	314 242	322 470
2020	3 460 409	37 310	807 686	414 203	1 523 010	332 813	337 516
2021	3 826 651	39 239	851 692	417 814	1 793 534	354 588	361 606
2022	4 214 666	49 348	972 869	475 244	1 924 555	402 088	382 081

注：绝对值数据来源于历年中国统计年鉴；增长率和占比为作者自己计算。本章同。

增速方面，2022 年全国规模以上工业企业 R&D 人员全时当量相比 2021 年增长了 10.14%，各类型企业中国有企业增速最快，为 25.76%，有限责任公司次之，为 14.23%，股份有限公司为 13.75%。2012—2017 年，规模以上工业企业 R&D 人员全时当量年均增速 4.03%，私营企业年均增速13.54%,为各类型企业中最高,港澳台商投资企业为3.23%,外商投资企业为-1.41%。

2017—2012年,规模以上工业企业R&D人员全时当量年均增速9.02%,私营企业年均增速19.47%,为各类型企业中最高,港澳台商投资企业为5.81%,外商投资企业为4.04%(见表2)。

表2 按登记注册类型分规模以上工业企业R&D人员全时当量增长情况

单位:%

年份	规模以上工企整体	国有企业	有限责任公司	股份有限公司	私营企业	港澳台商投资企业	外商投资企业
2012	15.84	9.47	13.67	11.48	21.45	18.86	20.74
2013	11.03	-47.49	21.91	16.39	24.92	6.05	5.34
2014	5.92	3.85	4.25	4.30	15.79	3.28	0.23
2015	-0.12	-7.40	-1.82	-3.82	9.20	0.71	-7.49
2016	2.43	-10.08	2.33	-1.90	10.63	0.26	0.61
2017	1.25	-24.75	-1.62	1.59	7.97	6.02	-5.19
2018	8.95	-61.17	3.68	2.49	25.63	5.46	6.66
2019	5.72	9.02	-3.58	1.96	21.03	-1.69	-3.56
2020	9.79	58.26	-2.89	-8.23	26.66	5.91	4.67
2021	10.58	5.17	5.45	0.87	17.76	6.54	7.14
2022	10.14	25.76	14.23	13.75	7.31	13.40	5.66
年均增速								
2012—2017	4.03	-19.32	4.67	3.08	13.54	3.23	-1.41
2017—2022	9.02	-2.39	3.18	1.93	19.47	5.81	4.04

表3 按登记注册类型分规模以上工业企业R&D人员全时当量占比情况

单位:%

年份	国有企业	有限责任公司	股份有限公司	私营企业	港澳台商投资企业	外商投资企业
2011	7.68	30.05	17.17	17.80	11.22	14.37
2012	7.26	29.49	16.52	18.66	11.51	14.98
2013	3.43	32.38	17.32	20.99	10.99	14.21
2014	3.36	31.87	17.06	22.95	10.72	13.45

续表

年份	国有企业	有限责任公司	股份有限公司	私营企业	港澳台商投资企业	外商投资企业
2015	3.12	31.32	16.43	25.09	10.81	12.46
2016	2.74	31.29	15.73	27.10	10.58	12.23
2017	2.04	30.41	15.79	28.90	11.08	11.46
2018	0.73	28.94	14.85	33.32	10.72	11.22
2019	0.75	26.39	14.32	38.15	9.97	10.23
2020	1.08	23.34	11.97	44.01	9.62	9.75
2021	1.03	22.26	10.92	46.87	9.27	9.45
2022	1.17	23.08	11.28	45.66	9.54	9.07

（二）R&D 经费

截至 2022 年年末，全国规模以上工业企业 R&D 经费为 19 361.76 亿元，其中私营企业为 7 375.88 亿元，占比为 38.10%；港澳台商投资企业为 1 603.75 亿元，占比为 8.28%；外商投资企业为 2 068.44 亿元，占比为 10.68%（见表 4、表 6）。

表 4　按登记注册类型分规模以上工业企业 R&D 经费

单位：亿元

年份	规模以上工企整体	国有企业	有限责任公司	股份有限公司	私营企业	港澳台商投资企业	外商投资企业
2011	5 993.81	467.84	1 890.39	1 063.31	944.00	560.42	936.15
2012	7 200.65	562.08	2 224.73	1 245.56	1 246.54	672.35	1 091.26
2013	8 318.40	308.44	2 830.91	1 385.50	1 690.14	772.23	1 242.89
2014	9 254.26	325.71	3 159.13	1 504.56	2 026.76	852.26	1 298.48
2015	10 013.93	322.37	3 388.89	1 534.74	2 363.58	947.65	1 353.85
2016	10 944.66	283.92	3 754.91	1 612.83	2 800.54	1 013.55	1 405.73
2017	12 012.96	213.44	4 102.07	1 847.24	3 188.06	1 115.05	1 474.90
2018	12 954.83	83.44	4 279.33	2 025.17	3 851.61	1 130.75	1 552.03
2019	13 971.10	83.18	4 449.79	2 139.11	4 516.75	1 138.37	1 613.77
2020	15 271.29	157.32	4 262.46	2 169.27	5 646.99	1 256.16	1 742.44
2021	17 514.25	218.49	4 856.70	2 238.13	6 781.97	1 448.09	1 929.34
2022	19 361.76	268.20	5 498.82	2 505.44	7 375.88	1 603.75	2 068.44

增速方面，2022年全国规模以上工业企业R&D经费相比2021年增长了10.55%，各类型企业中国有企业增速最快，为22.75%，有限责任公司次之，为13.22%，港澳台商投资企业为10.75%，私营企业为8.76%，外商投资企业为7.21%。

2012—2017年，规模以上工业企业R&D经费年均增速10.78%，私营企业年均增速20.66%，在各类型企业中增速最快，港澳台商投资企业为10.65%，外商投资企业为6.21%。

2017—2022年，规模以上工业企业R&D经费年均增速10.02%，私营企业年均增速18.27%，在各类型企业中增速最快，港澳台商投资企业为7.54%，外商投资企业为7.00%（见表5）。

表5 按登记注册类型分规模以上工业企业R&D经费增长情况

单位：%

年份	规模以上工企整体	国有企业	有限责任公司	股份有限公司	私营企业	港澳台商投资企业	外商投资企业
2012	20.13	20.14	17.69	17.14	32.05	19.97	16.57
2013	15.52	-45.13	27.25	11.24	35.59	14.86	13.89
2014	11.25	5.60	11.59	8.59	19.92	10.36	4.47
2015	8.21	-1.03	7.27	2.01	16.62	11.19	4.26
2016	9.29	-11.93	10.80	5.09	18.49	6.95	3.83
2017	9.76	-24.82	9.25	14.53	13.84	10.01	4.92
2018	7.84	-60.91	4.32	9.63	20.81	1.41	5.23
2019	7.84	-0.31	3.98	5.63	17.27	0.67	3.98
2020	9.31	89.13	-4.21	1.41	25.02	10.35	7.97
2021	14.69	38.88	13.94	3.17	20.10	15.28	10.73
2022	10.55	22.75	13.22	11.94	8.76	10.75	7.21
年均增速							
2012—2017	10.78	-17.61	13.02	8.20	20.66	10.65	6.21
2017—2022	10.02	4.67	6.04	6.29	18.27	7.54	7.00

表6 按登记注册类型分规模以上工业企业 R&D 经费占比情况

单位：%

年份	国有企业	有限责任公司	股份有限公司	私营企业	港澳台商投资企业	外商投资企业
2011	7.81	31.54	17.74	15.75	9.35	15.62
2012	7.81	30.90	17.30	17.31	9.34	15.16
2013	3.71	34.03	16.66	20.32	9.28	14.94
2014	3.52	34.14	16.26	21.90	9.21	14.03
2015	3.22	33.84	15.33	23.60	9.46	13.52
2016	2.59	34.31	14.74	25.59	9.26	12.84
2017	1.78	34.15	15.38	26.54	9.28	12.28
2018	0.64	33.03	15.63	29.73	8.73	11.98
2019	0.60	31.85	15.31	32.33	8.15	11.55
2020	1.03	27.91	14.20	36.98	8.23	11.41
2021	1.25	27.73	12.78	38.72	8.27	11.02
2022	1.39	28.40	12.94	38.10	8.28	10.68

（三）新产品开发项目数

截至2022年年末，全国规模以上工业企业新产品开发项目数约为109.40万项，其中私营企业约为67.53万项，占比为61.73%；港澳台商投资企业约为6.21万项，占比为5.67%；外商投资企业约为6.92万项，占比为6.32%（见表7、表9）。

表7 按登记注册类型分规模以上工业企业新产品开发项目数

单位：项

年份	规模以上工企整体	国有企业	有限责任公司	股份有限公司	私营企业	港澳台商投资企业	外商投资企业
2011	266 232	18 350	76 702	38 051	67 557	25 518	35 634
2012	323 448	20 468	90 011	45 631	83 612	30 947	45 486
2013	358 287	10 696	108 132	49 300	103 038	34 247	49 643
2014	375 863	9 074	112 979	50 561	119 467	33 181	47 453

续表

年份	规模以上工企整体	国有企业	有限责任公司	股份有限公司	私营企业	港澳台商投资企业	外商投资企业
2015	326 286	6 912	92 383	43 073	113 439	30 416	38 237
2016	391 872	5 700	110 556	50 236	145 329	36 315	42 326
2017	477 861	5 313	133 898	58 706	188 834	43 324	46 261
2018	558 305	2 466	142 539	63 899	253 782	44 253	50 187
2019	671 799	3 494	156 913	68 678	338 247	48 400	54 666
2020	788 125	6 414	149 703	66 290	452 380	52 612	58 825
2021	958 709	7 923	170 067	69 399	583 300	59 539	66 476
2022	1 093 975	9 026	197 998	78 228	675 331	62 068	69 185

增速方面，2022年全国规模以上工业企业新产品开发项目数相比2021年增长了14.11%，各类型企业中有限责任公司增速最快，为16.42%，私营企业次之，为15.78%，国有企业为13.92%，外商投资企业为4.08%，港澳台商投资企业为4.25%。

2012—2017年，规模以上工业企业新产品开发项目数年均增速8.12%，私营企业年均增速17.70%，在各类型企业中增速最快，港澳台商投资企业为6.96%，外商投资企业为0.34%。

2017—2022年，规模以上工业企业新产品开发项目数年均增速18.02%，私营企业年均增速29.03%，在各类型企业中增速最快，国有企业次之，为11.18%，港澳台商投资企业为7.46%，外商投资企业为8.38%（见表8）。

表8 按登记注册类型分规模以上工业企业新产品开发项目数增长情况

单位：%

年份	规模以上工企整体	国有企业	有限责任公司	股份有限公司	私营企业	港澳台商投资企业	外商投资企业
2012	21.49	11.54	17.35	19.92	23.77	21.28	27.65
2013	10.77	−47.74	20.13	8.04	23.23	10.66	9.14
2014	4.91	−15.16	4.48	2.56	15.94	−3.11	−4.41

续表

年份	规模以上工企整体	国有企业	有限责任公司	股份有限公司	私营企业	港澳台商投资企业	外商投资企业
2015	-13.19	-23.83	-18.23	-14.81	-5.05	-8.33	-19.42
2016	20.10	-17.53	19.67	16.63	28.11	19.39	10.69
2017	21.94	-6.79	21.11	16.86	29.94	19.30	9.30
2018	16.83	-53.59	6.45	8.85	34.39	2.14	8.49
2019	20.33	41.69	10.08	7.48	33.28	9.37	8.92
2020	17.32	83.57	-4.59	-3.48	33.74	8.70	7.61
2021	21.64	23.53	13.60	4.69	28.94	13.17	13.01
2022	14.11	13.92	16.42	12.72	15.78	4.25	4.08
年均增速							
2012—2017	8.12	-23.64	8.27	5.17	17.70	6.96	0.34
2017—2022	18.02	11.18	8.14	5.91	29.03	7.46	8.38

表9 按登记注册类型分规模以上工业企业新产品开发项目数占比情况

单位：%

年份	国有企业	有限责任公司	股份有限公司	私营企业	港澳台商投资企业	外商投资企业
2011	6.89	28.81	14.29	25.38	9.58	13.38
2012	6.33	27.83	14.11	25.85	9.57	14.06
2013	2.99	30.18	13.76	28.76	9.56	13.86
2014	2.41	30.06	13.45	31.78	8.83	12.63
2015	2.12	28.31	13.20	34.77	9.32	11.72
2016	1.45	28.21	12.82	37.09	9.27	10.80
2017	1.11	28.02	12.29	39.52	9.07	9.68
2018	0.44	25.53	11.45	45.46	7.93	8.99
2019	0.52	23.36	10.22	50.35	7.20	8.14
2020	0.81	18.99	8.41	57.40	6.68	7.46
2021	0.83	17.74	7.24	60.84	6.21	6.93
2022	0.83	18.10	7.15	61.73	5.67	6.32

（四）新产品开发经费支出

截至 2022 年年末，全国规模以上工业企业新产品开发经费支出为 25 539.96 亿元，其中私营企业为 10 032.26 亿元，占比 39.28%；港澳台商投资企业为 2 227.48 亿元，占比 8.72%；外商投资企业为 2 740.03 亿元，占比 10.73%（见表 10、表 12）。

表 10 按登记注册类型分规模以上工业企业新产品开发经费支出

单位：亿元

年份	规模以上工企整体	国有企业	有限责任公司	股份有限公司	私营企业	港澳台商投资企业	外商投资企业
2011	6 845.94	463.36	1 989.39	1 247.45	1 117.76	698.50	1 213.08
2012	7 998.54	551.04	2 268.62	1 369.38	1 462.52	812.36	1 394.57
2013	9 246.74	285.41	2 940.39	1 570.38	1 976.26	901.01	1 489.48
2014	10 123.16	270.22	3 252.70	1 654.62	2 316.95	963.95	1 583.27
2015	10 270.83	303.37	3 323.11	1 602.25	2 442.75	993.56	1 507.29
2016	11 766.27	296.08	3 863.57	1 728.89	2 972.69	1 150.84	1 683.72
2017	13 497.84	267.72	4 414.33	2 045.49	3 537.48	1 369.40	1 791.31
2018	14 987.22	84.13	4 843.16	2 188.53	4 501.74	1 393.80	1 944.08
2019	16 985.72	93.58	5 439.47	2 409.07	5 389.68	1 487.57	2 133.88
2020	18 623.78	184.95	5 153.40	2 524.45	6 921.33	1 557.63	2 245.81
2021	22 652.86	264.79	6 047.84	2 848.62	8 898.47	1 998.01	2 556.09
2022	25 539.96	300.70	7 036.02	3 156.53	10 032.26	2 227.48	2 740.03

增速方面，2022 年全国规模以上工业企业新产品开发经费支出相比 2021 年增长了 12.74%，各类型企业中有限责任公司增速最快，为 16.34%，国有企业次之，为 13.56%，私营企业为 12.74%，港澳台商投资企业为 11.48%，外商投资企业为 7.20%。

2012—2017 年，规模以上工业企业新产品开发经费支出年均增速 11.03%，私营企业年均增速 19.32%，在各类型企业中增速最快，港澳台商投资企业为 11.01%，外商投资企业为 5.13%。

2017—2022年，规模以上工业企业新产品开发经费支出年均增速13.60%，私营企业年均增速23.18%，同样在各类型企业中增速最快，港澳台商投资企业次之，为10.22%，外商投资企业为8.87%（见表11）。

表11 按登记注册类型分规模以上工业企业新产品开发经费支出增长情况

单位：%

年份	规模以上工企整体	国有企业	有限责任公司	股份有限公司	私营企业	港澳台商投资企业	外商投资企业
2012	16.84	18.92	14.04	9.77	30.84	16.30	14.96
2013	15.61	−48.21	29.61	14.68	35.13	10.91	6.81
2014	9.48	−5.32	10.62	5.36	17.24	6.99	6.30
2015	1.46	12.27	2.16	−3.17	5.43	3.07	−4.80
2016	14.56	−2.40	16.26	7.90	21.69	15.83	11.71
2017	14.72	−9.58	14.26	18.31	19.00	18.99	6.39
2018	11.03	−68.58	9.71	6.99	27.26	1.78	8.53
2019	13.33	11.23	12.31	10.08	19.72	6.73	9.76
2020	9.64	97.64	−5.26	4.79	28.42	4.71	5.25
2021	21.63	43.17	17.36	12.84	28.57	28.27	13.82
2022	12.74	13.56	16.34	10.81	12.74	11.48	7.20
年均增速							
2012—2017	11.03	−13.44	14.24	8.36	19.32	11.01	5.13
2017—2022	13.60	2.35	9.77	9.06	23.18	10.22	8.87

表12 按登记注册类型分规模以上工业企业新产品开发经费支出占比情况

单位：%

年份	国有企业	有限责任公司	股份有限公司	私营企业	港澳台商投资企业	外商投资企业
2011	6.77	29.06	18.22	16.33	10.20	17.72
2012	6.89	28.36	17.12	18.28	10.16	17.44
2013	3.09	31.80	16.98	21.37	9.74	16.11
2014	2.67	32.13	16.34	22.89	9.52	15.64
2015	2.95	32.35	15.60	23.78	9.67	14.68
2016	2.52	32.84	14.69	25.26	9.78	14.31
2017	1.98	32.70	15.15	26.21	10.15	13.27

续表

年份	国有企业	有限责任公司	股份有限公司	私营企业	港澳台商投资企业	外商投资企业
2018	0.56	32.32	14.60	30.04	9.30	12.97
2019	0.55	32.02	14.18	31.73	8.76	12.56
2020	0.99	27.67	13.55	37.16	8.36	12.06
2021	1.17	26.70	12.58	39.28	8.82	11.28
2022	1.18	27.55	12.36	39.28	8.72	10.73

（五）新产品销售收入

截至2022年年末，全国规模以上工业企业新产品销售收入约为32.80万亿元，其中私营企业约为12.54万亿元，占比为38.24%；港澳台商投资企业约为3.39万亿元，占比为10.32%；外商投资企业约3.81万亿元，占比为11.63%（见表13、表15）。

表13 按登记注册类型分规模以上工业企业新产品销售收入

单位：亿元

年份	规模以上工企整体	国有企业	有限责任公司	股份有限公司	私营企业	港澳台商投资企业	外商投资企业
2011	100 582.72	7 508.76	25 288.56	16 565.71	13 509.56	9 822.02	26 210.03
2012	110 529.77	7 388.61	28 422.16	18 180.76	16 542.84	11 006.81	26 810.02
2013	128 460.69	3 062.54	35 867.43	20 836.73	22 823.73	14 021.68	30 696.85
2014	142 895.30	3 901.19	39 213.25	22 804.54	27 356.50	16 609.04	31 828.04
2015	150 856.55	3 813.69	41 105.83	23 312.79	32 670.45	20 352.93	28 426.29
2016	174 604.15	4 678.37	49 476.18	26 775.59	38 967.56	21 626.00	32 139.07
2017	191 568.69	4 757.12	55 975.54	28 984.54	42 847.15	26 044.23	32 030.28
2018	197 094.07	1 283.48	57 340.87	30 057.21	54 779.58	23 331.53	29 944.75
2019	212 060.26	1 470.90	59 168.99	30 793.88	63 979.17	25 217.77	31 071.00
2020	238 073.66	2 356.99	58 810.24	32 956.51	82 110.01	27 124.40	34 347.30
2021	295 566.70	3 233.11	70 550.27	37 150.65	112 083.17	34 472.73	37 569.48
2022	327 982.97	3 288.76	85 692.22	40 941.28	125 427.93	33 852.29	38 140.88

增速方面，2022年全国规模以上工业企业新产品销售收入相比2021年增长了10.97%，各类型企业中，国有企业增速为1.72%，私营企业为11.91%，港澳台商投资企业为-1.80%，外商投资企业为1.52%。

2012—2017年，规模以上工业企业新产品销售收入年均增速11.63%，私营企业年均增速20.97%，在各类型企业中增速最快，国有企业为-8.43%，港澳台商投资企业为18.80%，外商投资企业为3.62%。

2017—2022年，规模以上工业企业新产品销售收入年均增速11.35%，私营企业年均增速23.96%，在各类型企业中增速最快，国有企业为-7.12%，港澳台商投资企业为5.38%，外商投资企业为3.55%（见表14）。

表14 按登记注册类型分规模以上工业企业新产品销售收入增长情况

单位：%

年份	规模以上工企整体	国有企业	有限责任公司	股份有限公司	私营企业	港澳台商投资企业	外商投资企业
2012	9.89	-1.60	12.39	9.75	22.45	12.06	2.29
2013	16.22	-58.55	26.20	14.61	37.97	27.39	14.50
2014	11.24	27.38	9.33	9.44	19.86	18.45	3.69
2015	5.57	-2.24	4.83	2.23	19.42	22.54	-10.69
2016	15.74	22.67	20.36	14.85	19.27	6.25	13.06
2017	9.72	1.68	13.14	8.25	9.96	20.43	-0.34
2018	2.88	-73.02	2.44	3.70	27.85	-10.42	-6.51
2019	7.59	14.60	3.19	2.45	16.79	8.08	3.76
2020	12.27	60.24	-0.61	7.02	28.34	7.56	10.54
2021	24.15	37.17	19.96	12.73	36.50	27.09	9.38
2022	10.97	1.72	21.46	10.20	11.91	-1.80	1.52
年均增速							
2012—2017	11.63	-8.43	14.52	9.78	20.97	18.80	3.62
2017—2022	11.35	-7.12	8.89	7.15	23.96	5.38	3.55

第九章 民营科技发展——投入持续增长，技术创新提高

表15 按登记注册类型分规模以上工业企业新产品销售收入占比情况

单位：%

年份	国有企业	有限责任公司	股份有限公司	私营企业	港澳台商投资企业	外商投资企业
2011	7.47	25.14	16.47	13.43	9.77	26.06
2012	6.68	25.71	16.45	14.97	9.96	24.26
2013	2.38	27.92	16.22	17.77	10.92	23.90
2014	2.73	27.44	15.96	19.14	11.62	22.27
2015	2.53	27.25	15.45	21.66	13.49	18.84
2016	2.68	28.34	15.34	22.32	12.39	18.41
2017	2.48	29.22	15.13	22.37	13.60	16.72
2018	0.65	29.09	15.25	27.79	11.84	15.19
2019	0.69	27.90	14.52	30.17	11.89	14.65
2020	0.99	24.70	13.84	34.49	11.39	14.43
2021	1.09	23.87	12.57	37.92	11.66	12.71
2022	1.00	26.13	12.48	38.24	10.32	11.63

新产品销售收入/营业收入方面，2012—2017年，全国规模以上工业企业新产品销售收入/营业收入从11.89%增长到16.91%，其中港澳台商投资企业增长最多，从13.64%增长到25.46%，国有企业从9.53%增长到12.37%，私营企业从5.79%增长到11.24%，外商投资企业从18.98增长到22.04%。2022年，全国规模以上工业企业新产品销售收入/营业收入为24.60%，相比2017年提高7.69个百分点，私营企业为25.74%，国有企业为8.84%，港澳台商投资企业为29.75%，外商投资企业为23.26%，相比2017年，私营企业提高最多，提高了14.50个百分点（见表16、表17、表18）。

表16、表17为各类型工业企业2011年以来营业收入及增速情况。

表16 按登记注册类型分规模以上工业企业营业收入

单位：亿元

年份	规模以上工企整体	国有企业	有限责任公司	股份有限公司	私营企业	港澳台商投资企业	外商投资企业
2011	841 830.24	69 029.97	198 771.63	83 554.2	247 277.89	76 367.53	139 936.77
2012	929 291.51	77 520.57	224 155	90 111.65	285 621.48	80 678.2	141 270.58

续表

年份	规模以上工企整体	国有企业	有限责任公司	股份有限公司	私营企业	港澳台商投资企业	外商投资企业
2013	1 038 659.45	53 126.18	285 143.14	101 784.95	342 002.6	88 811.39	154 152.77
2014	1 107 032.52	495 86.34	314 613.56	105 261.09	372 175.7	94 794.89	157 835.19
2015	1 109 852.97	45 201.64	321 610.1	99 630.68	386 394.6	96 925.99	148 771.6
2016	1 158 998.52	40 648.98	344 805.2	103 912	410 188.1	99 172.8	151 220.2
2017	1 133 160.76	38 464.95	347 278.4	111 615.4	381 034.4	102 299.6	145 320.1
2018	1 049 490.5	42 334.5	331 503.5	115 447.5	311 970	101 368.7	143 109.3
2019	1 067 397.2	20 453.6	336 867.7	112 161.6	361 133.2	92 566	141 843.8
2020	1 083 658.4	25 169.9	299 936.6	99 526.3	413 564	95 890.8	147 297.9
2021	1 314 557.29	31 179.2	362 897.3	117 262.2	517 444.3	116 056.1	166 660.1
2022	1 333 214.4	37 204.5	401 017.4	127 014.6	487 258.5	113 777.6	163 997.9

说明：2017年及以前为主营业务收入（下同）。

表17　按登记注册类型分规模以上工业企业营业收入增长情况

单位：%

年份	规模以上工企整体	国有企业	有限责任公司	股份有限公司	私营企业	港澳台商投资企业	外商投资企业
2012	10.39	12.30	12.77	7.85	15.51	5.64	0.95
2013	11.77	−31.47	27.21	12.95	19.74	10.08	9.12
2014	6.58	−6.66	10.34	3.42	8.82	6.74	2.39
2015	0.25	−8.84	2.22	−5.35	3.82	2.25	−5.74
2016	4.43	−10.07	7.21	4.30	6.16	2.32	1.65
2017	−2.23	−5.37	0.72	7.41	−7.11	3.15	−3.90
2018	−7.38	10.06	−4.54	3.43	−18.13	−0.91	−1.52
2019	1.71	−51.69	1.62	−2.85	15.76	−8.68	−0.88
2020	1.52	23.06	−10.96	−11.27	14.52	3.59	3.85
2021	21.31	23.87	20.99	17.82	25.12	21.03	13.14
2022	1.42	19.32	10.50	8.32	−5.83	−1.96	−1.60
年均增速							
2012—2017	4.05	−13.08	9.15	4.37	5.93	4.86	0.57
2017—2022	3.31	−0.66	2.92	2.62	5.04	2.15	2.45

表 18　按登记注册类型分规模以上工业企业新产品销售收入／营业收入

单位：%

年份	规模以上工企整体	国有企业	有限责任公司	股份有限公司	私营企业	港澳台商投资企业	外商投资企业
2011	11.95	10.88	12.72	19.83	5.46	12.86	18.73
2012	11.89	9.53	12.68	20.18	5.79	13.64	18.98
2013	12.37	5.76	12.58	20.47	6.67	15.79	19.91
2014	12.91	7.87	12.46	21.66	7.35	17.52	20.17
2015	13.59	8.44	12.78	23.40	8.46	21.00	19.11
2016	15.07	11.51	14.35	25.77	9.50	21.81	21.25
2017	16.91	12.37	16.12	25.97	11.24	25.46	22.04
2018	18.78	3.03	17.30	26.04	17.56	23.02	20.92
2019	19.87	7.19	17.56	27.45	17.72	27.24	21.91
2020	21.97	9.36	19.61	33.11	19.85	28.29	23.32
2021	22.48	10.37	19.44	31.68	21.66	29.70	22.54
2022	24.60	8.84	21.37	32.23	25.74	29.75	23.26

（六）有效发明专利数

截至 2022 年年末，全国规模以上工业企业有效发明专利数约为 198.11 万件，其中私营企业约为 79.45 万件，占比为 40.10%；港澳台商投资企业约为 13.11 万件，占比为 6.62%；外商投资企业约 14.40 万件，占比为 7.27%（见表 19、表 21）。

增速方面，2022 年全国规模以上工业企业有效发明专利数相比 2021 年增长了 17.09%，各类型企业中国有企业增速最快，为 22.44%，私营企业次之，为 20.07%，港澳台商投资企业为 17.13%，外商投资企业为 11.39%。

2012—2017 年，规模以上工业企业有效发明专利数年均增速 27.50%，私营企业年均增速 32.99%，在各类型企业中增速最快，港澳台商投资企业为 23.78%，外商投资企业为 15.34%。

2017—2022年，规模以上工业企业有效发明专利数年均增速为16.23%，私营企业年均增速为27.93%，在各类型企业中增速最快，港澳台商投资企业为9.90%，外商投资企业为12.15%（见表20）。

表19 按登记注册类型分规模以上工业企业有效发明专利数

单位：件

年份	规模以上工业企业整体	国有企业	有限责任公司	股份有限公司	私营企业	港澳台商投资企业	外商投资企业
2011	201 089	11 076	57 413	35 696	41 366	23 371	29 183
2012	277 196	16 376	79 977	53 543	55 726	28 136	39 759
2013	335 401	10 508	108 529	64 653	74 757	31 086	43 487
2014	448 885	13 468	139 419	92 760	103 775	42 508	55 244
2015	573 765	17 748	178 596	127 392	128 688	58 214	59 862
2016	769 847	23 393	243 148	171 965	180 490	68 740	78 574
2017	933 990	19 778	305 070	210 065	231 855	81 769	81 151
2018	1 094 200	12 259	365 468	206 003	322 578	89 280	97 064
2019	1 218 074	14 497	394 039	226 204	392 786	93 651	95 856
2020	1 447 950	20 760	423 483	249 414	537 734	104 000	110 396
2021	1 691 909	29 564	484 602	268 900	661 711	111 913	129 267
2022	1 981 098	36 197	558 093	310 129	794 492	131 089	143 995

表20 按登记注册类型分规模以上工业企业有效发明专利数增长情况

单位：%

年份	规模以上工业企业整体	国有企业	有限责任公司	股份有限公司	私营企业	港澳台商投资企业	外商投资企业
2012	37.85	47.85	39.30	50.00	34.71	20.39	36.24
2013	21.00	−35.83	35.70	20.75	34.15	10.48	9.38
2014	33.84	28.17	28.46	43.47	38.82	36.74	27.04
2015	27.82	31.78	28.10	37.34	24.01	36.95	8.36
2016	34.17	31.81	36.14	34.99	40.25	18.08	31.26
2017	21.32	−15.45	25.47	22.16	28.46	18.95	3.28
2018	17.15	−38.02	19.80	−1.93	39.13	9.19	19.61
2019	11.32	18.26	7.82	9.81	21.65	4.90	−1.24
2020	18.87	43.20	7.47	10.26	37.04	11.05	15.17

续表

年份	规模以上工业企业整体	国有企业	有限责任公司	股份有限公司	私营企业	港澳台商投资企业	外商投资企业
2021	16.85	42.41	14.43	7.81	23.06	7.61	17.09
2022	17.09	22.44	15.17	15.33	20.07	17.13	11.39
年均增长率							
2012—2017	27.50	3.85	30.70	31.44	32.99	23.78	15.34
2017—2022	16.23	12.85	12.84	8.10	27.93	9.90	12.15

表 21 按登记注册类型分规模以上工业企业有效发明专利数占比情况

单位：%

年份	国有企业	有限责任公司	股份有限公司	私营企业	港澳台商投资企业	外商投资企业
2011	5.51	28.55	17.75	20.57	11.62	14.51
2012	5.91	28.85	19.32	20.10	10.15	14.34
2013	3.13	32.36	19.28	22.29	9.27	12.97
2014	3.00	31.06	20.66	23.12	9.47	12.31
2015	3.09	31.13	22.20	22.43	10.15	10.43
2016	3.04	31.58	22.34	23.44	8.93	10.21
2017	2.12	32.66	22.49	24.82	8.75	8.69
2018	1.12	33.40	18.83	29.48	8.16	8.87
2019	1.19	32.35	18.57	32.22	7.69	7.87
2020	1.43	29.25	17.23	37.14	7.18	7.62
2021	1.75	28.64	15.89	39.11	6.61	7.64
2022	1.83	28.17	15.65	40.10	6.62	7.27

二、全国工商联《2023研发投入前1000家民营企业创新状况报告》中的民营企业创新情况

2023年10月，全国工商联发布了《2023研发投入前1000家民营企业创新状况报告》（以下简称《报告》），《报告》数据源于全国工商

联上规模民营企业调研，调研对象为 8 961 家 2022 年度营收总额在 5 亿元人民币（含）以上的民营企业，选取 2022 年研发费用总额前 1 000 家企业作为样本数据。报告显示，2022 年，研发投入前 1 000 家民营企业总体创新实力增强，体现在更高的研发投入水平、更重视市场牵引的科研组织模式、更丰富的科技成果、更显著的创新绩效。《报告》表明，民营企业是我国研发投入的重要力量，千家民营企业研发费用总额占全国研发经费的四成，同时保持高速增长，研发费用总额复合年均增长率高于全国 11 个百分点。

（一）研发经费情况

从研发经费支出情况看，入围企业研发费用与研发强度持续双增长。2022 年，排序第 1 000 家民营企业的研发费用总额为 1.84 亿元，较上年入围门槛提高 0.39 亿元。研发投入前 1 000 家民营企业的研发费用总额 1.24 万亿元，占全国研发经费投入的 40.14%，占全国企业研发经费支出的 51.75%，同比增长 14.37%，复合年均增长率 23.41%。

（二）研发投入行业分布和重点领域

从研发投入行业分布情况看，入围企业分布在 57 个行业大类。按照研发费用总额排列，排名前五的行业分别是：计算机、通信和其他电子设备制造业（3 000 亿元），互联网和相关服务业（2 422 亿元），电气机械和器材制造业（1 150 亿元），黑色金属冶炼和压延加工业（893 亿元），汽车制造业（750 亿元）。

从重点领域分布来看，以计算机、互联网和软件信息为代表的新一代信息技术领域内企业平均研发强度突出。2022 年，新一代信息技术领域共 215 家企业，研发费用共计 6 106.6 亿元，占比 49.4%。

（三）研发投入区域分布情况

从区域分布来看，东部地区的研发投入水平保持领先位势，研发经费总额突破万亿元。研发投入前1 000家民营企业中，入围企业主要分布在东部地区，共计737家，较上年增加16家，研发费用总计10 722.3亿元，占整体水平的86.8%，占全社会研发经费支出的34.9%。

从省市分布看，浙苏鲁京粤五个省份的入围企业数量较多，五个省份共有610家企业入围。研发费用总额及研发人员的地域分布前三名依旧为广东、浙江、北京。

其中，广东79家入围企业研发费用总额3 553亿元，占全部研发经费的28.8%；浙江183家企业研发费用总额2 362.4亿元，占全部研发费用的19.1%；北京市103家企业研发费用总额1 720亿元，占全部研发费用的14.0%。

（四）专利、商标和标准情况

2022年，研发投入前1 000家民营企业中，有914家填报了有效专利数，累计国内外有效专利合计106.2万件，较去年入围企业增长10.9%。截至2022年，入围企业累计持有国内有效专利89.9万件，国际有效专利16.4万件。其中，国内有效发明专利41.8万件，同比增长66.6%，占入围企业国内有效专利的46.6%，占全国企业国内有效发明专利的17.7%，每亿元研发费用专利量为72.7件；国外有效发明专利总数13.8万件，占入围企业国外有效专利的84.0%，每亿元研发费用专利量为13.3件。单家企业国内有效专利最高95 595件，国内有效发明专利最高44 430件，国外有效专利最高73 590件，国外有效发明专利最高70 078件。

入围企业注册国内有效商标超36万个，国际有效商标超9万个。入围企业中有886家企业注册国内有效商标共计36.2万个、国际有效商标

9.5万个。其中，367家企业有效注册马德里国际商标共计3.3万个；单家企业国内有效商标注册量最高达到28 271个，国际有效商标注册量最高为18 033个，马德里国际商标注册量最高达到13 895个。

入围企业主导或参与制定标准超过2.5万项。其中，有710家主导或参与制定国际、国家、行业标准，总计达到25 437项，最高一家企业参与制定844项标准。参与制定标准超过100项的企业有52家，制定标准总数达到11 491项，占比全部标准的45.3%。371家企业参与制定标准在10~100项，制定标准总数达到12 770项，占全部制定标准的50.4%。另外，研发投入前1 000家民营企业中，有508家企业获得过国家及省级的科技奖励或质量奖。

从科技成果区域分布情况看，国内有效专利数排名前三的省份为广东、浙江、北京。其中，广东省共79家企业，拥有国内有效专利数及有效发明专利数均排名第一，分别为28.7万件、15.9万件，占整体的31.9%、38.0%。

第十章　民企上市公司

——上市数量快增，市值利润双降

2023年是中国股市比较艰难的又一年。主要表现是，各主要股票指数均呈明显下降状态，5 000多只股票，涨少跌多，且相当大部分股票均出现大幅度下降，不少是腰斩。二级市场投资者普遍亏损严重。

2022年和2023年，上证股指分别跌了15%和3.7%以上，深圳股指分别跌了近26%和13.5%，沪深300分别跌了近21.6%和11.4%，创业板分别跌了29.4%和19.4%，科创板分别跌了31.35%和11.24%，万得全A跌了6%。2021年，沪深股市市值91.6万亿元，2022年为78.8万亿元，当年减少12.8万亿元；2023年，沪深股市市值可能损失8%左右，跌了7万亿~8万亿元，其中，散户损失最大。

除了受到国内外宏观经济的严峻形势深刻影响外，这既与2022年的上市公司效益效率普遍偏弱，发展远不及预期有关，更与中国股市的内在体制机制矛盾长期未能解决有关，有些深层次问题在2023年中表现更甚。近几年，中国股市成为全球股市表现最差的股市之一。这与中国经济在世界经济中的地位极不相称，也与中国的实际经济发展状况极不相称，更与上市公司总体上作为中国企业的精华地位极不相称。

2023年9月（上市公司经济数据截至2023年第三季度），沪深京三地上市公司5 287家，比去年同期的4 944家相比增加343家，比2022年全年的5 067家增加了220家，是历年上市公司数量增加数量较多的一年。

2023年，中国上市公司经济效益总体是降中趋稳，与全国整体经济增长水平基本一致。下面，我们简要分析2023年各类经济类型上市公司的生产经营情况。本章中的上市公司数据主要由证券公司有关专家收集整理并提供。

需要特别指出的是，如果将中国上市公司与中国规模以上企业中的大型企业经济数据进行比较，可以看到，就经济总量及影响力而言，全国规模以上的非金融类的102万家（2022年数据）企业是中国3 283万家法人企业（2022年数据，含金融类企业）中的经济主体，而其中的23 573家大型企业（非金融类）又是这103万家企业的主体与脊梁，而4 939家非金融类上市公司（2022年数据，另有128家金融类公司）又是这23 573家大型企业中的主体与脊梁。

2022年，中国的大、中、小、微、个的市场主体的格局是：个体户1亿多户，大中小微法人企业3 283万家，其中规模以上非金融类企业103万家，这其中的非金融类大型企业23 573家，非金融类上市公司4 939家（加上金融类上市公司共5 067家）。这就是当前中国市场经济主体的宝塔型数量结构。

一、上市公司数量稳定增长

2023年9月，全国上市公司5 287家，同比2022年9月的4 944家增加343家，增长6.9%；比2022年全年的5 067家，增长220家。其中，民营企业3 365家，比2022年同期的3 082家，增长283家，增长了9.2%，比2022年全年增长168家。民营企业上市公司占比由2022年的63.09%上升为63.65%（见表1）。

需要说明的是，证券部门对企业类型的划分不同于市场监管总局和国家统计局。这两家部门的企业类型中，没有公众类企业。如果按照国家统计局的企业类型划分，公众类、集体类上市公司基本可以归类为民营上市公司。但是，从数据分析的方便出发，本章仍按证券部门的划分标准，主要分析全国、民营和国有上市公司相关数据。特此说明。

表1 历年各类上市公司数量变化情况（全部）

单位：家，%

	2015年	2016年	2017年	2018年	2019年	2020年	2021年	2022年	2022年9月	2023年9月
全部	2 819	3 044	3 477	3 576	3 767	4 184	4 685	5 067	4 944	5 287
民营企业	1 575	1 752	2 123	2 178	2 251	2 545	2 924	3 197	3 082	3 365
公众企业	115	132	144	154	200	232	252	295	290	298
集体企业	17	19	19	19	21	23	24	24	22	22
国有企业	996	1 016	1 040	1 064	1 122	1 194	1 286	1 352	1 350	1 389
外资企业	87	93	115	124	136	153	161	172	171	184
民企占比	55.87	57.56	61.06	60.91	59.76	60.83	62.41	63.09	62.34	63.65

以上是包含金融类企业的上市公司数据。由于金融类与非金融类公司有许多不可比因素，因此，来专门看看非金融类上市公司的相关数据。以下各节的数据分析，也将突出非金融类上市公司数据分析。

2023年9月，全国非金融类上市公司5 160家，同比增加343家，比2022年全年增加220家。两组数据说明，2023年没有金融类公司上市。其中，非金融类民营上市公司3 348家，同比增加285家，比2022年全年增加170家，民营公司占比为64.9%（见表2）。

表2 历年各类上市公司数量变化（非金融业）

单位：家，%

	2015年	2016年	2017年	2018年	2019年	2020年	2021年	2022年	2022年9月	2023年9月
全部	2 769	2 979	3 400	3 485	3 659	4 062	4 558	4 939	4 817	5 160
民营企业	1 571	1 744	2 113	2 164	2 234	2 522	2 902	3 178	3 063	3 348
公众企业	104	116	127	138	181	210	228	267	261	269

续表

	2015年	2016年	2017年	2018年	2019年	2020年	2021年	2022年	2022年9月	2023年9月
集体企业	17	19	18	18	20	22	23	23	21	21
国有企业	961	976	992	1 005	1 053	1 120	1 208	1 273	1 273	1 310
外资企业	87	92	114	123	135	152	160	172	171	184

大型企业是中国经济的脊梁，上市公司是中国经济的精华。根据统计局数据，2022年，全国规模以上企业（非金融类）总共103万家，其中，大型企业23 573家。就上市公司（非金融类）的经营规模（2022年非金融类上市公司的平均营业收入额为124.74亿元）而言，基本上都是大型企业（2022年全国非金融类大型企业的平均营业收入额为39亿元），因此，将其与全国规模以上大型企业进行对比，具有相当大的实际意义。2022年中国共有4 939家上市公司（非金融类），大约占当年全国23 573家大型企业（非金融类）的21%。这也说明，全国大型企业大约有20%的企业已经成为上市公司（见表3）。

表3 历年按单位规模分组的各类企业总量数据

企业类型	法人单位数（个）				营业收入（亿元）			
	2019年	2020年	2021年	2022年	2019年	2020年	2021年	2022年
规上工业企业	372 822	383 077	408 732	451 362	1057 825	1061 434	1279 227	1379 098
其中：大型企业	8 355	8 117	7 897	8 326	458 003	444 537	524 470	575 813
限上批零住餐业	246 067	277 156	317 504	371 277	638 713	707 817	919 659	1009 819
其中：大型企业	5 704	5 954	5 641	6 111	195 275	194 370	224 795	236 613
规上服务业企业	168 209	173 254	191 029	207 252	218 923	243 018	297 463	320 064
其中：大型企业	6 413	7 940	8 334	9 136	74 999	85 648	100 559	107 083

续表

企业类型	法人单位数（个）				营业收入（亿元）			
	2019年	2020年	2021年	2022年	2019年	2020年	2021年	2022年
三类企业总计	787 098	833 487	917 265	1 029 891	1 915 461	2 012 269	2 496 349	2 708 981
其中：大型企业	20 472	22 011	21 872	23 573	728 277	724 555	849 824	919 509

注：数据来源，中国统计摘要 2020—2023 年。全部为非金融类企业。各类数据为本院加总计算。

金融类企业更是如此。全国大中型的金融公司，银行、保险、证券和信托等金融类大型公司，基本上全部都成了上市公司。2022年，金融类上市公司有128家，其资产、营收、利润和税收总额可能占全国金融类公司企业的80%，甚至更高。

二、上市公司营收增长缓慢

2023年9月底，全国上市公司营业收入534 880亿元，同比2022年9月仅增长2.42%。而2022年9月底上市公司的营业收入下降了26.84%，全年增长9.96%。这反映全国上市公司的增速可能低于全国的非上市公司（见表4）。其中，民营上市公司营收增长8.69%，高于全国水平，营收占比为23.56%，占近1/4；国有上市公司营收增长1.63%，低于全国增长水平，营收占比65.48%，占近2/3%。这说明，国有上市公司是上市公司的绝对主力。其他类型公司的营收和占比相对较小。

表4 历年各类上市公司营业收入和增速情况（全部）

单位：亿元，%

	2015年	2016年	2017年	2018年	2019年	2020年	2021年	2022年	2022年9月	2023年9月
全部公司	293 571	322 786	390 050	451 041	502 443	530 322	649 178	713 844	522 227	534 880
增速		9.9	20.84	15.64	11.40	5.55	22.41	9.96	−26.84	2.42
民营企业	47 266	61 162	82 203	93 4780	101 813	113 609	141 531	163 919	115 967	126 041
增速		29.40	34.40	13.72	8.91	11.59	24.58	15.82	−29.25	8.69

续表

	2015年	2016年	2017年	2018年	2019年	2020年	2021年	2022年	2022年9月	2023年9月
占比	16.1	18.95	21.07	20.73	20.26	21.42	21.8	22.96	22.21	23.56
公众企业	24 393	27 137	32 171	40 488	46 768	56 114	64 514	69 443	51 699	48 161
增速		11.25	18.55	25.85	15.51	19.98	14.97	7.64	−25.55	−6.84
占比	8.31	8.41	8.25	8.98	9.31	10.58	9.94	9.73	9.9	9
集体企业	1 451	1 813	2 427	2 793	3 022	3 416	3 892	4 420	3 174	3 175
增速		24.98	33.89	15.06	8.20	13.06	13.92	13.59	−28.20	0.05
占比	0.49	0.56	0.62	0.62	0.6	0.64	0.6	0.62	0.61	0.59
国有企业	216 809	227 442	263 962	303 634	340 202	345 914	428 247	467 125	344 619	350 248
增速		4.90	16.06	15.03	12.04	1.68	23.80	9.08	−26.23	1.63
占比	73.85	70.46	67.67	67.32	67.71	65.23	65.97	65.44	65.99	65.48
外资企业	2 799	3 501	4 393	5 238	5 552	6 229	7 352	7 604	5 797	6 238
增速		25.11	25.46	19.23	5.99	12.20	18.04	3.42	−23.76	7.61
占比	0.95	1.08	1.13	1.16	1.1	1.17	1.13	1.07	1.11	1.17

再看可比性强的非金融类上市公司情况。2023年9月底，全国上市公司营业收入46.5万亿元，同比2022年9月增长4.3%。其中，民营上市公司营收增长8.75%，高于全国水平，营收占比为26.97%，超过1/4；国有上市公司营收增长3.1%，低于全国增长水平，营收占比64.4%，接近2/3。比较金融类与非金融类上市公司数据，可以看出，2023年金融类公司的营业收入增长幅度低于非金融类公司（见表5）。

表5 历年各类上市公司营业收入和增速（非金融业）

单位：亿元，%

	2015年	2016年	2017年	2018年	2019年	2020年	2021年	2022年	2022年9月	2023年9月
全部公司	237 691	265 310	327 318	378 889	416 504	437 599	549 694	616 100	446 162	465 050
增速		11.62	23.37	15.76	9.93	5.06	25.62	12.08	−27.58	4.23
民营企业	47 161	60 587	81 224	92 814	100 977	112 708	140 651	163 086	115 335	125 429
增速		28.47	34.06	14.27	8.79	11.62	24.79	15.95	−29.28	8.75

续表

	2015年	2016年	2017年	2018年	2019年	2020年	2021年	2022年	2022年9月	2023年9月
占比	19.84	22.84	24.81	24.5	24.24	25.76	25.59	26.47	25.85	26.97
公众企业	10 632	11 920	14 610	21 234	23 686	31 504	39 240	42 124	30 255	29 554
增速		12.12	22.57	45.34	11.55	33.01	24.56	7.35	−28.18	−2.32
占比	4.47	4.49	4.46	5.6	5.69	7.2	7.14	6.84	6.78	6.35
集体企业	1 450	1 813	2 421	2 787	3 016	3 411	3 888	4 425.56	3 171	3 173
增速		24.98	33.53	15.15	8.22	13.09	13.97	13.83	−28.34	0.05
占比	0.61	0.68	0.74	0.74	0.72	0.78	0.71	0.72	0.71	0.68
国有企业	174 797	185 752	219 758	251 441	278 256	278 835	355 042	397 685	290 685	299 688
增速		6.27	18.31	14.42	10.66	0.21	27.33	12.01	−26.91	3.10
占比	73.54	70.01	67.14	66.36	66.81	63.72	64.59	64.55	65.15	64.44
外资企业	2 799	3 501	4 392	5 237	5 551	6 227	7 351	7 604	5 797	6 238
增速		25.08	25.48	19.24	5.99	12.18	18.05	3.44	−23.76	7.61
占比	1.18	1.32	1.34	1.38	1.33	1.42	1.34	1.23	1.3	1.34

如果对比一下上市公司和全国大型企业的营业收入，可以反映上市公司在全国大型公司中的地位。

从表3数据看，2022年，全国非金融类大型企业的营业收入为91.95万亿元，全国非金融类上市公司的营业收入为61.61万亿元，后者相当于前者的67%。即非金融类上市公司的营业收入相当于全国非金融类大型企业营业收入的2/3。可见，全国大型企业是中国经济的脊梁，而上市公司又是大型企业中的脊梁。

全国规上企业数据公布仅有2019—2022年四年数据，可计算三年的平均增长率。即2019—2022年，全国非金融类大型企业营业收入三年平均增长率为8%。同期，上市公司营业收入三年年均增长率为13.9%，高于大型企业增速的一倍。需要特别指出，由于上市公司每年增加的速度及比例高于全国大型企业的增长速度，前者的年均营业收入增速自然高于后者，之间有某些不可比因素。但总体趋势仍是可比的。

三、上市公司利润增长甚微

2023年9月底,全国上市公司净利润4.75万亿元,同比2022年9月仅增长0.21%。而2022年9月底上市公司的净利润下降了15.85%,但全年增长6.14%。这也反映全国上市公司的增速可能低于全国的非上市公司(见表6、表7)。其中,民营上市公司净利润下降了3.13%,降幅高于全国水平,净利润占比为16.8%;国有上市公司净利润增长0.78%,高于全国增长水平,净利润占比68.44%,超过2/3。这说明,国有上市公司是上市公司净利润的绝对主力。其他类型公司的营收和占比相对较小。

如果比较非金融类上市公司的净利润情况,也是差不多的。

表6 历年各类上市公司净利润和增速情况(全部)

单位:亿元,%

	2015年	2016年	2017年	2018年	2019年	2020年	2021年	2022年	2022年9月	2023年9月
全部公司	26 414	29 466	35 848	36 618	40 797	43 053	53 054	56 310	47 385	47 486
增速		3.29	6.48	−0.71	5.79	−5.01	23.23	6.14	−15.85	0.21
民营企业	3 166	4 590	5 796	4 116	4 299	6 744	7 950	8 745	8 243	7 985
增速		30.26	4.22	−30.74	1.15	38.25	17.88	10.00	−5.74	−3.13
占比	11.99	15.58	16.17	11.24	10.54	15.66	14.98	15.53	17.4	16.82
公众企业	2 968	3 157	3 969	4 166	5 646	6 132	5 832	7 060	6 042	6 193
增速		−7.32	15.24	−1.85	4.33	−6.36	−4.90	21.06	−14.42	2.50
占比	11.24	10.72	11.07	11.38	13.84	14.24	10.99	12.54	12.75	13.04
集体企业	99.79	126.35	152.00	172.14	191.52	185.84	148.53	250.67	190.60	194.21
增速		13.30	20.26	13.21	0.73	−11.39	−20.08	68.77	−23.97	1.90
占比	0.38	0.43	0.42	0.47	0.47	0.43	0.28	0.45	0.4	0.41
国有企业	19 860.24	21 173.45	25 313.60	27 610.80	30 204.24	29 694.78	38 378.47	39 722.73	32 248.53	32 501.10
增速		4.52	16.80	6.59	3.73	−7.61	29.24	3.50	−18.82	0.78
占比	75.19	71.86	70.61	75.4	74.04	68.97	72.34	70.54	68.06	68.44
外资企业	267.96	345.03	469.20	448.88	409.36	634.95	682.05	485.11	619.63	554.77
增速		20.29	10.03	−11.18	−17.01	37.96	7.42	−28.87	27.73	−10.47
占比	1.01	1.17	1.31	1.23	1	1.47	1.29	0.86	1.31	1.17

表7 历年各类型上市公司净利润和增速情况一览（非金融业）

单位：亿元，%

	2015年	2016年	2017年	2018年	2019年	2020年	2021年	2022年	2022年9月	2023年9月
全部公司	10 549.89	13 852.35	18 904.00	18 923.55	19 429.29	21 569.22	28 760.05	31 742.55	28 065.59	27 631.39
增速		3.29	6.48	-0.71	5.79	-5.01	33.34	10.37	-11.58	-1.55
民营企业	3 110.58	4 516.96	5 683.97	4 089.96	4 311.62	7 137.26	7 938.82	8 755.74	8 169.23	7 964.79
增速		30.26	4.22	-30.74	1.15	38.25	11.23	10.29	-6.70	-2.50
占比	29.48	32.61	30.07	21.61	22.19	33.09	27.6	27.58	29.11	28.83
公众企业	633.36	722.68	1 115.06	1 029.48	1 446.19	2 085.30	1 687.55	1 742.00	1 650.12	1 508.12
增速		-7.32	15.24	-1.85	4.33	-6.36	-19.07	3.23	-5.27	-8.61
占比	6	5.22	5.9	5.44	7.44	9.67	5.87	5.49	5.88	5.46
集体企业	99.79	126.35	153.72	170.46	190.20	185.02	150.96	252.11	190.18	193.24
增速		13.30	20.26	13.21	0.73	-11.39	-18.41	67.00	-24.57	1.61
占比	0.95	0.91	0.81	0.9	0.98	0.86	0.52	0.79	0.68	0.7
国有企业	6 371.43	8 071.52	11 348.48	13 125.30	13 057.20	11 883.20	18 239.82	20 483.85	17 396.81	17 355.09
增速		4.52	16.80	6.59	3.73	-7.61	53.49	12.30	-15.07	-0.24
占比	60.39	58.27	60.03	69.36	67.2	55.09	63.42	64.53	61.99	62.81
外资企业	267.96	344.08	468.54	448.95	409.05	635.36	681.83	485.11	619.63	554.77
增速		20.29	10.03	-11.18	-17.01	37.96	7.31	-28.85	27.73	-10.47
占比	2.54	2.48	2.48	2.37	2.11	2.95	2.37	1.53	2.21	2.01

下面，我们比较一下非金融类上市公司净利润与全国非金融类大型企业的利润情况。需要注意的是，前者是净利润，即扣税后的利润；后者是利润，是含税的利润。二者不可进行绝对比较。但可以进行相对比较，即基本效益情况及趋势比较。2022年，全国非金融类上市公司的净利润总额为3.17万亿元（户均5.35亿元），同年全国非金融类大型企业的利润总额为6.69万亿元（户均2.84亿元），前者相当于后者的47.4%。如果考虑扣税因素，前者可能相当于后者的60%以上。这也反映了上市公司的利润创造是中国经济的脊梁（见表8）。

表 8　历年全国规模以上企业利润情况

行业	利润总额（亿元）				平均用工人数（万人）			
	2019 年	2020 年	2021 年	2022 年	2019 年	2020 年	2021 年	2022 年
规上工业企业	61 996	64 516	87 092	84 039	7 495	7 318	7 439	7 549
大型企业	28 606	27 951	40 541	39 335	2 496	2 376	2 352	2 381
限上批零住餐业	13 156	13 408	17 440	17 019	1 536	1 525	1 578	1 629
大型企业	7 508	7 448	8 969	8 706	568	546	536	538
规上服务业企业	26 196	25 489	29 150	32 360	3 205	3 508	3 762	3 898
大型企业	11 378	12 939	14 202	18 899	929	1 142	1 216	1 276
各类企业总计	101 348	103 413	133 682	133 418	12 236	12 351	12 779	13 076
大型企业	47 492	48 338	63 712	66 940	3 993	4 064	4 104	4 195

再比较一下二者的平均增长速度。经过计算，2019—2022 年三年，全国非金融类大型企业利润总额的平均增长速度为 12.12%，同期三年，上市公司净利润总额的平均增长速度为 18.8%，增速高于大型企业 50%。这进一步反映上市公司在利润贡献上的独特作用。当然，这里有一些不可比因素，即上市公司每年企业数量的增长明显快于大型企业数量的增长，从而对上市公司利润的增长有更大的推高作用。

四、上市公司资产增长快速

资产是企业竞争的实力体现。截至 2023 年 9 月，全国上市公司资产达到了 415.75 万亿元，同比增长 9.21%，比 2022 年年底增长 7.73%。由此可见，上市公司资产的增速明显高于其营业收入和利润的增速（见表 9）。

非金融类上市公司的情况也类似。非金融类上市公司，2023 年 9 月，资产总额为 102.24 万亿元（户均资产 198 亿元），同比增长 5.81%。其中，民营企业资产 27.1 万亿元（户均资产 81 亿元），同比增长 5.98%，占比为 26.52%；国有企业资产 64.47 万亿元（户均资产 492 亿元），同比增长6.67%，占63.06%。总体看，非金融类上市公司中，国有公司资产占近2/3，民营占1/4强，说明国有企业是上市公司资产的绝对主体（见表10）。

表9 历年各类上市公司总资产及增速情况一览（全部）

单位：万亿元，%

	2015年	2016年	2017年	2018年	2019年	2020年	2021年	2022年	2022年9月	2023年9月
全部公司	172.45	201.93	220.580	241.28	280.82	313.78	347.12	385.92	380.71	415.75
增速		17.10	9.23	9.38	16.39	11.73	10.63	11.18	-1.35	9.21
民营企业	8.56	11.60	14.74	16.78	18.41	21.1	24.4	27.3	26.4	27.99
增速		35.55	27.07	13.90	9.64	14.62	15.50	12.16	-3.29	5.95
占比	4.96	5.74	6.68	6.96	6.55	6.72	7.02	7.08	6.94	6.73
公众企业	21.2	26.2	28.97	31.62	38.41	44.5	49.23	64.78	64.07	68.8
增速		23.52	10.53	9.17	21.46	15.86	10.63	31.61	-1.10	7.38
占比	12.3	12.98	13.13	13.11	13.68	14.18	14.18	16.79	16.83	16.55
集体企业	2 064.14	2 917.64	3 306.76	3 574.28	3 858.12	4 220.27	4 422.99	4 776.98	4 541.12	4 690.57
增速		26.48	13.34	8.09	-2.34	-0.13	4.80	8.00	-4.94	3.29
占比	0.12	0.14	0.15	0.15	0.14	0.13	0.13	0.12	0.12	0.11
国有企业	141.62	162.7	174.96	190.75	221.75	245.8	270.9	291.44	288.03	316.65
增速		12.63	5.05	6.56	10.24	4.15	10.23	7.57	-1.16	9.93
占比	82.12	80.57	79.32	79.06	78.96	78.32	78.04	75.51	75.66	76.16
外资企业	0.56	0.687	0.83	0.95	1.004	1.17	1.34	1.43	1.47	1.58
增速		14.64	-2.59	6.46	-3.61	3.74	14.18	6.87	2.72	7.73
占比	0.32	0.34	0.38	0.39	0.36	0.37	0.39	0.37	0.37	0.38

表10 历年各类上市公司总资产及增速情况（非金融业）

单位：万亿元，%

	2015年	2016年	2017年	2018年	2019年	2020年	2021年	2022年	2022年9月	2023年9月
全部公司	39.68	47.27	54.23	60.86	68.03	76.16	86.69	97.0	96.6	102.24
增速		10.74	0.51	9.48	6.47	0.84	13.83	11.90	-0.40	5.81
民营企业	8.47	11.05	14.2	16.22	17.79	20.29	23.51	26.46	25.59	27.1

续表

	2015年	2016年	2017年	2018年	2019年	2020年	2021年	2022年	2022年9月	2023年9月
增速		17.51	6.08	11.58	6.21	1.02	15.87	12.56	-3.31	5.98
占比	21.34	23.37	26.18	26.66	26.15	26.64	27.12	27.28	26.48	26.52
公众企业	2.3	2.9	3.69	4.67	5.26	6.77	7.77	8.37	8.46	8.38
增速		12.29	15.07	16.81	12.6	10.88	14.83	7.73	1.04	-1.00
占比	5.88	6.18	6.79	7.68	7.74	8.89	8.97	8.64	8.76	8.2
集体企业	0.21	0.29	0.32	0.35	0.38	0.42	0.44	0.48	0.45	0.471
增速		26.48	17.34	8.46	-2.72	-0.39	5.13	8.31	-5.17	3.35
占比	0.52	0.62	0.6	0.58	0.56	0.55	0.51	0.49	0.47	0.45
国有企业	27.82	31.72	34.43	37.88	42.84	46.82	53.08	60.05	60.44	64.47
增速		12.27	6.81	8.60	7.92	2.76	13.38	13.12	0.64	6.67
占比	70.11	67.09	63.5	62.25	62.97	61.48	61.24	61.9	62.55	63.06
外资企业	0.56	0.69	0.83	0.95	1.015	1.17	1.34	1.43	1.47	1.58
增速		15.66	-2.75	6.44	-3.67	3.65	14.21	6.94	2.72	7.73
占比	1.41	1.45	1.52	1.56	1.47	1.54	1.54	1.47	1.52	1.55

如果比较一下上市公司与大型企业的资产，可以显示上市公司资产也是大型企业的主体。2022年，全国非金融类大型企业的资产总额为129.4万亿元，同期全国非金融类上市公司的资产总额为97.0万亿元，后者相当于前者的75%，即3/4。这说明，上市公司资产是中国大型企业资产的绝对主体（见表11）。

再比较一下两类公司近三年的资产增长率情况。2019—2022年，非金融类上市公司资产的年均增长率为12.7%，全国非金融类大型企业资产的年均增长率为10.3%，前者的增速高于后者（见表10、表11）。

表11 历年全国非金融类大型企业资产及负债情况表

单位：亿元

行业	资产总计				负债合计			
	2019年	2020年	2021年	2022年	2019年	2020年	2021年	2022年
规上工业企业	1 191 375	1 267 550	1 412 880	1 561 197	673 950	710 583	792 290	882 994

续表

行业	资产总计				负债合计			
	2019年	2020年	2021年	2022年	2019年	2020年	2021年	2022年
其中：大型企业	569 654	588 348	640 335	707 018	319 066	323 921	350 386	388 703
限上批零住餐业	345 396	398 215	461 493	527 639	247 280	289 021	334 369	383 872
其中：大型企业	118 195	125 782	141 828	157 250	77 550	83 305	93 961	104 592
规上服务业企业	946 045	1 110 158	1 250 301	1 371 473	485 452	593 169	675 132	751 677
其中：大型企业	277 187	340 560	386 547	429 814	136 616	172 202	196 476	224 038
三类企业总计	2 482 816	2 775 923	3 124 674	3 460 309	1 406 682	1 592 773	1 801 791	2 018 543
其中：大型企业	965 036	1 054 690	1 168 710	1 294 082	533 232	579 428	640 823	717 333

五、上市公司部分效益指标比较

比较一下上市公司自身的效益指标，以及将其与全国大型企业都进行比较，是一件有意义的事。

从营业增长速度看，2015—2022年七年时间，非金融类上市公司的每户公司的平均营业收入从85.84亿元上升到124.75亿元，七年年均增长5.45%。这样的增长率可能与全国企业营业收入的增长率相差不大。2019—2022年三年期间，全国非金融类上市公司营业收入从113.83亿元增长到124.74亿元，三年年增3.1%。而2019—2022年三年，非金融类大型户均营收从35.57亿元上升到39亿元，三年年均增长3.1%。二者增速同步（见表3相关营收数据）。

从利润增长速度看，2015—2022年七年时间，非金融类上市公司的每户公司的平均净利润从3.81亿元上升到6.43亿元，七年年均增长7.76%。这样的增长率可能明显高于全国企业利润总额的增长率。2019—2022年三年期间，非金融类上市公司平均每户的净利润从5.31亿元上升到2022

年的 6.43 亿元，三年年均增长 6.6%。同期全国大型企业的户均利润总额从 2.32 万亿元增长到 2.84 万亿元，三年平均增长 7%。二者相差不大（见表 8 相关利润数据）。

表 12 是全部上市公司的有关效益数据表，供参考。

从表 12 可见，2015—2022 年七年时间中，上市公司的户均营业收入年均增长 4.4%，户均净利润年均增长 2.46%，户均总资产的年均增长率为 3.2%，总资产净利率在 4% 上下波动，亏损面在 15%~20% 波动，营业净利率在 7% 上下波动。总体看，上市公司的营收、资产和利润指标增长率并不高，总资产净利率和营业净利率相对较高。

表 12　上市公司效益指标

单位：亿元，%

	2015年	2016年	2017年	2018年	2019年	2020年	2021年	2022年	2022年9月	2023年9月
营收均值	104.14	106.04	112.18	126.13	133.38	126.75	138.57	140.88	105.63	101.17
营收均值增速		1.83	5.79	12.43	5.75	−4.97	9.32	1.67	−25.02	−4.22
净利润均值	9.37	9.68	10.31	10.24	10.83	10.29	11.32	11.11	9.58	8.98
净利润均值增速		3.29	6.48	−0.71	5.79	−5.01	10.05	−1.86	−13.76	−6.29
盈利企业占比	86.84	91.59	92.75	86.35	86.73	84.85	83.93	79.24	81.98	80.12
总资产均值	611.73	663.38	634.4	674.72	745.49	749.95	740.92	761.64	770.04	786.38
总资产均值增速		8.44	−4.37	6.36	10.49	0.60	−1.20	2.80	1.10	2.12
资产负债率均值	43.83	42.3	42.07	45.05	46.04	48.09	43.30	42.10	41.77	41.05
总资产净利率中位数	3.44	3.85	4.4	3.61	3.59	3.89	4.32	3.51	2.73	2.34
营业净利率中位数	6.6	7.91	8.38	7.05	6.98	7.69	7.69	6.52	7.11	6.57

注：此表是全国上市公司数据表。供参考用。

第十一章　民企最强五百
——资产营收上升，盈利水平下降

2023年，各大企业"500强"榜单显示，上榜民营企业总体规模有所提升，产业结构不断优化，在困境中展现出了较强的韧性和发展潜力。由于2023年各类"企业500强"榜单排名的依据均为2022年企业的经营数据，受2022年复杂多变的国际环境和新冠肺炎疫情等超预期因素冲击，尽管多数上榜企业营收继续保持增长态势，但也有不少企业营收、利润、上市公司市值等指标有所下滑，有些企业甚至在各项榜单中消失。

从所有制结构来看，"2023中国企业500强"上榜企业中民营企业较上年增加2家，为244家，国有企业256家；"《财富》世界500强"中国大陆上榜企业132家，其中国有企业97家，较上年减少2家，民营企业35家，较上年增加1家。

一、2023年中国民营企业500强

2023年9月12日，全国工商联发布了"2023年中国民营企业500强"榜单及调研报告。"2023年中国民营企业500强"榜单排名及数据分析依据的均为参加排名的企业2022年的经营数据。

榜单及调研报告显示，2022年，民营企业500强的规模稳步增长、产业结构调整优化、创新能力持续提升，资产、营收较上年稳中有升，但受国内外多种因素影响，500强企业利润、经营效益等较上年有所下降。

（一）民营企业 500 强入围门槛

2022 年民营企业 500 强营收的入围门槛为 275.78 亿元，较 2021 年加了 12.11 亿元，增幅为 4.39%（见图 1）。

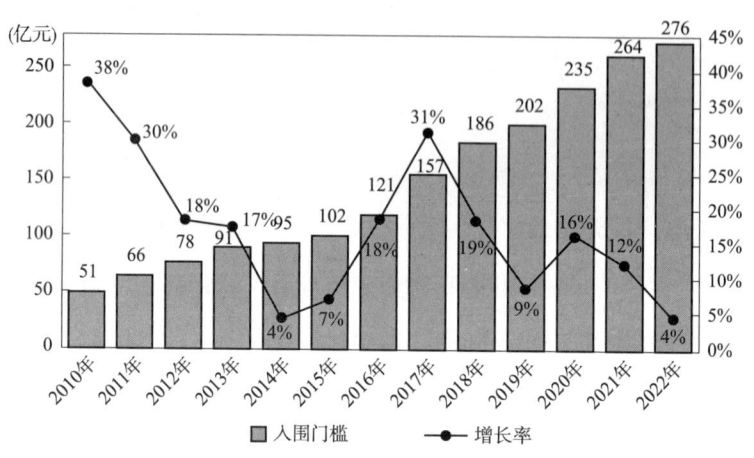

图 1　2010—2022 年民营企业 500 强入围门槛变化情况

说明：民营企业 500 强数据均源自 2011—2023 年全国工商联经济部发布的《中国民营企业 500 强调研分析报告》，本章同。

（二）民营企业 500 强营收情况

2022 年，民营企业 500 强的营业收入总额为 398 329.44 亿元，增速为 3.94%，500 强企业户均营收 796.66 亿元（见图 2）。

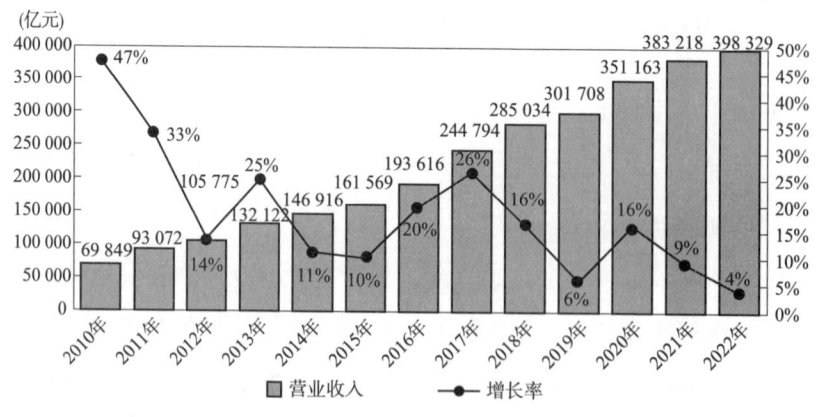

图 2　2010—2022 年民营企业 500 强营业收入变化情况

2022年，有95家企业营业收入总额超过1 000亿元（含）；141家企业营业收入总额在500亿元至1 000亿元之间；264家企业的营业收入总额在100亿元至500亿元之间（见表1）。

表1　2015—2020年民营企业500强营业收入结构

单位：亿元，家

营业收入总额标准	企业数量							
	2022年	2021年	2020年	2019年	2018年	2017年	2016年	2015年
≥ 1000	95	87	78	57	56	42	27	22
≥ 500＜1000	141	118	116	106	85	91	64	45
≥ 100＜500	264	295	306	337	359	367	409	433

京东集团排名第1，2022年营收总额为10 462.36亿元。榜单前20名的情况见表2。

表2　2021年民营企业500强营业收入前20家

单位：亿元

2022年排名	2021年排名	企业名称	2022年营业收入	2021年营业收入
1	1	京东集团	10 462.36	9 515.92
2	2	阿里巴巴	8 645.39	8 634.05
3	3	恒力集团	6 117.57	7 323.45
4	4	正威国际	6 087.60	7 227.54
5	10	浙江荣盛	5 796.18	4 483.18
6	6	腾讯控股	5 545.52	5 601.18
7	11	山东魏桥	5 039.88	4 111.35
8	9	万科企业	5 038.38	4 527.98
9	8	联想控股	4 836.63	4 898.72
10	26	比亚迪股份	4 240.61	2 161.42
11	15	盛虹控股	4 120.23	3 479.79
12	12	浙江吉利	4 062.69	3 603.16
13	17	浙江恒逸	3 856.62	3 288.00
14	13	青山控股	3 680.28	3 520.18
15	16	美的集团	3 457.09	3 433.61

续表

2022年排名	2021年排名	企业名称	2022年营业收入	2021年营业收入
16	61	宁德时代	3 285.94	1 303.56
17	-	敬业集团	3 074.46	2 379.01
18	19	江苏沙钢	2 864.65	3 027.56
19	18	小米通讯	2 800.44	3 283.09
20	22	新希望控股	2 786.64	2 526.52

（三）民营企业500强资产总额情况

2022年，民营企业500强的企业资产总额合计为463 075.60亿元，较上年增长11.21%，户均资产总额926.15亿元（见图3）。

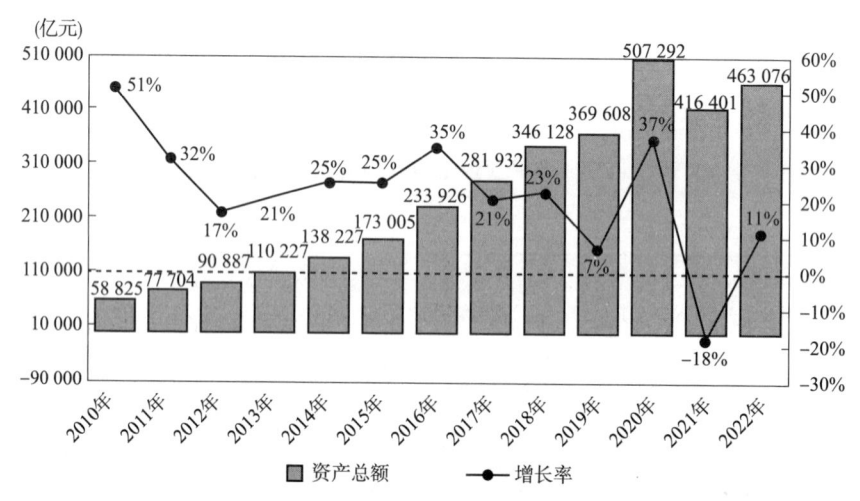

图3 2010—2022年民营企业500强资产总额变化情况

2022年，民营企业500强中资产总额突破1 000亿元的有86家企业，比上年减少2家；资产总额在100亿元至1 000亿元之间的有347家；资产总额在50亿元至100亿元之间的有45家，资产总额小于50亿元的有22家（见表3）。其中，中国民生银行股份有限公司、阿里巴巴（中国）有限公司、万科企业股份有限公司、腾讯控股有限公司、泰康保险集团股份有限公司5家企业资产总额超过万亿元。榜单中除银行等金融机构外资产总额排名前 10 的企业见表 4。

表 3　2015—2021 年民营企业 500 强资产总额结构表

单位：亿元，家

资产总额标准	企业数量							
	2022 年	2021 年	2020 年	2019 年	2018 年	2017 年	2016 年	2015 年
≥ 1000	86	88	98	80	76	61	50	34
≥ 100 < 1000	347	336	332	336	339	338	318	287
≥ 50 < 100	45	48	47	53	59	72	78	99
< 50	22	28	23	31	26	29	54	80

表 4　2022 年年末民营企业 500 强资产总额前 10 的企业（不含金融机构）

单位：亿元

500 强榜单中排名		企业名称	2022 年资产	2021 年资产
2022 年排名	2021 年排名			
2	3	阿里巴巴	17 721.24	17 605.67
3	2	万科企业	17 571.24	19 386.38
4	4	腾讯控股	15 781.31	16 123.64
6	8	复星国际	8 231.46	8 063.72
7	9	联想控股	6 810.74	6 806.86
8	27	宁德时代	6 009.52	3 076.67
9	12	京东集团	5 952.50	4 965.07
10	11	浙江吉利	5 606.77	5 182.29
11	13	蚂蚁科技集团	5 259.11	4 899.98
12	30	比亚迪股份	4 938.61	2 957.80

（四）民营企业 500 强税后净利润情况

2022 年，民营企业 500 强税后净利润总额为 16 438.27 亿元，较 2021 年降低 4.86%（见图 4）。

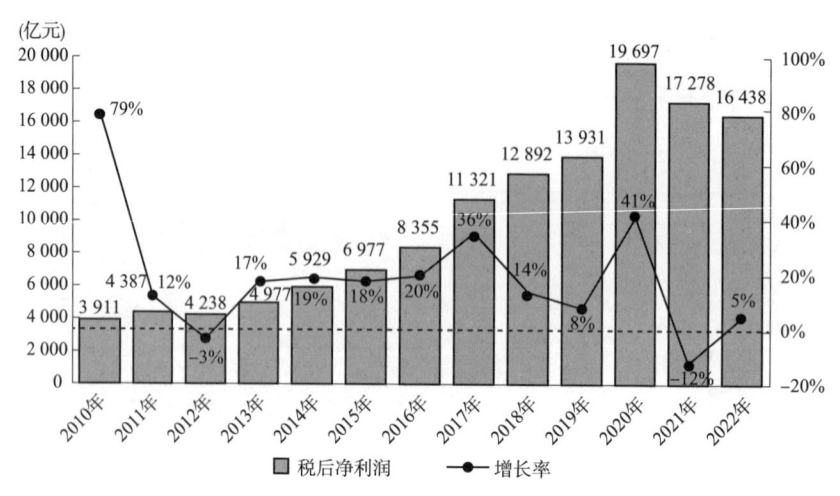

图 4　2010—2022 年民营企业 500 强税后净利润增长情况

（五）民营企业 500 强经营效益情况

从盈利能力看，民营企业 500 强的销售净利率、资产净利率、净资产收益率等都不同程度有所下降。2022 年（年末）民营企业 500 强销售净利率为 4.13%，资产净利率为 3.67%，净资产收益率为 10.81%（见图 5）。

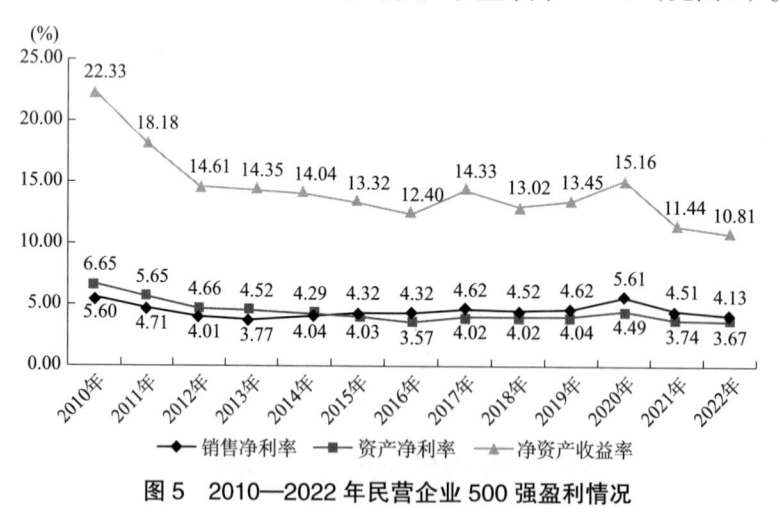

图 5　2010—2022 年民营企业 500 强盈利情况

（六）民营企业 500 强经营效率情况

从经营效率看，民营企业 500 强的人均营业收入较上年有所增加，总资产周转率、人均净利润较上年有所下降。2022年（年末），民营企业500强人均营业收入为363.04万元，人均净利润为14.98万元，总资产周转率为88.86%（见图6）。

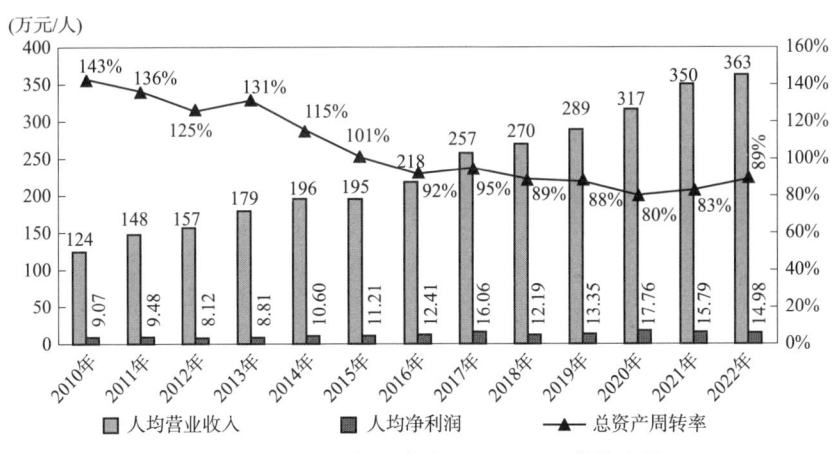

图6　2010—2022年民营企业500强经营效率情况

二、"2023中国企业500强"中的民营企业

2023年9月20日，中国企业联合会、中国企业家协会以2022年企业营业收入为主要依据，发布了"2023中国企业500强"榜单。"2023中国企业500强"入围门槛（营业收入）由上年的446.25亿元升至469.98亿元，提高23.73亿元。500强企业2023年营收总额达到108.36万亿元，较上年增长5.74%。其中，其中有16家企业营业收入超过1万亿元，国家电网、中国石油、中国石化营业收入超过3万亿元，中国建筑的营业收入超过2万亿元。营业收入超过1 000亿元的共254家，较上年增加10家。

"2023中国企业500强"实现净利润42 938.90亿元，比上年500强减少3.80%。

500强企业资产总额达到399.77万亿元，比上年增加了27.24万亿元，增长 7.31%。2021 中国企业 500 强员工总数为 3 281.53 万人，在经历上年下降后出现小幅反弹，较上年 500 强企业增加 38.18 万人，增幅为 1.18%，500 强企业对全国城镇就业（45 931 万人）的贡献比为 7.14%。

从所有制来看，"2023 中国企业 500 强"上榜企业中民营企业较上年增加 2 家，为 244 家，国有企业 256 家，国有企业和民营企业分别占 500 强企业数量的 51.2% 和 48.8%（见图 7）。

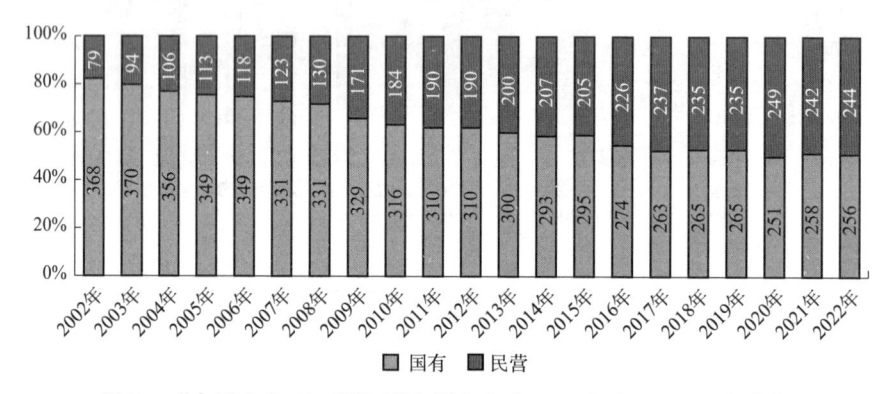

图 7 "中国企业 500 强"所有制分布（2002 年度至 2022 年度）

说明：1. 数据来源于中国企业联合会、中国企业家协会联合发布的历年《中国企业 500 强发展报告》；2. 2002 年度至 2008 年度，"中国企业 500 强"中还有部分外资企业，这几年民营企业与国有企业数量之和小于 500 家。

"2023 中国企业 500 强"上榜的 244 家民营企业的营业收入总额约为 33.49 万亿元，净利润约为 1.24 万亿元，资产总额约为 64.54 万亿元；员工总数 930 万人。尽管民营企业在上榜数量上几近一半，但是与国有企业的差距仍然较大，在营业收入、净利润、资产总额、员工数等指标上，分别只占 500 强的 30.9%、28.2%、16.1%、28.6%（见表 5）。

表 5 "2023 中国企业 500 强"国有、民营企业主要总量指标

单位：亿元，家，万人，%

所有制	企业数	营业收入	净利润	资产总额	员工数
全国	500	1 083 624	42 939	3 997 676	3 282
全国户均		2 167.25	85.88	7 995.35	6.56

续表

所有制	企业数	营业收入	净利润	资产总额	员工数
国有	256	748 700	30 521	3 352 300	2 352
国有占比	51.2	69.1	71.8	83.9	71.37
国有户均		2 924.61	119.22	13 094.92	9.19
民营	244	334 924	12 418	645 376	930
民营占比	48.8	30.9	28.2	16.1	28.6
民营户均		1 372.64	50.89	2 644.98	3.81

说明：占比、户均数据为作者根据《中国企业500强发展报告2023》公布的数据计算得出。

人均营收方面，上榜企业的人均营收为330.17万元，全部上榜民营企业为360.13万元，全部上榜国有企业为318.32万元。人均净利润方面，上榜企业的人均净利润为13.08万元，全部上榜民营企业为12.98万元，全部上榜国有企业为13.35万元。人均资产方面，上榜企业的人均资产为1 218.06万元，全部上榜民营企业为693.95万元，全部上榜国有企业为1 425.30万元。（见表6）

表6 "2023中国企业500强"国有、民营企业人均指标

单位：万元

所有制	人均营收	人均净利润	人均资产
全国	330.17	13.08	1 218.06
国有	318.32	12.98	1 425.30
民营	360.13	13.35	693.95

说明：人均数据为作者根据《中国企业500强发展报告2023》公布的数据计算得出。

营收净利润率方面，上榜企业的营收净利润率为3.96%，全部上榜民营企业为3.71%，全部上榜国有企业为4.08%。资产净利润率方面，上榜企业的资产净利润率为1.07%，全部上榜民营企业为1.92%，全部上榜国有企业为0.91%（见表7）。

表7 "2023中国企业500强"企业营收净利润率和资产净利润率

单位：亿元，%

	营收总额	净利润总额	资产总额	营收净利润率	资产净利润率
全部	1 083 624	42 939	3 997 676	3.96	1.07
国有企业	748 700	30 521	3 352 300	4.08	0.91
民营企业	334 924	12 418	645 376	3.71	1.92

说明：营收净利润率和资产净利润为作者根据《中国企业500强发展报告2023》公布的数据计算得出。

三、2023年《财富》世界500强中的中国民营企业

北京时间2022年8月2日，财富中文网公布了2023年度《财富》世界500强排行榜，中国（含香港、台湾）上榜企业142家（其中中国大陆地区132家、中国台湾地区7家、中国香港地区3家），虽然相比去年减少3家，但数量继续位居各国之首。

大陆上榜的132家企业中，国有企业97家，比去年减少2家，其中：国务院国资委监管的央企（含招商局集团旗下的招商银行）46家；地方国资委监管的地方国企39家；财政部监管的金融等企业11家，另有福建的兴业银行。民营企业35家，比去年增加1家。本书作者根据财富中文网公布的世界500强企业的营业收入和利润数据，对上榜中国企业进行了分类和排序，对相关数据进行了计算和分析。

132家中国内地企业营业收入总和约为11.15万亿美元，约占全部上榜企业约41万亿美元营业收入总和的27.20%，35家民营企业营业收入总和约为2.2万亿美元，约占全部上榜企业营业收入总和的5.37%。上榜的中国内地企业的利润总和约为5 216亿美元，占全部上榜企业约2.9万亿美元利润总和的17.99%，上榜的中国民营企业利润总和约为1 017亿美元，占全部上榜企业利润总和的3.51%。

500强名单排名前10的企业中，中国企业3家，比去年减少1家，

这3家企业分别为：排名第3的国家电网有限公司、排名第5的中国石油天然气集团有限公司和排名第6的中国石油化工集团有限公司。上年排名第9的中国建筑集团，今年排名跌出前10，排名第13。民营企业中排名最高的为中国平安保险（集团）股份有限公司，排名第33位，较去年下降8位。

新上榜和重新上榜公司中，共有6家中国大陆企业，其中国有企业3家，分别为广州工业投资控股集团有限公司、广东省广新控股集团有限公司、陕西建工控股集团有限公司；民营企业3家，分别为宁德时代新能源科技股份有限公司、美团、通威集团有限公司。新上榜的民营企业方面：宁德时代是中国领先的新能源汽车动力电池制造商，成立于2011年，总部位于福建省宁德市，是全球最大的动力电池制造商之一，也是中国新能源汽车产业的重要支柱企业之一；美团成立于2010年，是一家科技零售公司，作为生活服务平台，美团以餐饮外卖等高频服务为核心业务，以生活和酒旅的低频服务为辅助，还有其他创新业务；通威集团是深耕绿色农业、绿色能源的大型跨国集团公司，拥有海内外300余家分、子公司，员工近6万人，在新能源主业方面，通威集团已成为拥有从上游高纯晶硅生产、中游高效太阳能电池片和高效组件生产、到终端光伏电站建设与运营的垂直一体化光伏企业，是全球光伏行业首家世界500强企业。

民营企业方面，从上榜企业的排名来看，除新上榜和再上榜企业外，10家排名上升，22家排名下降。上升幅度较大的5家企业是比亚迪股份、敬业集团、顺丰控股、浙江荣盛、山东魏桥，它们的排名分别上升了224位、66位、64位、44位、27位。北京建龙重工、小米集团、泰康保险、碧桂园控股、江苏沙钢5家企业的下降幅度较大，分别下降了102位、94位、85位、68位、57位。互联网巨头京东、阿里巴巴和腾讯在今年榜单的排名均有下降，分别下降了6位、13位和26位，位列第52位、第68位和第147位。

去年上榜的海亮集团和珠海格力则没有进入今年的榜单（见表8）。

表8　2023年《财富》世界500强中的中国民营企业

单位：百万美元，%

今年排名	上年排名	公司名称	营业收入	利润	营收利润率
33	25	中国平安保险	181 565.80	12 453.80	6.86
52	46	京东集团	155 533.30	1 543.10	0.99
68	55	阿里巴巴	126 812.50	10 625.00	8.38
111	96	华为	95 489.90	5 282.50	5.53
123	75	恒力集团	90 943.70	356.40	0.39
124	76	正威国际	90 498.20	1 496.90	1.65
136	180	浙江荣盛	86 166.00	169.90	0.20
147	121	腾讯控股	82 439.60	27 984.20	33.95
157	150	太平洋建设	79 478.30	5 188.40	6.53
172	199	山东魏桥	74 922.80	931.20	1.24
173	178	万科企业	74 900.50	3 362.40	4.49
206	138	碧桂园控股	63 978.90	−899.70	−1.41
212	436	比亚迪股份	63 040.80	2 471.10	3.92
217	171	联想集团	61 946.90	1 607.70	2.60
222	241	盛虹控股	61 251.20	427.70	0.70
225	229	浙江吉利	60 395.80	945.00	1.56
244	264	浙江恒逸	57 332.40	−153.30	−0.27
257	238	青山控股	54 711.10	1 457.40	2.66
278	245	美的集团	51 393.00	4 393.40	8.55
292		宁德时代	48 848.70	4 568.20	9.35
313	299	苏商建设	46 137.80	1 357.40	2.94
320	386	敬业集团	45 704.90	329.40	0.72
329	273	中国民生银行	44 581.50	5 243.10	11.76
348	291	江苏沙钢	42 784.20	557.50	1.30
360	266	小米集团	41 631.30	367.80	0.88
363	356	新希望控股	41 426.20	7.80	0.02
377	441	顺丰控股	39 765.10	917.80	2.31
402	412	龙湖集团	37 249.00	3 621.70	9.72
419	405	海尔智家	36 200.70	2 186.90	6.04

续表

今年排名	上年排名	公司名称	营业收入	利润	营收利润率
431	346	泰康保险	34 836.90	1 614.90	4.64
451	469	上海德龙钢铁	33 534.00	253.40	0.76
465	363	北京建龙重工	32 878.30	229.10	0.70
467		美团	32 698.50	−994.00	−3.04
476		通威集团	31 944.40	1 637.10	5.12
500	453	新疆广汇	30 922.30	159.10	0.51

说明：排名、营收及利润数据为财富中文网网站公布，营收利润率为作者计算。

从上榜企业的营收来看，132家中国内地企业中，97家国有企业营业收入总额约为89 117亿美元，占中国内地企业的80%；35家民营企业营业收入总额约为22 339亿美元，占中国内地企业的20%，民企国企占比与去年基本持平。营收排名第一的国有企业为国家电网，营业收入约为5 300亿美元，民营企业中列第1位的是中国平安保险（集团）股份有限公司，营业收入约为1 816亿美元；国有企业前10位的营业收入之和约为29 049亿美元，民营企业前10位的营业收入之和约为10 638亿美元，民营企业前10的营业收入之和为国有企业前10营业收入之和的36.62%。相关数据见表9。

表9　2023年《财富》世界500强中国内地企业有关数据

	民营企业	国有企业	民企/国企（%）
企业数量（家）	35	97	36.08
营收总额（百万美元）	2 233 944.50	8 911 720.60	25.07
利润总额（百万美元）	101 700.30	419 870.20	24.22
营收第1位（百万美元）	181 565.80	530 008.80	34.26
营收前10位（百万美元）	1 063 850.10	2 904 911.80	36.62
利润第1位（百万美元）	27 984.20	53 589.30	52.22
亏损数量（家）	3	3	100.00
亏损额（百万美元）	2 047.00	911.40	224.60

说明：营收第1位、营收前10位、利润第1位的绝对值数据为财富中文网网站公布，其他数据为作者根据网站公布数据进行分类、排序后计算得出。

中国内地进入榜单的金融类企业有18家，其中民营企业有3家，为中国平安保险、中国民生银行和泰康保险集团。这18家金融企业的利润总额约为2 622亿美元，约占全部上榜中国内地132家企业利润总额的50.28%。

营收利润率方面，上榜中国内地企业的营收利润率为4.68%，其中金融企业的营收利润率为15.59%，除金融业外企业为2.74%；全部上榜民企为4.55%，其中金融类企业为7.40%，除金融业外民企为4.18%；全部上榜国企为4.71%，其中金融类企业为17.09%，除金融业外国企为2.36%（见表10）。

表10　2023年《财富》世界500强中国内地企业营收利润率

单位：百万美元，%

	营收总额	利润总额	营收利润率
全部上榜企业	11 145 665.10	521 570.50	4.68
其中：金融企业	1 682 276.00	262 227.10	15.59
除金融业外企业	9 463 388.90	259 343.40	2.74
全部上榜民企	2 233 944.50	101 700.30	4.55
其中：上榜金融民营企业	260 984.20	19 311.80	7.40
除金融业外民营企业	1 972 960.30	82 388.50	4.18
全部上榜国企	8 911 720.60	419 870.20	4.71
其中：上榜金融国企	1 421 292.00	242 915.30	17.09
除金融业外国企	7 490 428.60	176 954.90	2.36

说明：以上数据均为作者根据财富中文网网站公布数据进行分类、排序后计算得出。

第十二章　民企富豪榜单

——财富集体缩水，资本寻找新路

党的十九大以来，我国经济繁荣发展，民营企业财富稳健增长，企业家群体不断扩大，不断刷新各大富豪榜记录，上榜人数、富豪财富等指标都保持快速增长，这在全世界是独一无二的现象。虽然2020年以来，全球范围内爆发新冠肺炎疫情等公共事件，对全球消费市场和制造业供应链等都造成了较大挑战，富豪财富也发生了较多的波动，但总体来说，我国的富豪榜主要还是朝着企业家财富不断增加的大方向变化，中国已经连续多年保持全世界亿万富豪第二多的国家，仅次于美国，这是改革开放一项了不起的成就。

2023年的财富榜单主要对2022—2023年的富豪财富进行统计，2022年，由于人民币对美元贬值、大量中概股退市、国内市场在疫情影响下消费疲弱、出口下降等多重因素，导致财富榜集体缩水；2023年，全球经济逐渐走出新冠肺炎疫情影响，但总体需求尚未恢复，又受到国际地缘政治形势等公共事件的叠加冲击，市场预期普遍较为保守，国内证券市场波动较大，经济下行风险加剧，我国企业家财富也出现一定程度的缩水。虽然财富集体缩水，但也要看到，中国经济的基本面依然稳健，中国企业家展现出坚实的韧性，工业制造、消费、大健康、食品饮料等和大众民生关系紧密的行业获得更高增长，坚持主业、坚守实业愈加成为中国企业家的长期发展战略。

一、中国富豪榜

（一）《新财富》500富人榜

党的十九大以来，我国民营企业家财富持续增长，2017—2023年，《新财富》500富人榜的上榜门槛连续提高，从66.1亿元增长到77.6亿元，年均提高2.7%。财富总额由7.9万亿元增至13.5万亿元，年均增长9.3%，人均财富由157.8亿元增至269.0亿元，年均增长9.3%，其中2021年的人均财富为历史最高，2022年稍有回落，但仍居历史高位，2023年各项指标均较前两年大幅下降。百亿富豪人数连续增加，从276人增加到384人，不断刷新历史记录（见表1、图1）。

表1 历年《新财富》500富人榜上榜情况

年份	上榜门槛（亿元）	上榜者财富总额（万亿元）	人均财富（亿元）	百亿富豪人数（人）
2017	66.1	7.9	157.8	276
2018	64.0	9.6	191.4	297
2019	45.0	8.1	162.0	240
2020	63.3	10.7	214.3	315
2021	89.0	17.7	353.0	450
2022	93.7	16.5	330.0	464
2023	77.6	13.5	269.0	384
2015—2023年年均增长率	2.7	9.3	9.3	5.7

数据来源：《新财富》杂志。增长率为本院计算。

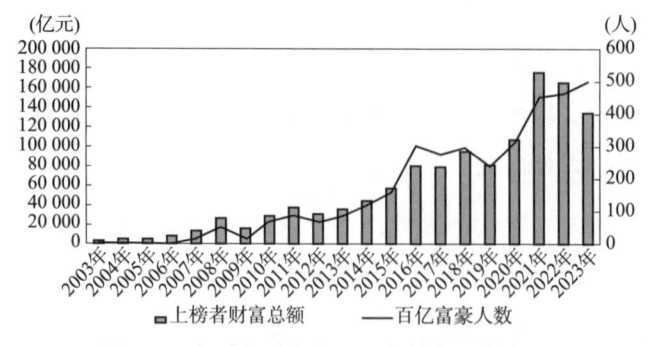

图1 历年《新财富》500富人榜上榜情况

数据来源：《新财富》杂志。

第十二章 民企富豪榜单——财富集体缩水，资本寻找新路

2023年上榜富人财富大幅度缩水。2023年5月16日，《新财富》杂志公布2023年《新财富》500富人榜，主要通过公开的财务数据，对截至2022年年末的中国企业家身家进行统计和估算，榜单财富总额达到13.5万亿元，下降了（同比，下同）18.2%，人均财富达到269亿元，降幅为18.5%；与此同时，上榜门槛由去年的93.7亿元下降至77.6亿元，下降了17.2%；384人上榜，较前两年显著减少。2023年，农夫山泉/万泰生物创始人钟睒睒、今日头条创始人张一鸣、拼多多创始人黄峥分别以4 562.0亿元、3 105.0亿元、2 603.6亿元的财富排在前三位，阿里巴巴创始人马云重回榜单前十，位列第六位（见表2）。

表2　2023年《新财富》500富人榜前十名富人情况

排名	财富（亿元）	姓名	主要公司	主要行业
1	4 562.0	钟睒睒	农夫山泉/万泰生物	矿泉水饮料、医药生物
2	3 105.0	张一鸣	今日头条	推荐引擎产品、短视频
3	2 603.6	黄峥	拼多多	电商
4	2 389.5	马化腾	腾讯控股	互联网综合服务
5	2 243.2	曾毓群	宁德时代	动力电池
6	1 469.8	马云	阿里巴巴	互联网综合服务
7	1 468.5	丁磊	网易	互联网综合服务
8	1 436.6	王卫	顺丰控股	物流
9	1 392.6	秦英林/钱瑛	牧原股份	畜禽养殖
10	1 378.2	何享健家族	美的集团	家电

需要指出的是，在全球经济增速放缓、国内经济下行的大背景下，2023年我国富豪（尤其是千亿元以上）财富缩水，社会整体财富也在缩减，说明大环境的负面影响已经从中小企业传导至大企业。

（二）胡润百富榜

2023年胡润百富榜。2023年10月24日，胡润研究院发布《2023胡润百富榜》，对截至2023年9月1日的中国企业家财富进行估算和排名。

上榜企业家财富总额23.5万亿元，同比下降4%，上榜人数1241人，比去年减少64人，平均财富为189.4万亿元（本院计算）。其中，898位企业家财富比去年缩水或保持不变，占上榜总人数的72.4%，179位今年落榜。农夫山泉创始人钟睒睒以4500亿元身价连续第三年位列中国首富，腾讯创始人马化腾以2800亿元位列第二；拼多多创始人黄峥身家2700亿元，上涨59%，跃居第三（见表3、图2）。

表3 《2023胡润百富榜》前十名情况

排名	姓名	财富（亿元）	涨幅	年龄	公司
-1	钟睒睒	4500	-1%	69	养生堂
↑2	马化腾	2800	30%	52	腾讯
↑3	黄峥	2700	59%	43	拼多多
↓4	曾毓群	2500	9%	55	宁德时代
↓5	张一鸣	2450	0%	40	字节跳动
-6	丁磊	2400	23%	52	网易
↓7	李嘉诚、李泽钜父子	2100	-5%	95、59	长江实业
↓8	何享健家族	2000	5%	81	美的
*9	李书福家族	1750	30%	60	吉利
↓10	马云家族	1700	-6%	59	阿里系

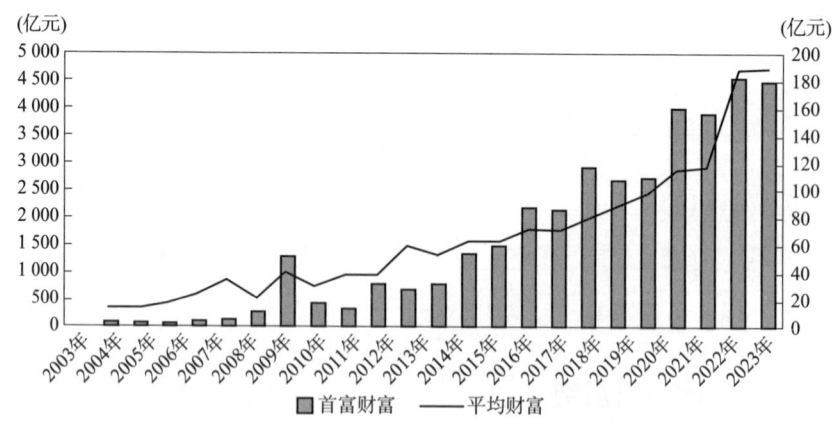

注：↑对比去年排名上升，↓对比去年排名下降，*对比去年新进入前十名。

图2 历年《胡润百富榜》入榜财富情况

从财富量级来看，今年上榜的十亿美金企业家有895人，百亿元人民币企业家有628人，千亿元人民币企业家有30人，都较前两年显著减少（见表5）。

上榜企业家行业分布情况。2023年上榜人数最多的行业是工业产品，占13.3%；消费品位列第二，占9.8%；大健康位列第三，占9.7%；房地产掉到第四，占8.8%，食品饮料位列第五，占6.4%，第六至第十名分别是能源（5.8%）、软件服务（5.7%）、化工（5.3%）、零售（4.4%）、传媒娱乐（4.3%）（见表4）。根据胡润研究院统计，今年企业家财富数额下降最多的行业是房地产和光伏相关产业。

表4 《2023胡润百富榜》中国大陆企业家行业分布

排名	行业	占总人数（%）	占总财富（%）	行业首富	公司
1	工业产品	13.3	8.8	梁稳根	三一
2	消费品	9.8	9	何享健家族	美的
3	大健康	9.7	8.8	李西廷	迈瑞
4	房地产	8.8	9.3	李兆基	恒基兆业
5	食品饮料	6.4	8.2	钟睒睒	养生堂
6	能源	5.8	6.7	曾毓群	宁德时代
7	软件服务	5.7	4.1	王兴	美团
8	化工	5.3	3.9	陈建华、范红卫夫妇	恒力
9	零售	4.4	5.6	黄峥	拼多多
10	传媒娱乐	4.3	7.6	马化腾	腾讯
11	投资	3.9	4.7	李嘉诚、李泽钜父子	投资
11	有色金属与矿产	3.9	4.9	张刚家族	信发铝电
13	汽车及汽车零配件	3.7	4.8	李书福	吉利
14	半导体	3.1	2.4	杜纪川、孙大卫	金士顿科技
15	物流运输	2.4	2.6	王卫	顺丰

上榜企业家大部分居住地分布情况。2023年上榜的企业家中，139人居住在北京，130人居住在深圳，125人居住在上海，86人居住在香港，79人居住在杭州。

党的十九大以来胡润百富增长情况。2017—2023年，胡润百富榜10亿美金富豪人数从664人增加到895人，年均增长5.1%，百亿元人民币富豪人数从400人增至628人，年均增长7.8%，首富财富从2 900亿元增加到4 500亿元，年均增长7.6%（见表5）。

表5 历年《胡润百富榜》数据

单位：人，亿元

年份	上榜人数	十亿美元人数	百亿元人民币人数	20亿元人民币人数	榜单门槛	首富财富	平均财富
2017	2 130	664	400	2 130	20	2 900	81
2018	1 893	620	393	1 893	20	2 700	89
2019	1 819	621	426	1 819	20	2 750	98
2020	2 398	878	620	2 398	20	4 000	115
2021	2 918	1 185	757	2 918	20	3 900	117
2022	1 305	946	656		50	4 550	188
2023	1 241	895	628		50	4 500	189.4
2015—2023年年均增长率		5.1%	7.8%			7.6%	

注：由于2022年上榜门槛提高到50亿元，未统计20亿元人民币富豪数据，上榜人数和平均财富与往年不具有可比性。2023年平均财富为本院根据胡润研究院数据估算。
数据来源：胡润研究院官网。

二、全球富豪榜

必须指出的是，在分析2023年全球富豪榜之前，必须对富豪榜的统计方法作出一定解释。2020年新冠肺炎疫情以来，中国股市经历大幅波动，尤其是在2022年、2023年进入下跌周期，中国在美国纳斯达克、纽约等地上市的企业也经历退市、市值大幅缩水的风波，而与此同时，欧美股市节节上升，行情一片利好，因此，全球富豪榜上欧美国家富豪身家不断放大，而中国富豪的身家大多下降，这是由于富豪榜对企业家身家计算的重要依据就是所持有企业股份的市值。

（一）2023福布斯全球亿万富豪榜

当地时间2023年4月4日，美国《福布斯》杂志发布了《2023年度全球亿万富豪榜》，对2022年全球富豪身家进行估算和排名，共有2 640人身家超过十亿美元，比去年减少28位，财富总额12.2万亿美元，较去年下降0.5万亿美元。

伯纳德·阿尔诺及家族、埃隆·马斯克、杰夫·贝索斯分别以2 110亿美元、1 800亿美元、1 140亿美元财富继续位列全球前三；拉里·埃里森、沃伦·巴菲特分别以1 070亿美元、1 060亿美元财富位列第四和第五，中国企业家农夫山泉创始人钟睒睒以680亿美元财富位列第15，较去年上升2位。

中国大陆上榜富豪总财富较前年缩水33.2%。2023年榜单中，美国上榜富豪736人，比去年增加了12人，位列全球第一。中国大陆上榜富豪人数连续两年下降至495人，位列全球第二，财富总额下降至1.67万亿美元，较2021年下降33.2%，降幅较大。另据我院估算，由于2023年未见相关数据披露，2022年榜单中分布在各个国家的华人富豪总数约773人，约占全球富豪总人数的29.0%（见表6），近三成，华人在全球经济中具有很高的影响力。

表6 福布斯富豪榜华人情况

单位：人，%

年份	全球富豪人数	华人富豪人数	华人全球占比	中国大陆富豪人数	中国大陆全球占比
2012	1 226	198	16.2	95	7.7
2013	1 426	245	17.2	122	8.6
2014	1 645	290	17.6	152	9.2
2015	1 826	370	20.3	213	11.7
2017	2 043	486	23.8	334	16.3
2018	2 208	476	21.6	373	16.9
2019	2 153	564	26.2	324	15.1

续表

年份	全球富豪人数	华人富豪人数	华人全球占比	中国大陆富豪人数	中国大陆全球占比
2020	2 095	—	—	389	18.6
2021	2 775	852	30.7	626	22.6
2022	2 668	773	29.0	539	20.2
2023	2 640	—	—	495	18.8

数据来源：历年福布斯全球亿万富豪榜，其中2021年、2022年华人富豪人数为本院根据福布斯公开数据估算得出。

（二）2023胡润全球富豪榜

2023年3月23日，胡润研究院发布"2023胡润全球富豪榜"，计算了截至2023年1月16日的全球富豪财富变化情况，共计来自69个国家、2 356家公司的3 112位十亿美元富豪上榜，比去年减少了269位（下降8%）；总财富92万亿元人民币，较去年减少4万亿元人民币。今年上榜富豪中2/3来自实体经济，落榜人数为历年来最多，新上榜人数为历年来最少。

全球十大富豪中，有6人来自美国，3人来自法国，1人来自印度。伯纳德·阿诺特、埃隆·马斯克、贝特朗·皮埃齐家族分别以折合人民币13 500亿元、10 500亿元、9 000亿元的财富位列前三（见表7）。

表7 2023胡润全球富豪榜全球十大富豪情况

排名	姓名	财富（亿元）	财富变化（%）	公司	年龄	居住国
1↑	伯纳德·阿诺特	13 500	32	酩悦·轩尼诗·路易威登	74	法国
2↓	埃隆·马斯克	10 500	-23	特斯拉	52	美国
3↑	贝特朗·皮埃齐家族	9 000	31	爱马仕	87	法国
4↓	杰夫·贝佐斯	7 900	-37	亚马逊	60	美国
5-	沃伦·巴菲特	7 800	-3	伯克希尔·哈撒韦	93	美国
6↓	比尔·盖茨	7 400	-11	微软	68	美国
7↑	史蒂夫·鲍尔默	6 800	-6	微软	67	美国
8↑	拉里·埃里森	6 700	15	甲骨文	79	美国

续表

排名	姓名	财富（亿元）	财富变化（%）	公司	年龄	居住国
9-	穆克什·安巴尼	5 500	-20	瑞来斯	65	印度
10↑	弗朗索瓦丝·贝当古·梅耶尔	5 400	1	欧莱雅	69	法国

注：↑表示对比去年排名上升，↓表示对比去年排名下降，-表示排名保持不变，*表示对比去年新进入前十名。

数据来源：胡润研究院"2023胡润全球富豪榜"。

中国十亿美金富豪人数位居全球第一，共969人，较去年减少164人，拼多多创始人黄峥是中国财富增长最多的企业家，他在2023年较2022年个人身家增长了800亿元。美国十亿美金富豪人数位居全球第二，共691人，较去年减少25人，印度十亿美金富豪人数位居全球第三，共187人，较去年减少28人。中国上榜的富豪中，钟睒睒以4 650亿元的财富位列第一，全球第15位；马化腾以2 600亿元的财富位列第二，全球第31位；张一鸣以2 500亿元的财富位列第三，全球第34位（见表8）。

表8 2023胡润全球富豪榜中国前十名

排名	姓名	财富（亿元人民币）	全球排名	主要财富来源	年龄	居住地
1-	钟睒睒	4 650	15	养生堂	69	杭州
2↑	马化腾	2 600	31	腾讯	52	深圳
3↑	张一鸣	2 500	34	字节跳动	40	北京
4↓	曾毓群	2 350	37	宁德时代	55	宁德
5*	黄峥	2 100	39	拼多多	43	
5↑	李嘉诚家族	2 100	39	长江实业	95	香港
7↑	丁磊	1 800	46	网易	52	广州
7↓	何享健家族	1 800	46	美的	80	佛山
9↓	马云	1 700	52	阿里系	59	杭州
10-	秦英林、钱瑛夫妇	1 550	59	牧原	58、57	南阳
10*	李兆基	1 550	59	恒基兆业	95	香港

注：↑表示排名比去年上升，↓表示排名比去年下降，-表示排名保持不变，*表示新进入前十。

全球富豪行业分布。消费品、金融服务、医疗健康是全球十亿美金企业家人数最多的前三大行业。中国企业家钟睒睒、李兆基分别为食品饮料行业、房地产行业的全球首富（见表9）。

表9 2023胡润全球富豪榜全球富豪行业分布

排名	行业	占总人数比例（%）	比例变化（%）	首富	公司
1↑	消费品	9.2	15	伯纳德·阿诺特	酩悦·轩尼诗·路易威登
2↓	金融服务	9.1	-10	迈克尔·布隆伯格	彭博
3↑	医疗健康	8.4	-11	赛鲁斯·普纳瓦拉	血清研究所
4↓	零售	7.7	-5	杰夫·贝佐斯	亚马逊
5↑	食品饮料	7.6	-14	钟睒睒	养生堂
6↓	房地产	7.5	-14	李兆基	恒基兆业
7-	传媒娱乐	7.1	7	拉里·佩奇、谢尔盖·布林	Alphabet
8-	软件与服务	5.8	-14	史蒂夫·鲍尔默	微软
9↑	工业产品	5.6	-9	泷崎武光家族	基恩士
10↓	投资	5.2	-1	沃伦·巴菲特	伯克希尔·哈撒韦

注：↑表示对比去年排名上升，↓表示对比去年排名下降，-表示对比去年排名保持不变，*表示对比去年新进入前十名。

（三）2023年瑞银亿万富豪报告

2023年11月30日，瑞银财富管理发布了《2023年亿万富豪雄心报告》。报告指出，截至2023年4月6日，全球亿万富豪人数达2 544人，总资产下滑至12万亿美元。

按区域分，亚太地区以1 019人继续保持全球亿万富豪数最多的地区，总财富排名第二；其中，中国大陆亿万富豪人数520人，占比超过亚太地区的一半。

北美洲保持全球富豪人数第二多的地区，总财富保持第一，其中美国的亿万富豪人数和财富总量在世界各国中继续位居第一，美国亿万富豪人数达867位（见表10）。

表10 2022—2023年全球各地区亿万富豪情况

单位：个、十亿美元

地区	2022年富豪数量	2022年富豪财富总量	2022年富豪平均财富	2023年富豪数量	2023年富豪财富总量	2023年富豪平均财富
合计	2 668	12 706	4.8	2 544	12 000	4.7
亚太地区	922	3 454	3.7	1 019	3 735	3.7
中国内地	467	1 636	3.5	520	1 807	3.5
中国香港	60	309	5.2	68	322	4.7
中国台湾	39	93	2.4	46	122	2.7
新加坡	34	104	3.0	41	136	3.3
澳大利亚	37	157	4.2	41	174	4.2
印度	154	715	4.6	153	637	4.2
欧洲中东非洲	683	3 070	4.5	—	—	—
中东和北非地区	54	200	3.7	63	279.1	4.4
西欧	405	1 852	4.6	456	2 355	5.2
美洲	855	4 959	5.8	867	5 091.6	5.9
美国	731	4 471	6.1	751	4 577	6.1
加拿大	42	166	4.0	42	173.9	4.1

注：1.2022年欧洲、中东和非洲总计数据、2022全球总量数据来自《2022年瑞银亿万富豪报告》，其他数据来自《2023年瑞银亿万富豪雄心报告》；2.2023年全球财富总额为大约值（报告未披露准确值），当年全球平均财富为本院估算。

第十三章 民企公益慈善

——责任持续担当，贡献量力而行

随着我国企业家财富不断创造新高，财富的传承、财富的三次分配，以及企业家的社会责任成为了公众关注的话题。企业家参与公益慈善事业，是企业运用其经济力量回馈社会、帮助社会解决问题的有效手段，但慈善事业也具有较高的难度和复杂程度，需要法制健全的环境和畅通的政企沟通，才能够发挥最大的效用。自2016年我国颁布实施《中华人民共和国慈善法》以来，我国慈善事业大环境有了显著改善，各类慈善机构总体的专业度、透明度和公信力都在逐年上升，企业家和个人从事慈善事业的复杂性得以化解、难度得以降低、也为公众消除了顾虑。公益慈善事业正在成为民营企业助力实现全社会共同富裕的重要途径。

2023年7月19日，国家发布《中共中央 国务院关于促进民营经济发展壮大的意见》，其中第二十八条明确提出，"支持民营企业更好履行社会责任。教育引导民营企业自觉担负促进共同富裕的社会责任……引导民营企业踊跃投身光彩事业和公益慈善事业，参与应急救灾，支持国防建设"。进一步明确了在进入高质量发展的新时代，公益慈善事业是我国企业家所需要承担的社会责任，对企业家投身公益慈善的意义和高度给出了清晰的定位。

党的十九大以来的各大慈善榜单显示，我国企业，尤其是民营企业家正在积极响应党中央的实现共同富裕的号召，具备社会责任并积极采取行动的企业越来越多，不管是来自传统行业还是新兴产业的企业，投入慈善事业热情都空前高涨，大额捐赠记录被不断刷新，亿级捐赠者突破历史新高，总捐赠人数也在不断增加，种种迹象表明，中国慈善事业正走在发展的快车道上。

一、"胡润慈善榜"

党的十九大以来，民营企业慈善平均捐赠额年均增长23.3%，亿元、百亿元捐赠者创新高。2017—2023年，从事慈善捐赠的民营企业家数量不断增加，亿元捐赠者连续创造新高，其中2022年达到49人，为史上最多，上榜门槛由1 200万元提高到1亿元，平均捐赠额从2亿元提高到5.6亿元，年均增长23.3%，第1名捐赠额不断刷新历史纪录，最高达到150亿元（见表1）。其中，2022年"胡润慈善榜"统计的百亿元捐赠者史上最多，四位企业家捐赠超过百亿元，京东刘强东捐赠149亿元，用于教育和环保事业；美团王兴捐赠147亿元，用于教育和科研事业；小米雷军捐赠145亿元，用于人才培养和科研创新；安踏丁世忠家族捐赠101亿元。

表1 2017—2023年"胡润慈善榜"上榜人数及捐款情况

单位：人，万元人民币，%

年份	上榜人数	上榜门槛	平均捐赠额	第1名捐赠额	第1名捐赠人	第50名捐赠额	第100名捐赠额
2017	100	1 500	15 963	300 000	徐冠巨家族	4 000	1 500
2018	100	1 600	21 793	746 000	何享健	5 750	1 600
2019	114	2 000	20 000	496 000	鲁伟鼎	8 970	2 000
2020	15	10 000	84 900	280 000	许家印		
2021	39	10 000	83 000	1 200 000	黄峥		
2022	49	10 000	148 571	1 490 000	刘强东		
2023	34	10 000	56 176	590 000	杨国强、杨惠妍父女		
2017—2023年年均增长率			23.3	11.9			

注：1. 数据出自胡润研究院；2. 2023年平均捐赠额为本院根据胡润研究院披露数据估算。

2023年"胡润慈善榜",捐赠规模较往年有所下降。2023年11月16日,胡润研究院发布"2023胡润慈善榜",统计范围是2022年9月1日至2023年8月31日期间的现金和股权捐赠、有法律效力的承诺捐赠,以及2023年8月31日至发布日期间的1亿元以上的大额捐赠。捐赠总额为191亿元,共34人上榜,上榜门槛连续第四年保持在1亿元。碧桂园杨国强、杨惠妍父女捐赠59亿元,位列第一,用于社会公益;美的何享健以30亿元捐赠位列第三,用于教育;迈瑞医疗李西廷以10亿元捐赠位列第四,用于教育(见表2)。需要指出的是,根据胡润研究院统计,虽然2023年榜单中无百亿元捐赠者,但上榜的碧桂园杨国强、杨惠妍父女,美的何享健家族的历年捐赠累计都超过了150亿元。

表2 "2023胡润慈善榜"前十名慈善家

排名	姓名	捐赠额(亿元)	主要捐赠方向	公司	年龄	主要行业
1↑	杨国强、杨惠妍父女	59	社会公益	碧桂园	59	房地产
3↑	何享健	30	教育	美的	31	家电制造
4*	李西廷	10	教育	迈瑞医疗	72	医疗器械
5*	虞仁荣	8.3	教育	韦尔股份	57	半导体
6↑	党彦宝	6	社会公益	宝丰	50	煤化工
7*	赵燕	4	教育	华熙生物	57	生物医药
8↑	马化腾	2.9	社会公益	腾讯	52	互联网服务
9*	吕志和	2.5	教育	嘉华集团	94	博彩
10*	尤小平家族	2.4	教育	华峰化学	65	化工

注:*表示对比去年新上榜,↑表示对比去年排名上升,↓表示对比去年排名下降,-表示对比去年排名不变。

慈善企业家来自行业。上榜企业家中,来自房地产行业的捐赠者数量仍旧最多,榜单首善杨国强、杨惠妍父女来自房地产业教育领域继续保持第一大捐赠领域,捐赠人数占比下降至58%,社会公益领域跃居第二,占19%,乡村振兴位居第三占12%(见表3)。

表3 历年"胡润慈善榜"主要捐赠方向所占比例

单位：%

年份 领域	2023	2022	2021	2020	2019	2018	2017	2016	2015	2014	2013	2012	2011	2010	2009
教育	58	66	39	31	35	41	44	46	44	27	34	36	24	26	18
医疗	—	—	27	17	—	—	—	—	—	—	—	—	—	—	—
社会公益	19	—	—	—	16	18	20	20	26	20	26	32	29	20	15
扶贫	—	—	24	11	29	18	17	11	9	11	15	20	9	10	10
赈灾	—	28	—	—	—	4	3	3	5	19	1	3	26	28	43
乡村振兴	12	21	—	—	—	—	—	—	—	—	—	—	—	—	—
其他	—	—	—	—	19	16	19	17	23	24	9	12	16	14	—

二、《福布斯》"2023年亚洲慈善英雄榜"

2023年12月7日，《福布斯》公布第十七届"亚洲慈善英雄榜"，共有15位（对）来自亚洲及大洋洲的慈善企业家上榜，其中共有7位华人富豪，3人来自中国（见图1）。

中国的上榜企业家包括：美的集团创始人何享健（位列第三），他在2023年5月宣布捐赠30亿元人民币设立何享健科学基金，以支持中国在人工智能、气候变化和医疗保健等领域的科学研究。根据《福布斯》披露，何享健出资成立的广东省和的慈善基金会累计慈善捐赠额达到22亿元；长江实业集团创始人李嘉诚（位列第九），他在2023年9月通过李嘉诚基金会向香港中文大学和香港大学分别捐赠3 000万港元，用于学生人工智能相关技术培训、开发教学工具，以及扩大人工智能在医学影像和机器人手术等领域的应用，根据《福布斯》的统计，自1980年创立自己的慈善基金会以来，李嘉诚累计慈善捐赠约300亿元；香港新世界发展集团执行副主席郑志刚（位列第十五），他在2021年成立的香港第一个致力于改善贫困儿童心理健康的非营利组织WEMP基金会，截至发榜时间，累计帮助了1.6万名儿童改善心理健康状态等。

国家/地区	姓名(英文)		职务	年龄
澳大利亚	Andrew Forrest	安德鲁·弗雷斯特	澳大利亚FMG集团创始人兼执行董事长	62
	Nicola Forrest	妮可拉·弗雷斯特	Minderoo基金会联合创始人兼联席主席	62
日本	Takemitsu Takizak	滝崎武光	基恩士创始人兼荣誉董事长	78
中国内地	He Xiangjian	何享健	美的集团创始人	81
泰国	Vikrom Kromadit	邱威功	Amata Corp.创始人兼董事长	70
印度	K.P.Singh	K.P.辛格	DLF集团荣誉主席	92
印度尼西亚	Low Tuck Kwong	刘德光	巴彦资源公司创始人兼董事长	75
新加坡	Kwek Leng Beng	郭令明	城市发展集团执行主席	82
菲律宾	Ramon Ang	蔡启文	生力集团副董事长、总裁兼首席执行官	69
中国香港	Li Ka-Shing	李嘉诚	长江实业集团有限公司、长江和记实业有限公司高级顾问	95
印度	Nandan Nilekani	南丹·尼勒卡尼	印孚瑟斯技术有限公司联合创始人兼董事长	68
澳大利亚	James Packer	詹姆斯·帕克	Packer家族基金会创始人	56
新西兰	Graeme Hart	格雷姆·哈特	Rank集团老板	68
印度尼西亚	Eddy Kusnadi Sariaatmadja	Eddy Kusnadi Sariaatmadja	Emtek集团联合创始人兼总裁	70
印度	Nikhil Kamath	尼吉尔·卡玛斯	Zerodha联合创始人兼首席财务官	37
中国香港	Adrian Cheng	郑志刚	新世界发展有限公司执行副主席兼首席执行官	44

图1 《福布斯》"2023年亚洲慈善英雄榜"

资料来源：《福布斯》中国官方网站。

三、《公益时报》"2023中国慈善榜"

2023年5月18日，《公益时报》社发布"第二十届（2023）中国慈善榜"。对2022年度实际到账捐赠额100万元以上的个人和企业为数据采集样本，主要对政府部门发布的捐赠数据、捐赠方提供的数据、公益机构接受捐赠数据、上市公司年报公布数据、媒体公开报道的捐赠数据以及《公益时报》的公益档案数据，通过不同渠道的数据对比以及详尽调查核实后进行统计。据公益时报披露，建榜20年来，中国慈善榜收录的慈善家捐赠累计约1 108亿元；收录的慈善企业捐赠累计约1 909亿元，合计约3 017亿元。

2023年上榜慈善企业家总数和企业家捐赠额显著提升。上榜企业共1 363家，连续三年超过1 000家，比去年减少148家，企业捐赠额200.8亿元，下降16.4%；上榜企业家共150位（对），比去年增加15位，合计捐赠79.991亿元，增长27.1%。大额捐赠的主要方向是乡村振兴、教育事业、医疗卫生、灾害救助、环境保护等领域。上榜亿元企业家捐赠大幅提升。亿元捐赠企业家共23位，比去年增加5位，合计捐赠58.8 074亿元，比去年增加约30亿元，占榜单企业家捐赠总额的73.52%，捐赠额在1亿元及以上的慈善家共18位，合计捐赠29.1 667亿元，占上榜慈善家捐赠总额的46.27%。

民营企业表现亮眼，一是依旧担纲大额捐赠的主力军。上榜企业中，民营企业占企业总数的65.44%，合计捐赠超101亿元，占企业捐赠总额的50.55%，其中，蚂蚁科技集团2022年度捐赠约7.9 343亿元，位列第一。二是民营企业家以个人名义大额捐赠最多。迈瑞医疗董事长李西廷2022年度捐赠达10亿元，宁夏宝丰集团有限公司董事长、宁夏燕宝慈善基金会理事长党彦宝捐赠6亿元，福耀集团董事长曹德旺捐赠5.2 494亿元。三是民营企业被授予年度慈善企业的数量最多，2023年的"年度慈善企业"包括蚂蚁科技集团、安踏体育用品集团、新奥集团、轻松集团、江苏洋河酒厂、爱尔眼科、北京水滴互保、完美（中国）等，主要投入教育事业、乡村振兴、医疗健康等领域，通过对年度公益收入、支出、影响力等因素的综合评估，年度榜样基金会（公募）被授予中国初级卫生保健基金会、中国乡村发展基金会、中国红十字基金会、中华少年儿童慈善救助基金会、中华思源工程基金会、中国妇女发展基金会、上海市慈善基金会、深圳壹基金公益基金会、中国人口福利基金会、中国儿童少年基金会、中国残疾人福利基金会、中华社会救助基金会、中国绿色碳汇基金会、上海真爱梦想公益基金会、北京市企业家环保基金会、中国光彩事业基金会、爱佑慈善基金会、浙江省微笑明天慈善基金会、中国华侨公益基金会、无锡灵山慈善基金会、中华环境保护基金会、北京韩红爱心慈善基金会、北京天使妈妈慈善基金会、北京春苗慈善基金会、北京微爱公益基金会。

年度榜样基金会（非公募）被授予腾讯公益慈善基金会、北京大学教育基金会、宁夏燕宝慈善基金会、河仁慈善基金会、北京康盟慈善基金会、广东省国强公益基金会、阿里巴巴公益基金会、湖南爱眼公益基金会、北京白求恩公益基金会、浙江蚂蚁公益基金会、广东省和的慈善基金会、黄奕聪慈善基金会、上海复星公益基金会、福建省和敏慈善基金会、宁波市善园公益基金会、中国科学院大学教育基金会、浙江省蔡崇信公益基金会、东润公益基金会、南都公益基金会、北京水滴汇聚公益基金会、内蒙古老牛慈善基金会、北京中金公益基金会、黑龙江省哈药公益基金会、新奥公益慈善基金会、北京陈江和公益基金会、浙江传化慈善基金会等。

四、中国最透明慈善公益基金会排行榜

2023年12月11日，界面新闻发布《2023年度透明慈善公益基金会榜单》，共有50家基金会上榜，这五十家基金由界面新闻从民政部《2022年民政事业发展统计公报》披露的全国9 319个基金会中选出2022年度慈善活动支出最高的300家来进行评比，从基本信息披露、筹款信息披露、项目执行信息披露、财务信息披露、日常披露、披露渠道/频次等多角度衡量，以及对官网网站、微博等自有平台的易用性和更新频率等多方位评估中选出。2023年入选的50家基金捐款收入总额达到125亿元，连续第二年下降，较去年减少19%。50家基金会2022年度用于慈善活动支出

的总额为133亿元,连续第二年下降,同比下降13%。

公募基金会仍然是慈善基金的主力。上榜机构中,公募基金会37家、非公募基金会13家,两者的捐款收入,慈善支出占比分别为83%、86%,17%、14%。

今年入榜者最高分为99分,入围门槛是81分,平均分为92分。中国妇女发展基金会、中国红十字基金会和中国社会福利基金会同时以99分的成绩并列第一;上海真爱梦想公益基金会、中国光华科技基金会和中国金融教育发展基金会同时获得98分,并列第二名。

专论与调研（一）

新政策新突破　新期盼新执行
——大成企业首脑沙龙观点综述

2023年11月8日至9日，"大成企业首脑沙龙"在河北廊坊举行，沙龙主题为"坚守与突破——民营企业生存发展新思维"。第十、十一届全国政协副主席黄孟复主持沙龙并讲话，中央统战部原副部长胡德平出席并讲话，50余位国内知名大型民营企业的董事长或主要决策人参加了沙龙活动。这是北京大成企业研究院举办的第十五次沙龙活动。

沙龙上，中美绿色基金管理有限公司董事长、国家发改委规划司原司长徐林做了题目为《中国经济的转型挑战与路径》的引导性发言，大成企业研究院副院长陈永杰以《扭转民营经济增速下降趋势既要政策支持也要理论支撑》为题做了发言。与会企业家围绕宏观经济形势，当前环境下民营企业面临的挑战，民企发展的新思维、新战略等问题展开热烈讨论。会上还向与会企业家发放了问卷调查。

沙龙前，举办了主题为"AI大模型在产业中的应用"的前沿技术专题圆桌会，米塔碳智能科技有限公司CEO王彬做主旨报告。

沙龙期间，还组织与会企业家参观考察新奥集团。

本次沙龙由北京大成企业研究院主办，新奥集团承办。沙龙坚持小规模、高层次、闭门式，平等参与、交流互鉴，为企业家创造一个畅所欲言、思想碰撞、头脑风暴的宽松环境。

沙龙的主要观点综述如下：

一、当前宏观经济形势和民营经济发展情况

企业家和专家们认为，2023年以来，我国走出新冠肺炎疫情的阴霾，国民经济艰难复苏，但国际环境复杂多变，不确定因素增多，经济修复面临不少困难挑战，民营企业家信心不足，民间投资增长乏力。

（一）中国经济正面临结构性减速压力

徐林认为，当前中国经济正面临着结构性减速的压力，这种结构性减速主要是由于要素供给条件恶化、资源配置效率减速、外部营商环境恶化、"双碳"和环保约束等原因导致的。经济的结构性减速和周期性变化的动因不一样，周期性波动用短期宏观调控措施应对容易取得成效，但结构性减速具有趋势性，而改变趋势的难度要大得多，解决问题的办法也只能通过结构性改革。

（二）民营经济多项指标增速递减，民营企业经营艰难

陈永杰分析，2017年以来，民营经济多项数据指标增速都呈现拾级而下的特征，民营经济发展增速递减现象正在成为趋势：五年（2017—2022年）增速高于三年（2019—2022年）增速，三年增速高于去年（2022年），去年增速又高于今年前三季度。民间投资大幅下滑，据国家统计局公布，2023年1—9月民间投资下降0.7，全国投资增长3.0（如果按照当年绝对数计算，2023年民间投资增速是-20%，而全国投资增速是-11%）。民间投资占比也日益下降，2015年占全国58.8%，2017年占54.6%，到2023年只占51.6%。沙龙问卷显示，关于当前民间投资下滑的主要原因，80%的企业家认为是企业家对未来经济发展形势信心不足；60%的企业家认为是政策环境不确定性较多，风险较大；52.5%的企业家认为是市场准入存在障碍，民企难以进入。

民营经济增速递减和民间投资下降，反映的是企业经营面临多重困

难和挑战，企业家信心不足，预期不稳，对我国经济发展的影响巨大，对此，国家、社会和民营企业家都要高度关注。

沙龙调查问卷显示，当前我国企业经营的总体状况，67.5%的企业家认为比较艰难，17.5%的企业家认为很艰难。关于企业未来两年的投资计划，47.5%的企业家选择仅继续完成现有投资项目，22.5%的企业家选择加大投资力度，分别有15%的企业家选择不增加投资和收缩投资。关于企业未来两年的用工计划，30%表示保持员工数量基本不变，27.5%表示少量增加员工，25%选择适当裁员。

二、民营企业要顺应变化，转变认知，树立新思维

企业家们表示，新的时代背景下，不能固守传统的思维和方法，要用新思维、新方法来解决新问题和传统问题。面对百年未有的大变局和大环境的诸多不确定性，企业只能积极适应。处顺境时戒骄，处逆境时拼搏，才是真正的企业家。

问卷调查显示，关于当前形势下民营企业生存发展的新思维，77.5%的企业家认为是从追求做大做强转向做专做精做强；70%的企业家认为是坚守主业，避免盲目扩张、盲目多元化；分别有55%的企业家认为是加快企业数字化转型升级和提高风险意识，增强风险管理能力；52.5%的企业家认为从追求短期收益转向树立长期主义；分别有50%的企业家认为是从套利为主转向依靠创新发展为主和构建企业与员工命运共同体，共享发展成果。

（一）认清时代大势，坚守企业本质，主动更新认知，寻求创新变革

有企业家指出，过去在短缺经济阶段，我们要解决的是有和无的问题，供给侧思维在企业层面和政府层面都是根深蒂固的，那时是资源主导型，只要有资源、有规模、成本低，甚至于侵犯知识产权就能挣钱，这种思维成为我们进入新时期的障碍。在新时代，商业模式、商业逻辑、企业

组织都将发生颠覆性转变，因此必须要摒弃传统思维，重构企业的发展模式。

大汉集团董事长傅胜龙表示，时代变了，我们认知要跟上。过去改革开放40多年，我们民营企业乘势而上，坐着改革开放的"电梯"上楼，充分享受了改革开放和经济增长的红利。然而外部环境和经济形势总会有起有落，我们必须思考如何在逆境中实现突破。第一，时代变了，认知要跟得上，如果认知不变，就很难适应现在的社会和时代；第二，行业变了，有的行业衰落，也有很多新的行业产生，其中有很多新的机会；第三，企业变了，企业必须要跨过数字化转型这一关，要在价值观、方法论、组织体系等方面实现全面的转型。

新奥集团董事局主席王玉锁认为，我们这一代人是改革开放的参与者、受益者。当前的变不亚于改革开放，中国经济已经从改革开放之初供给侧短缺、"不管黑猫白猫，抓住老鼠就是好猫"的"两猫"阶段转变到追求"绿水青山就是金山银山"的"两山"阶段。"两猫"阶段以激发生产积极性为主线，以传统工业化为抓手；"两山"阶段以低碳发展为主线，以智能化为支撑，满足人民对美好生活的向往。从"两猫"到"两山"，中国经济已经从高速发展转为高质量发展，从追求增量到深耕存量为主，同时智能技术与产业深度融合，支撑客户主权回归，推动实现共同富裕。此时再用传统惯性思维经营企业不可持续，只有坚守企业本质、主动创新变革，利用智能重构发展模式和新利益机制，真正从需求侧出发为客户创造和提供价值，才能实现涅槃重生。

远东集团董事局主席蒋锡培说，当前的宏观环境错综复杂，充满不确定性，企业家在制定企业战略的时候，都要做到宏观无限大，微观无限小，大到国际局势，小到经营管理，都要全面认真思考，找准答案，只有看准大势，顺势而为，兢兢业业，练好内功，才能生存好、发展好。

（二）不躺平不抱怨，从容应对，在给定的边界内做到最好

北京润泽园教育科技公司创始人白立新说，很多人看到市场下行，行业内卷，这种情况下我们该怎么办？抱怨只会消耗我们的能量，不能解决任何问题。要在变化中寻找不变，接受我们不能改变的，改变我们能改变的，在给定边界内做到最好。民营企业要坚守常识，坚持自我批判，要反求诸己，摒弃错知错见，才能解决自己的问题。

海星集团董事长荣海认为，在目前的社会环境下，民营企业家必须要保持住自己的定力和从容，我对自己企业的要求是低调做事、埋头耕耘、长期积累、垒石成山。什么是定力？就是无论惊涛骇浪还是鲜花簇拥，都能认清自己。既不会惊慌失措，也不会欣喜若狂，稳住自己的步伐，认清自己的方向，把握住自己的节奏。什么是从容？就是在辉煌的时候，从未自喜；在落魄的时候，也从不自卑。不眼红别人的一时辉煌，不醉心于一时的投机取巧。衡量自己一生的功过不以有形财产为尺度，而以自己平生是否努力为度量。当以自己的节奏为节奏，以自己的认知看世界，就会从容地行走在这个世界。

（三）专注主业，在自己熟悉的领域精耕细作

泰地集团董事长张跃说，民营企业要专注主业，不要盲目多元化。泰地近几年坚持把主业做精做好，在中国沿海布局了很多港口码头，虽然利润率不高，但很稳定，也因此得到了银行和金融机构的大力支持，企业实现了逆势发展。

天津中钢集团董事长李坤表示，企业一定要选择好赛道，在自己熟悉的领域精耕细作。现在已经不是四面出击的时代了，豪情万丈地四方出击，早晚会四面楚歌地跌入万丈深渊。在绝对产能过剩的时代，市场里的企业没有全能冠军，只有单项冠军，全能冠军会累死在努力前行的

路上。

三、民营企业要积极转型升级，寻找新机会，实现新突破

企业家们表示，时代一直在变，这是历史规律，任何一个转变，有危就有机，民营企业只要勇于迎接挑战，善于抓住机遇，依靠创新驱动，就一定能够实现新的突破。即使是传统企业也可以找到自己最有价值的东西。

徐林指出，当前中国正在面临三大转型：服务经济的转型、数字智能转型和绿色低碳转型，这些转型对于所有企业来说，都既是挑战也是机遇。

（一）积极推进数字化转型

王玉锁认为，企业数字化、智能化转型的本质就是回归客户主权，实现伙伴（员工）主动。新奥这几年忙着数字化转型，用智能技术重构发展模式，一是坚守企业商业本质，为满足客户需求而组织员工进行生产，二是坚持创新需求牵引、员工平等的理念，利用智能化突破需供错位、客户主权难保障以及员工创值分享不均衡、创值不主动等痛点，重构天然气、能碳、安全等产业发展模式，将产业最佳实践打造成产业大模型，形成产业智能，极大提升企业的专业业务能力。

傅胜龙说，大汉的企业数字化做了二十年，发现这不仅是实现IT，而是整个企业商业模式的重大转变，特别是全体员工的价值观、方法论的重大转变。大汉集团数字化转型后，管控力度大幅提升，财务集中、人事管理集中，从业务授权转变为订单管理，相应的资源分配也合理优化。商业模式和企业的结构发生了巨大的变化，以前企业和员工是雇佣关系，企业购买员工的时间，现在员工更像是个体工商户，企业购买员工服务。数字化转型后企业成本大幅降低、销售率大幅提升，给大汉带来巨大的价值。

（二）积极加快绿色低碳转型步伐

企业家们表示，实现"双碳"目标是涉及经济社会方方面面的深刻变革，对于民营企业来说，这既是一种约束、一种挑战，更是一种动力，民营企业要将眼光看得更远一点，通过推动技术进步等多种手段，加快绿色低碳转型步伐。

王玉锁说，新奥通过创新能源消费模式，为客户提供"能碳一体"的低碳用能方案，不断提高客户用能的清洁能源占比、提高系统能效、降低碳排放，助力打造低碳城市、低碳园区、绿色工厂、节能建筑等。新奥打造的能碳产业智能生态平台泛能网，利用数智技术高效链接能源产业需求侧和供给侧，保障用户的各类能源系统安全稳定高效运行，帮助用户快速摸清、管理自己的碳足迹，提供能碳一体化解决方案，已经为全国200多个园区、7 000多家企业提供了能碳管理等服务。

（三）发挥民营企业体制机制优势，错位竞争寻求更大发展

北京星河动力航天科技公司董事长刘百奇说，从世界航天发展的历史来看，商业化是航天产业发展到一定阶段的必然趋势，靠国家不计代价投入的模式不可持续，航天产业商业化是不可阻挡的，也为民营企业提供了机会。航天产业特别是火箭是一个高风险、高投入、长周期的产业，对于这样一个国有企业占绝对主导地位的行业，民营企业不能沿着国有企业走过的老路前行，不然的话我们永远追不上，也不能有所突破。航天民企要聚焦市场，我们不去做空间站，也不是登月，而是聚焦航天科技的商业化，即低轨卫星互联网。星河动力紧紧围绕着市场需求做了两种运行火箭，一种是围绕小卫星、小星座做的小火箭，叫"出租车"火箭，另外一种是围绕大星座做的"大巴车"火箭，整体来看这两种火箭满足了市场需求。

有企业家指出，我国服务行业水平、质量的提高是一个巨大的市场，也是民营企业发挥自身优势特长、免受其他因素影响的一个着力点，具有无限的潜力。荣海说，在经济普遍下行的情况下，把一些人民生活所需的服务行业做深、做透、做专，亦是一种很好的出路。民生服务行业受政策影响很小，并属于刚需市场。例如，海星集团参与投资的一个专业从事与修脚相关的公司，2022年营业额达到136亿元，利润超过10亿元，在全国各地拥有直营店8 800多家，解决贫困县劳动就业超过10万人，具有良好的发展势头和盈利能力。再如，海星集团创办的一家专业服务于医院陪护和居家养老的公司，既满足广大患者、老人的迫切需求，同时企业也得到迅速成长。

（四）坚持创新驱动，提升民营企业核心竞争力

刘百奇说，民营企业要坚持创新提高竞争力，星河动力不是把国有航天做的火箭重新复制，而是从设计、材料、工艺、方法都做了系统性创新，使它以更低的成本、更高的效率满足市场需求。例如，他们研发的四级液体轨控发动机，在国内首次采用了3D打印方案，成本从过去的60万元降低到7万元，生产周期从过去的6个月降低到1个月，重量减轻一半。星河动力的火箭是全世界的小火箭中最具性价比的，创新给企业带来巨大收益。未来民营企业掌握低成本、大规模、自主进入空间的能力，能够有力地支撑我国航天产业的发展。

（五）不断提高企业治理能力和水平，才能行稳致远

荣海认为，很多民营企业一时辉煌而又瞬时倒塌，尤其很多大型企业频频爆雷，给我们太多警示。当下，我们民营企业必须深入思考，如何完善规范民营企业内部的决策制度、管理制度，以及企业的传承制度。

北大纵横董事长王璞表示，目前市面上有各种企业评选，如中国500强、世界500强，但更多侧重企业的规模。对企业的衡量标准不能仅考虑"大",而是要在"大、强、久"这三个标准中更注重"强"和"久"。要将长期可持续发展的"长寿企业"这一词汇扎根在企业家内心深处,从三年企业到十年企业,到百年老店。

有企业家表示,民营企业应树立风险防控意识,建立严格的企业合规管理体系,防范企业潜在的刑事合规风险。北京德恒律师事务所主任王丽建议,对于涉案企业或股东、董事长、高管,如果涉及刑事犯罪被有关部门调查,根据具体案件情况,可争取用涉案企业刑事合规来处理。这样尽量减少企业因案件引发危机,导致运营停滞甚至破产。最高人民检察院一直在推动落实涉案企业合规改革试点,出台了一系列"合规从宽"的政策,目前已经有比较成熟的措施和评估体系。

(六)用好政策,抓住机遇,寻找新的投资机会

有企业家说,民营企业要研究好、利用好国家促进民营企业发展的有关政策,如最近国务院转发国家发改委和财政部《关于规范实施政府和社会资本合作新机制的指导意见》,明确提出PPP项目要优先选择民营企业参与;对于市场化程度较高、公共属性较弱的项目,应由民营企业独资或控股;关系国计民生、公共属性较强的项目,民营企业股权占比原则上不低于35%;少数涉及国家安全、公共属性强且具有自然垄断属性的项目,应积极创造条件、支持民营企业参与;政府和社会资本合作项目应全部采取特许经营模式实施、应聚焦使用者付费项目等政策,有条件的民营企业应迅速抓住这个机会。

有企业家建议,很多企业在破产重整过程中要引进投资人,有实力的民营企业可以参与到破产企业重整,既能够帮助破产企业重生,也能够获得较好的投资机会,扩大自己的商业版图。

四、进一步优化民营企业生存发展环境的几点建议

企业家表示,党中央一再强调要营造民营经济发展的良好环境,各部门各地方也在积极行动。今年7月出台了《中共中央 国务院关于促进民营经济发展壮大的意见》之后，最近一段时间民营企业的舆论环境明显改善向好，各级政府涉企服务有所提升，但是一些制约民营经济发展的深层次问题仍有待解决，民营企业发展仍面临不少困难，民营经济的发展信心还需要进一步呵护和提振。

（一）民营经济政策重在落实，优化发展环境仍需加力

有企业家说，近些年来，由于国内外形势的变化，民营经济发展遇到不少困难和挑战。为促进民营经济高质量发展，党中央国务院多次出台鼓励支持民营经济的政策文件，最近又发布了"民营经济31条"，但营商环境改善不明显，企业获得感不强。

有企业家认为，当前企业面临不确定性挑战，困难前所未有。要想扭转困难局面，重拾信心，需要顶层设计、长期规划、统筹兼顾、突破瓶颈。最大的瓶颈是法治瓶颈，虽然我国的法律在不断完善，但是要能够真正建立公平正义的法治环境，还需要全社会上下的共同努力。

问卷显示，当前企业发展面临哪些不确定性：80%的企业家认为是中美关系变化；67.5%的企业家认为是法治环境不完善，企业家存在不安全感；65%的企业家认为是部分政府部门诚信不足，契约意识不强；55%的企业家认为是民营经济理论模糊；52.5%的企业家认为是坚持"两个毫不动摇"原则与贯彻落实有差距；47.5%的企业家认为是社会舆论对民营经济认识有偏差；42.5%的企业家认为是部分政府部门不作为或对企业干预过多。

（二）民营经济发展既需要政策支持，还需要理论创新

陈永杰指出，提振民营企业信心，既需要政策支持，还需要理论创新。如果固守而不是重新认识传统思想理论，对民营经济的怀疑、争论与冲击，就会每隔几年再来一次。改革开放40多年来，党和国家关于鼓励、支持、

保护和壮大民营经济的大政方针、法律法规、制度政策，已经形成了一个完整的体系，以这个体系为基础、为前提，进一步解放思想，阻碍民营经济发展的思想理论障碍均可得以突破。官、学、商、民各界人士，要解放思想、百家争鸣、共同努力、争取共识，从各个方面突破传统的思想障碍与理论窠臼，对民营经济发展的内在规律与机制，进行深入、系统和全面的研究，由此构建一整套系统的民营经济理论。

（三）积极做好全球产业链重构的应对

企业家们表示，目前国际上的不确定性加剧，全球产业链、供应链加速重构是未来一段时间要面对的重大挑战，必须做好应对。

徐林指出，我们要坚持用全球视野、市场化的方式来配置资源。中国要进一步开放市场，防止内外脱钩，特别要防止中国制度与国际制度脱钩。面临现在国际多边贸易体制被破坏的局面，中国应积极参与国际经济治理制度的重构和改进。

沙龙问卷调查显示，企业如何应对全球产业链供应链重构，60%的企业家选择降本增效、开发新品、提高竞争力，55%的企业家选择打造新优势，主动融入全球产业链供应链，各有45%的企业家选择积极开拓新兴国家市场和加强"卡脖子"技术领域研发、提高自主可控能力。

专论与调研（二）

政策带来新希望　形势预期可改观
——大成企业首脑沙龙企业家问卷（2023·廊坊）调查分析

2023年11月9日大成企业首脑沙龙在廊坊召开，主题为"坚守与突破——民营企业生存发展新思维"。为更好地分析经济形势和了解企业家的意见，为建言献策提供参考，我们在沙龙上印发了调查问卷，共计回收40份企业家问卷，现简要分析如下。

一、当前企业经营情况

1.贵企业今年营业收入情况预计（见表1）：

表1　企业今年营业收入情况预计

选项	人数（人）	比例（%）
较去年大幅增长（≥10%）	8	20.0
较去年有所增长（<10%）	7	17.5
与去年基本持平	11	27.5
较去年有所下降（≤10%）	10	25.0
较去年大幅下降（>10%）	4	10.0

2.贵企业今年利润情况预计（见表2）：

表2　企业今年利润情况预计

选项	人数（人）	比例（%）
盈利，较去年增长	9	22.5
盈利，与去年持平	11	27.5
盈利，较去年下降	7	17.5
小幅亏损	8	20.0
大幅亏损	5	12.5

3. 贵企业未来两年的投资计划（见表3）：

表3　企业未来两年的投资计划

选项	人数（人）	比例（%）
加大投资力度	9	22.5
仅继续完成现有投资项目	19	47.5
保持观望，不增加投资	6	15.0
处置项目，收缩投资	6	15.0

有企业家表示，除非是上市需要，否则不进行投资。

4. 贵企业未来两年的用工计划（见表4）：

表4　企业未来两年的用工计划

选项	人数（人）	比例（%）
较多增加员工	6	15.0
少量增加员工	11	27.5
保持员工数量基本不变	12	30.0
适当裁员	10	25.0
大规模裁员	0	0.0

有企业家表示，自己企业的用工计划以结构调整为主。

二、"民营经济31条"落实情况

5. 根据您的实际感受，《中共中央　国务院关于促进民营经济发展壮大的意见》（以下简称"民营经济31条"）发布以来，企业营商环境同过去相比（见表5）：

表5　企业营商环境同过去相比情况

选项	人数（人）	比例（%）
改善较大	1	2.5
有所改善	11	27.5
基本未变	24	60.0
有所退步	4	10.0
其他＿＿＿＿	0	0.0

6. 您认为，"民营经济31条"发布以来，哪些方面落实较好？（按重要性至多选6项）（见表6）：

表6 "民营经济31条"发布以来,落实较好的方面

选项	人数(人)	比例(%)
持续破除市场准入壁垒	10	25.0
全面落实公平竞争政策制度	8	20.0
完善融资支持政策制度	15	37.5
完善拖欠账款常态化预防和清理机制	9	22.5
提高监管执法的稳定性、可预期性、公平性、规范性、简约性	9	22.5
健全涉企收费长效监管机制	4	10.0
依法保护民营企业产权和企业家权益	14	35.0
民营企业、企业家地位得到提高	12	30.0
领导干部主动作为、服务企业	8	20.0
把握好正确舆论导向,引导全社会客观正确全面认识民营经济	17	42.5
其他_____	2	5.0

有企业家认为,"民营经济31条"发布以来,营商环境基本没有变化,政策没有落地,仍停留在口号阶段。还有企业家感到营商环境倒退。

三、坚守与突破,民营企业生存发展新思维

7.在您看来,当前企业发展面临哪些不确定性(按重要性至多选7项)(见表7):

表7 企业发展面临的不确定性

选项	人数(人)	比例(%)
中美关系变化	32	80.0
俄乌战争、巴以冲突等国际局势动荡	16	40.0
世界经济复苏或衰退	13	32.5
宏观政策、行业监管政策变化	16	40.0
坚持"两个毫不动摇"原则与贯彻落实有差距	21	52.5
民营经济理论模糊	22	55.0
社会舆论对民营经济认识有偏差	19	47.5
法治环境不完善,企业家存在不安全感	27	67.5
部分政府部门不作为或对企业干预过多	17	42.5
部分政府部门诚信不足,契约意识不强	26	65.0
数字经济对传统产业造成冲击	6	15.0
其他_____	0	0.0

8. 您认为,当前形势下,民营企业生存发展应重点在哪些方面更新思维?(按重要性至多选 6 项)(见表 8):

表 8　民营企业生存发展的新思维

选项	人数(人)	比例(%)
从套利为主转向依靠创新发展为主	20	50.0
从追求短期收益转向树立长期主义	21	52.5
从追求做大做强转向做专做精做强	31	77.5
少涉足金融等国家管制行业,坚守实业不动摇	9	22.5
坚守主业,避免盲目扩张、盲目多元化	28	70.0
加快企业数字化转型升级	22	55.0
由零和博弈转向协同合作,有序竞争	6	15.0
构建企业与员工命运共同体,共享发展成果	20	50.0
提高风险意识,增强风险管理能力	22	55.0
其他＿＿＿＿	0	0.0

9. 在您看来,面对全球产业链供应链重构,企业应当如何应对?(按重要性至多选 4 项)(见表 9):

表 9　民营企业应对全球产业链供应链重构

选项	人数(人)	比例(%)
积极进行海外布局,打破国际壁垒	17	42.5
打造新优势,主动融入全球产业链供应链	22	55.0
巩固和发展民间交往,增进互信	16	40.0
积极开拓新兴国家市场	18	45.0
加强"卡脖子"技术领域研发,提高自主可控能力	18	45.0
降本增效,开发新品,提高竞争力	24	60.0
将发展重心转移到国内市场	6	15.0
其他＿＿＿＿	0	0.0

四、大成企业首脑沙龙历次问卷数据对比分析

10. 企业当年营业收入情况预计（见表10）：

表10 企业当年营业收入情况预计

年份 营业收入 情况预计	2014 10月	2015 5月	2015 11月	2016 5月	2016 11月	2017 5月	2017 11月	2018 5月	2018 11月	2019 5月	2019 11月	2021 10月	2023 11月
增长率等于或高于去年	28.9%	41.7%	29.6%	50.0%	50.8%	58.1%	53.6%	44.4%	40.4%	27.5%	29.6%	42.2%	—
较去年大幅增长（≥10%）	—	—	—	—	—	—	—	—	—	—	—	—	20.0%
较去年有所增长	—	—	—	—	—	—	—	—	—	—	—	—	17.5%
增长但增幅下降	31.1%	25.0%	31.5%	16.7%	9.8%	12.9%	18.8%	23.8%	17.5%	23.5%	22.2%	17.2%	—
基本持平	26.7%	13.9%	25.9%	26.2%	23.0%	16.1%	18.8%	28.6%	22.8%	35.3%	33.3%	14.1%	27.5%
出现下降	13.3%	5.6%	7.4%	4.8%	8.2%	9.7%	7.2%	7.9%	14.0%	11.8%	14.8%	21.9%	25.0%
出现大幅下降	0.0%	5.6%	3.7%	2.4%	4.9%	3.2%	0.0%	1.6%	7.0%	2.0%	0.0%	3.1%	—
较去年大幅下降（>10%）	—	—	—	—	—	—	—	—	—	—	—	—	10.0%

注：受疫情影响，2021年10月的问卷是对2020年、2021年两年平均营业收入与2019年进行比较。

11. 企业当年利润情况预计（见表 11）：

表 11 企业当年利润情况预计

年份 预计	2014 10月	2015 5月	2015 11月	2016 5月	2016 11月	2017 5月	2017 11月	2018 5月	2018 11月	2019 5月	2019 11月	2021 10月	2023 11月
盈利，比去年增长	35.6%	50.0%	37.0%	54.8%	45.9%	59.7%	60.9%	50.8%	31.6%	37.3%	31.5%	45.3%	22.5%
盈利，与去年基本持平	26.7%	16.7%	27.8%	14.3%	14.8%	22.6%	18.8%	23.8%	31.6%	31.4%	24.1%	17.2%	27.5%
盈利，较去年有所下降	31.1%	8.3%	22.2%	19.0%	23.0%	6.5%	11.6%	14.3%	17.5%	19.6%	33.3%	18.8%	17.5%
盈利，较去年大幅下降	4.4%	11.1%	9.3%	2.4%	1.6%	6.5%	2.9%	6.3%	14.0%	7.8%	5.6%	9.4%	—
亏损	2.2%	5.6%	1.9%	9.5%	11.5%	6.5%	4.3%	3.2%	5.3%	3.9%	3.7%	7.8%	—
小幅亏损	—	—	—	—	—	—	—	—	—	—	—	—	20.0%
大幅亏损	—	—	—	—	—	—	—	—	—	—	—	—	12.5%

注：受疫情影响，2021 年 10 月的问卷是对 2020 年、2021 年两年平均利润与 2019 年进行比较。

12. 企业未来两年的投资计划（见表 12）：

表 12 企业未来两年的投资计划

年份 计划	2014 10月	2015 5月	2015 11月	2016 5月	2016 11月	2017 5月	2017 11月	2018 5月	2018 11月	2019 5月	2019 11月	2021 10月	2023 11月
加大投资力度	24.4%	47.2%	46.3%	66.7%	54.1%	45.2%	58.0%	39.7%	19.3%	25.5%	16.7%	29.7%	22.5%
仅继续完成现有投资	44.4%	36.1%	40.7%	19.0%	31.1%	38.7%	34.8%	42.9%	42.1%	45.1%	44.4%	32.8%	47.5%
保持观望，不增加投资	20.0%	8.3%	9.3%	9.5%	8.2%	9.7%	1.4%	6.3%	26.3%	9.8%	24.1%	26.6%	15.0%
收缩投资	11.1%	0.0%	1.9%	4.8%	4.9%	4.8%	4.3%	7.9%	10.5%	17.6%	14.8%	9.4%	15.0%

13. 企业未来两年的用工计划（见表 13）：

表 13 企业未来两年的用工计划

年份 计划	2014 10月	2015 5月	2015 11月	2016 5月	2016 11月	2017 5月	2017 11月	2018 5月	2018 11月	2019 5月	2019 11月	2021 10月	2023 11月
较多增加员工	13.3%	19.4%	16.7%	28.6%	19.7%	19.4%	18.8%	19.0%	8.8%	13.7%	9.3%	17.2%	15.0%
少量增加员工	37.8%	33.3%	31.5%	31.0%	42.6%	35.5%	43.5%	38.1%	29.8%	27.5%	40.7%	35.9%	27.5%
保持员工数量不变	35.6%	22.2%	33.3%	21.4%	26.2%	33.9%	31.9%	30.2%	40.4%	43.1%	25.9%	34.4%	30.0%
适当裁员	13.3%	13.9%	18.5%	19.0%	8.2%	11.3%	4.3%	9.5%	19.3%	13.7%	24.1%	10.9%	25.0%
大规模裁员	0.0%	0.0%	0.0%	2.4%	0.0%	0.0%	0.0%	0.0%	0.0%	2.0%	0.0%	0.0%	0.0%

255

专论与调研（三）

贯彻"民营经济31条"关键在落实

编者按：《中共中央 国务院关于促进民营经济发展壮大的意见》（以下简称《意见》）发布后，在社会上引起了极大反响。北京大成企业研究院就文件出台的意义、落实的措施和建议、有何期盼等调研了部分民营企业家与民营经济研究专家。企业家和专家们表示，当前民营经济发展环境发生了很大变化，国际环境复杂多变，国内经济下行，企业家发展预期偏弱，信心不足，企业发展缺乏动力，企业家的创业勇气和决心严重受损，大多数民营企业遇到了前所未有的困境，这是改革开放以来从未出现过的情况。此时中央发布《意见》，时机非常关键，对提振民营经济预期信心，进一步激发民营经济发展活力至关重要。大家表示，《意见》能否真正发挥作用，企业家的预期和信心能否得到提振，关键在于《意见》中的各项举措能否得到真正有效落实。

一、《意见》出台振奋人心，广大民营企业家备受鼓舞

企业家和专家们表示，《意见》是又一个关于民营经济发展的重要文件，提出了一系列新的重要政策措施，为民营经济高质量发展提供了根本遵循。

第一，《意见》进一步肯定民营经济的重要作用，强调要正确看待和认识民营经济发展。2018年11月习近平总书记在民营企业座谈会上的讲话明确指出"民营经济是我国经济制度的内在要素，民营企业和民

营企业家是我们自己人"。"在全面建成小康社会、进而全面建设社会主义现代化国家的新征程中,我国民营经济只能壮大、不能弱化,不仅不能'离场',而且要走向更加广阔的舞台。"这次文件再次强调,要"引导全社会客观正确全面认识民营经济和民营经济人士""坚决抵制、及时批驳澄清质疑社会主义基本经济制度、否定和弱化民营经济的错误言论与做法"。这些重要论断和表述,有助于进一步树立正确舆论导向,澄清和纠正错误认识,营造有利于民营经济发展的良好社会氛围。

第二,《意见》强调要进一步依法保护民营企业产权和企业家权益。2016年11月,《中共中央 国务院关于完善产权保护制度依法保护产权的意见》指出:"妥善处理历史形成的产权案件,坚持有错必纠,抓紧甄别纠正一批社会反映强烈的产权纠纷申诉案件,剖析一批侵害产权的案例。"《意见》进一步强调,"防止和纠正利用行政或刑事手段干预经济纠纷,以及执法司法中的地方保护主义,健全冤错案件有效防范和常态化纠正机制",再次给民营企业和民营企业家吃下"定心丸",让他们安下心来谋发展。

第三,《意见》强调要进一步优化民营经济发展环境。这是继2019年12月《中共中央 国务院关于营造更好发展环境支持民营企业改革发展的意见》之后,再次强调持续优化稳定公平透明可预期的发展环境,特别是坚持对各类所有制企业一视同仁、平等对待,全面落实公平竞争的制度和政策。这将在持续推进"放管服"改革、国务院出台《优化营商环境条例》的基础上,进一步为民营经济发展创造公平竞争的市场环境。

第四,《意见》强调要进一步促进民营经济做大做优做强。《意见》在过去已有支持民营经济发展的政策措施基础上,进一步加大对民营经济的政策支持力度,尤其是切实解决民营经济发展面临的突出问题,包括市场准入、融资信贷、拖欠账款、涉企收费、政策落实等问题。《意见》还进一步鼓励和支持民营企业完善治理结构、加快创新发展和数字化转型、积极参与国家重大战略与国际竞争等，在新征程上实现新的更大发展。

第五，《意见》如同春风吹暖了广大民营企业家的心。企业家们表示对民营经济未来的发展充满信心，一定不辜负历史的重托，认真学习贯彻，按照《意见》指引的方向，鼓足干劲，甩开膀子加油干。

二、《意见》能否取得实效，关键在于落实

有专家指出，2005年至2023年近20年间，国家先后出台了四部专门针对民营经济发展的综合性重要文件，分别是国务院2005年的"非公经济36条"，国务院2010年的"民间投资36条"，中共中央、国务院2019年的"民企新28条"，以及本次的"民营经济31条"。四部文件都是针对民营经济发展中的外部环境问题和自身发展问题而制定的政策措施，都具有重要的现实意义和历史意义。过去的文件，都在相当程度上促进了民营经济的发展，但同时，其实际执行大都不尽如人意，往往被打了许多折扣。

这次《意见》出台，民营企业家和社会各界，普遍既高度赞扬、满抱希望，但又有些心存忧虑。人们忧虑政策再次被执行者们打折扣。所以，如何落实并切实落实好《意见》，已经成为摆在各级政府和社会各界面前的一项重要而紧迫的任务。

三、企业家与专家关于落实好《意见》、促进民营经济发展壮大的建议

企业家和专家反映的问题和落实好《意见》的建议主要有：

（一）加强法治政府建设，避免政策和执法的随意性

法治环境是最重要的营商环境，政府必须做到时时事事处处依法依规进行经济社会管理，不能超越法律边界。

要加强法治政府建设，避免政策制定过程中随意性和波动性大，以提升民营企业对未来的预期。要着力推动政府从过多行政管制向主要依法有为服务转变。要清理行政审批、许可、备案等政务服务事项的前置条件和审批标准，建立市场准入壁垒投诉和处理机制，定期推出市场干预行为负面清单，建立健全政务失信记录和惩戒制度，杜绝选择性执法和让企业"自证清白"式监管。相关政策法规制定前，要做好合法性、合理性审查，并通过媒体、网络或公告等形式向社会公开征求意见。

（二）强化地方政府契约精神

近年来，个别地方政府缺少契约精神，长期拖欠企业运营服务费及工程款，造成民企运营资金短缺，生存困难。还有一些地方政府恶意提前解约、强制接管、恶意巨额处罚。

政企合作过程中，由于行政区划调整、党委政府换届、机构改革以及相关负责人更替等多重因素，往往会出现"新官不理旧账"的现象，令众多民营企业投资发展遇到阻碍。企业家们表示，"新官要理旧账"，否则，难以提升民营企业家信心，也不利于诚信社会建设。有企业家建议：一是理旧账的时候，政府要成立工作专班，把握政策尺度和标准，符合实际的算账方法理账；二是多渠道、多形式筹集资金、整合资金；三是避免一味地拼政策、拼优惠、拼补贴，要注意可能引发争议的细节环境，争取做到零风险、零遗漏。

还有企业家表示，建筑工程、PPP项目是欠款等问题频发的领域，建议开展政府还款方式和模式的创新，如债务或资产置换、金融创新工具、资源交换等。

（三）消除地方保护，强化反行政垄断

有专家表示，《意见》特别强调要"强化制止滥用行政权力排除限制竞争的反垄断执法"，具有极强的针对性和现实性。特别是工程建设、

通信行业等,是地方保护和国企民企区别对待的高发领域。建议各级政府针对这些领域设立专门的执法机构,加强反行政垄断执法和查处力度,建立公平、透明的市场。

(四)加强民营企业产权和企业家权益保护

建议进一步加强对企业家合法财产的保护,特别是要让《中华人民共和国公司法》中股东的有限责任的规定得到真正落实。

(五)进一步大力支持中小企业发展

加大中小企业的专项资金激励。企业在开发新技术、新产品、新工艺或者从事核心技术、国产替代关键技术研究的,希望政府设立有关财政科技专项等资金并落实。鼓励中小企业、高等院校、科研机构和其他社会组织牵头或者参与标准的起草和修订,在标准制定中起主导作用的,按照有关规定给予支持。

加大拟上市中小企业扶持力度。希望政府通过深入挖掘培育上市后备企业、多种形式开展企业上市融资培训、落实上市扶持资金、切实帮助企业解决上市过程中遇到的问题等举措,不断优化企业上市服务环境,引导优质企业上市融资。

(六)正确认识和看待民营企业的创新,鼓励支持民营企业大胆创新

有专家表示,民营企业的创新活动可以分为三大类:一是技术创新,二是商业模式创新,三是体制机制创新。

政府应该全面正确地看待民营企业的创新活动,全面鼓励民营企业的技术创新、商业模式创新和体制机制创新。如果民营企业在创新中出现问题了,政府要用法律法规去规范,同时在这个过程中,也要给民营企业提供一个法律申诉的渠道。国家的法律法规,既是政府依法管理和执法的依据,也是民营企业保护自身合法权益的依据。

（七）进一步完善民营企业融资支持政策制度

有企业家表示，《意见》提出要"支持符合条件的民营企业上市融资、再融资"。建议进一步完善国内证券市场"注册制"实施，规范中介机构、交易所、上市企业之间的权责关系，缩短企业上市周期。

有专家建议，可以探索利用数字经济化解民营中小企业拖欠账款问题。如成立化解拖欠账款（三角债）的基金和基金公司，利用互联网把某一地区或某一系统有债权债务诉求的企业连接起来，形成地区或系统的债权债务链，利用大数据、云计算以及AI技术，进行债权债务的对冲重组，实现拖欠账款化解。若有断链的环节，基金公司可垫付搭桥，适当收取手续费。

（八）加快建立个人破产制度、出台《个人破产法》

有企业家建议，国家要尽快建立个人破产制度、出台《个人破产法》，以有利于创业者一时失败后能够再次创业，目前个人破产制度在深圳试点，但是进展较慢。

有企业表示，目前失信被执行人中，有很大一部分是创业者。企业经营有周期性，企业家中很多都成为失信被执行人，被限制高消费，不能坐飞机和高铁，工作效率变低，就更没有机会去创业或者去挣钱来偿还履行法院的判决义务。而且这些人中很多都是想干事情的，把这样的人束缚起来，发展经济的生力军将大打折扣。建议进一步完善、优化现行的"限高"和"失信"执行措施，法院在执行中应对被执行人分类处理，对于那些创业失败者应给予更多的包容，让他们有机会东山再起，再去发挥作用。

专论与调研（四）

民营经济十年发展，中国增长重要动力来源
——党的十八届三中全会以来民营经济政策与发展简要回顾

十年前，2013年11月召开了党的十八届三中全会，做出了《关于全面深化改革若干重大问题的决定》（以下简称《决定》）。这是中国改革开放历史上影响深远的重大决定。《决定》从16个方面提出了60条共300多项重要改革措施。其中有几十项是直接关系推动民营经济发展的改革措施。这些措施及其后来的继续、改善与推进，成为十年来民营经济快速发展的主要政策动力来源。回顾十年来党和国家推进民营经济的方针政策措施的实施，回顾十年来民营经济的稳定发展及其对中国经济增长的推动作用，具有重要而特殊的意义。

一、《决定》在推动民营经济发展上具有重大突破

改革开放以来，特别是党的十一届三中全会以来，党对个体私营经济、非公有制经济、民营经济的大政方针与基本政策定位，从经济社会发展的有益补充，到重要组成部分，到列入基本经济制度，再到坚持"两个毫不动摇"，即"毫不动摇巩固和发展公有制经济，毫不动摇鼓励、支持、引导非公有制经济发展"。这些重大方针政策，推动了国家政府一系列法律政策的制定和行政管理方式方法的改变。

党的十八大之后，中国发展进入了一个新的历史时期。党的十八届三中全会，为落实党的十八大关于改革开放的新方针新要求，做出了《决定》。《决定》推出了改革开放一系列重大的具有突破性的政策措施，

其中关于民营经济的政策，更具突破性、前瞻性、现实性和操作性。

一是将民营经济列入基本经济制度的重要支柱之中。"公有制为主体、多种所有制经济共同发展的基本经济制度，是中国特色社会主义制度的重要支柱，也是社会主义市场经济体制的根基。公有制经济和非公有制经济都是社会主义市场经济的重要组成部分，都是我国经济社会发展的重要基础"。

二是丰富了"两个毫不动摇"内容。"必须毫不动摇巩固和发展公有制经济，坚持公有制主体地位，发挥国有经济主导作用，不断增强国有经济活力、控制力、影响力。必须毫不动摇鼓励、支持、引导非公有制经济发展，激发非公有制经济活力和创造力"。

三是明确了民营经济财产权不可侵犯。"公有制经济财产权不可侵犯，非公有制经济财产权同样不可侵犯。国家保护各种所有制经济产权和合法利益，保证各种所有制经济依法平等使用生产要素、公开公平公正参与市场竞争、同等受到法律保护，依法监管各种所有制经济。"

四是提出了民营经济发展"三平等"原则。"支持非公有制经济健康发展""坚持权利平等、机会平等、规则平等，废除对非公有制经济各种形式的不合理规定，消除各种隐性壁垒，制定非公有制企业进入特许经营领域具体办法"。

五是提出了发展民营资本为主的混合企业。"积极发展混合所有制经济。国有资本、集体资本、非公有资本等交叉持股、相互融合的混合所有制经济，是基本经济制度的重要实现形式""鼓励非公有制企业参与国有企业改革，鼓励发展非公有资本控股的混合所有制企业，鼓励有条件的私营企业建立现代企业制度"。

以上都是直接针对民营经济的重大改革措施，还有其他更多的相关措施。可以说，《决定》涉及的300多项改革措施，只要是关于对外开放、对内市场准入、市场平等竞争、小微企业发展、扩大劳动就业、鼓励个人创业等方面，绝大多数的改革政策措施，都与民营经济紧密相关。

二、《决定》实施十年来国家民营经济政策的继续发展

党的十八届三中全会《决定》颁布十年来，党和国家关于民营经济方针政策与法律法规不断完善，推进了中国营商环境条件的优化。

一是中央方针政策进一步完善。党的十九大报告（2017年10月）明确提出："清理废除妨碍统一市场和公平竞争的各种规定和做法，支持民营企业发展，激发各类市场主体活力"。并进一步要求"深化商事制度改革，打破行政性垄断，防止市场垄断"。党的十九届六中全会（2021年11月）进一步强调要"使市场在资源配置中起决定性作用"，要坚持"两个毫不动摇"，要"构建政商亲清关系，促进非公有制经济健康发展和非公有制经济人士健康成长"，为民营经济发展创造更良好的政策环境与营商环境。2022年4月，中共中央和国务院出台了《关于加快建设全国统一大市场的意见》。党的二十大（2022年10月）报告重申基本经济制度和"两个毫不动摇"的方针，强调要"优化民营企业发展环境，依法保护民营企业产权和企业家权益，促进民营经济发展壮大。""完善产权保护、市场准入、公平竞争、社会信用等市场经济基础制度，优化营商环境。"

为落实中央的大政方针，使民营经济政策更加具体化，2019年12月，中共中央、国务院出台了《关于营造更好发展环境支持民营企业改革发展的意见》，提出了28条政策措施。2023年7月，中共中央、国务院又出台了《关于促进民营经济发展壮大的意见》（以下简称《意见》），提出了31条政策措施。这次《意见》的出台，将中国民营经济发展的政策，推向了一个新的高度和广度，引起了社会的极大反响。

二是国家法律法规更加健全。十年来，全国人大先后制定和修订修正了若干重要法律，其中相当大部分法律都直接与间接涉及民营经济发

展和民营企业权利与义务。

首先是宪法修改。2018年全国人大将作为爱国统一战线的重要组成部分——"社会主义事业的建设者"正式列入宪法。而这个"建设者"包括："民营科技企业的创业人员和技术人员、受聘于外资企业的管理技术人员、个体户、私营企业主、中介组织的从业人员、自由职业人员等社会阶层。"这些人员基本都属于民营经济领域人员。

其次是法律修改。2020年5月28日通过了《中华人民共和国民法典》，这是中国第一部民法典，是一部综合性的基本法典，是中国法律与法制建设的重要里程碑。法典由若干个重要领域构成，其中每个领域又包括若干重要方面法律。民法典综合、修改和替代了过去的婚姻法、继承法、民法通则、收养法、担保法、合同法、物权法、侵权责任法、民法总则等多部重要法律，将其统一化、系统化、规范化，成为一部系统完整的重大法典。民法典和其他经济法类与社会法类的法律制定与修改，方方面面都涉及民营经济及民营企业家经营管理与员工就业工资等。2022年6月，修订了《中华人民共和国反垄断法》。

三是政府法规政策更加系统。十年来，国务院落实宪法法律和中央方针政策的相关精神，先后制定和修订了大量关于民营经济的政策法规，为民营经济的健康发展进一步提供了系统具体的法规政策支撑。其突出和强调的几个主要政策方面是：发展市场主体、支持创业就业，发展资本市场、扩大民企融资，推动企业产权改革、发展混合所有制企业，促进平等竞争、反对市场垄断，优化营商环境、善待市场主体，弘扬企业家精神、发挥企业家作用，规范政府行政行为、构建政商清亲关系，等等。

重要法规：《不动产登记暂行条例》（2015年3月）、《个人所得税法实施条例》（2019年1月）、《优化营商环境条例》（2020年1月）、《保障农民工工资支付条例》（2020年1月）、《中华人民共和国民办教育促进法实施条例》（2021年5月）、《市场主体登记管理条例》（2021

年8月）、《促进个体工商户发展条例》（2022年10月），等等。

重要政策：《关于中国（上海）自由贸易试验区总体方案的通知》（国发〔2013〕38号）、《关于进一步促进资本市场健康发展的若干意见》（国发〔2014〕17号）、《关于促进市场公平竞争维护市场正常秩序的若干意见》（国发〔2014〕20号）、《关于创新重点领域投融资机制 鼓励社会投资的指导意见》（国发〔2014〕60号）、《关于推进国内贸易流通现代化建设法治化营商环境的意见国发》（〔2015〕49号）、《国务院关于国有企业发展混合所有制经济的意见》（国发〔2015〕54号）、《关于实行市场准入负面清单制度的意见》（国发〔2015〕55号）、《中共中央、国务院关于完善产权保护制度依法保护产权的意见》（2016年）、《关于在市场体系建设中 建立公平竞争审查制度的意见》（国发〔2016〕34号）、《关于全民所有自然资源资产有偿使用制度改革的指导意见》（国发〔2016〕82号）、《中共中央、国务院关于营造企业家健康成长环境、弘扬优秀企业家精神、更好发挥企业家作用的意见》（2017年）、《国务院关于开展营商环境创新试点工作的意见》（国发〔2021〕24号），《国务院关于推进普惠金融高质量发展的实施意见》（国发〔2023〕15号），等等。

四是营商环境日益优化与改善。党和国家方针政策法律法规推进，加快了中国优化营商环境的进程。营商环境是指企业等市场主体在市场经济活动中所涉及的体制机制性因素和条件。中国的市场主体，就数量而言，民营经济市场主体占95%以上。因此，可以说，营商环境的优化与改善，对民营经济发展的影响最大。世界银行从21世纪初开始，就用营商环境的优化条件标准及其评价来推动新兴市场经济国家逐步走向现代市场经济。自2003年起，世界银行每年出一份《营商环境报告》，用多项指标对全球133个经济体进行营商环境便利度排名，到后来指标扩大到十多个，评价的经济体达190多个。近十年来，国务院和各级地方政府，在建立健全营商环境制度、提升营商环境水平方面做了大量工作，取得了令世界瞩目的成就，中国在世界上的排名迅速靠前。2012年至2019年的7年间，中国营商环境在世界的排名，从第99位提升到31位，提升了68位，实现了营商环境优化的跨越式发展。2020年7月，世界银行发布了《中国优化营商环境的成功经验——改革驱动力与未来改革机遇》的专题报告，认为中国政府近年来在"放、管、服"改革、优化营商环境领域取得了巨大成就。2020年以来，由于世界银行要修改评价制度与标准，至今尚未公布新的营商环境排名。

三、民营经济成为中国经济十年快速增长的重要动力来源

习近平总书记曾用"具有'五六七八九'的特征"来高度评价民营经济在当今中国的地位与作用。有大量数据能够证明这一判断的正确性：民营企业以占用不到30%的国家矿产资源和政府科技资源、不到40%的国家金融资源，创造了全国50%以上的投资、税收和出口，创造了60%以上的GDP、70%以上的科技创新和新产品、80%以上的城镇就业、90%以上的市场主体，创造了全国100%以上的城镇新增就业和贸易顺差。

以下十组简明数据（均来自国家权威官方部门），能够比较充分地说明民营经济这十年的发展成就及其作用地位。

（1）民营企业占全国企业法人总量的98%；（2）民营企业占全国企业资产的50%左右；（3）民间投资占全国投资的近55%；（4）民营经济就业占城镇就业的80%以上；（5）民营企业占工业营收的近60%；（6）民营企业占工业企业利润的55%左右；（7）民营企业占全国出口总额的60%；（8）民营经济税收占全国税收的57%；（9）民营企业占全国企业研发投入的60%左右；（10）民营企业效率效益总体好于全国企业。

改革开放前40年，民营经济增速基本上始终保持明显高于全国平均增速。近5年，除外贸指标外，民营经济多数指标的平均增速有所放缓。

近五年（2017—2022年）高于近三年（2019—2022年），近三年又高于2022年，2023年以来又低于2022年。

民经税收：五年平均增速为2.2%，三年为-3.2%，去年为-18.7%。

四、民营经济方针政策的全面执行尚需各方面更大努力

尽管国家关于支持和保护民营经济的法律法规和行政政策不断完善，但实际执行仍然存在不少困难。

2004—2023年近20年间，中央先后出台了四部专门针对民营经济发展的综合性重要文件。2005年国务院出台《关于鼓励支持和引导个体私营等非公有制经济发展的若干意见》，即民间称之为的"非公经济36条"；2010年国务院出台《关于鼓励和引导民间投资健康发展的若干意见》，即民间称之为的"民间投资36条"；2019年中共中央、国务院出台了《关于营造更好发展环境支持民营企业改革发展的意见》，即民间称之为的"民营企业改革发展28条"；2023年7月，中共中央、国务院出台《关于促进民营经济发展壮大的意见》，即"民营经济发展壮大31条"。这四部综合性文件，都是针对民营经济发展中外部环境问题和自身发展问题而制定的政策措施，都具有重要的现实意义和历史意义。

中共中央、国务院《关于促进民营经济发展壮大的意见》31条政策文件出台后，民营企业家和社会各界普遍高度赞扬、满抱希望，但是，关于政策落地难、执行难的问题，仍旧需要各方面都做出更大努力，推动《关于促进民营经济发展壮大的意见》切实执行，为民营经济发展创造更好的政策环境、市场环境、社会环境与舆论环境。

五、民营经济是实现中国式现代化和共同富裕的生力军

党的二十大报告指出，中国式现代化，"既有各国现代化的共同特征，更有基于自己国情的中国特色。"中国式现代化有五大特征：一是"中国式现代化是人口规模巨大的现代化"；二是"中国式现代化是全体人

民共同富裕的现代化";三是"中国式现代化是物质文明和精神文明相协调的现代化";四是"中国式现代化是人与自然和谐共生的现代化";五是"中国式现代化是走和平发展道路的现代化"。

建设中国式现代化、实现共同富裕的行动主体是广大劳动人民,推动中国式现代化实现的市场主体是国有企业、民营企业和外资企业。从中国式现代化的五个特征看,三者各自都将扮演着重要角色。从各自角色的作用分量看,民营经济起着不容忽视的作用。

一看在"中国式现代化是人口规模巨大的现代化"中,民营经济的重要作用。中国人口规模巨大,劳动力人口规模巨大,城镇劳动力人口规模巨大,城镇劳动力中民营经济劳动力人口规模巨大。中国人口14亿人,其中,劳动人口7.5亿人;劳动人口中,城镇近4.7亿人;城镇劳动就业中,民营经济就业人口占80%;城镇新增劳动力人口中,几乎百分之百由民营经济提供;农村转移城镇就业的人口,绝大多数也由民营经济承接。由此可见,人口规模巨大的现代化,主体体现者或担当者,就是民营经济。这完全是不可替代的。如果没有民营经济承担这么巨大规模的就业、新增就业和农村转移就业,中国人口和劳动力规模巨大的现代化目标的实现,是完全不可想象的。

二看在"中国式现代化是全体人民共同富裕的现代化"中,民营经济的重要作用。实现全体人民共同富裕,在中国目前阶段,最根本的是要扩大中等收入人群、减少低收入人群比例,缩小人群之间的收入差距。实现这个目标,重点和难点都在民营经济。如果民营经济中的几亿低收入人群的多半人口不能进入中等收入人群,中国的共同富裕就实现不了。只有不断地提高企业发展质量,特别是提高民营企业的发展质量,才有条件真正扩大中等收入人群比例,减小低收入人群比例,实现共同富裕基本目标。

三看在"中国式现代化是物质文明和精神文明相协调的现代化"中,

民营经济的重要作用。两个文明相协调，是对政府的要求，是对全社会的要求，也是对三大市场主体——国有企业、民营企业和外资企业的要求。由于民营企业数量庞大、就业队伍庞大、企业体小而分散、经营环境条件相对低下、人员文化技能相对不高、产品服务质量问题较多、劳资矛盾纠纷相对较多等因素，两个文明相协调的任务，落在民营企业身上更重、更大、更多、更广和更难。如果中国广大的中小微民营企业的两个文明协调能够提高到一个新的历史水平，中国的现代化文明就奠定了广泛而坚实的主要微观基础。

四看在"中国式现代化是人与自然和谐共生的现代化"中，民营经济的重要作用。人与自然和谐共生，这是经过四十多年发展正反两方面经验教训得到的共识结论。回首过去发展，国企、民企和外企，都在不同程度上遇到了如何与自然和谐共生的严重问题。几十年来，中国大地上大量地、长期地、广泛地存在的，诸如滥采乱挖、资源破坏、环境污染等严重问题，相对而言，发生在民营企业身上的数量更多、问题更大、矛盾更深、影响更广、解决更难。实现人与自然和谐共生的现代化，人人有责，家家有责，企企有责。其中，民营企业、民营企业家、民营企业员工面临的责任更多、更重、更广。

五看在"中国式现代化是走和平发展道路的现代化"中，民营经济的重要作用。和平发展，既是国家大事，也是企业大事。一个和平稳定的国际环境，是企业正常发展的重要国际条件。与此同时，企业自身也是和平发展的微观担当者、体现者和践行者。民营企业是中国外贸的最大主体，是中国企业走出去的最大群体，是中国企业海外投资的最大群体，也是中国在境外参与当地市场平等竞争的最大群体。中国民营企业要成为中国和平发展的重要使者，在参与国际市场竞争的过程中，充分体现和平发展、平等发展、合规发展、和谐发展。

后　记

《2023年民间投资与民营经济发展重要数据分析报告》是北京大成企业研究院2023年度重要研究课题。为做好本课题研究，北京大成企业研究院将国家统计局、国家税务总局、商务部、海关总署、全国工商联等官方机构权威数据进行了系统完整的搜集整理、筛选汇总。在此基础上，通过数据对比分析研究，形成了一整套客观、系统的数据图表，清晰准确地展现了2023年社会经济发展的真实情况，主要是民营经济发展情况。

第十、十一届全国政协副主席黄孟复对课题研究进行了指导，提出了不少重要意见。本书由北京大成企业研究院组织撰写，北京大成企业研究院副院长陈永杰为课题组组长，拟定全书思路并负责全书统稿。导言"理论研究要着眼民营经济未来发展趋势"是根据黄孟复主席在2023年大成民营经济理论问题座谈会上的讲话整理而成；概述一"2023：民营经济政策年　2024：民经增长重拾年"、概述二"百万规上企业　中国经济脊梁"由北京大成企业研究院副院长陈永杰撰写；第十章由联讯证券新三板研究负责人彭海提供数据，陈永杰撰写；第四章、第九章、第十一章由北京大成企业研究院徐鹏飞撰写；第一章、第二章、第三章、第五章、第六章由北京大成企业研究院刘贵浙撰写；第七章、第八章、第十二章、第十三章由北京大成企业研究院葛佳意撰写；专论"民营经济十年发展，中国增长重要动力来源——党的十八届三中全会以来民营经济政策与发展简要回顾"由陈永杰撰写；专论"新政策新突破　新期盼新执行——大成企业首脑沙龙观点综述""政策带来新希望、形势预期可改观——大成企业首脑沙龙企业家问卷（2023·廊坊）调查分析""贯彻'民营经济 31 条'关键在落实"由北京大成企业研究院课题组整理和撰写。

国务院参事谢伯阳、北京大成企业研究院院长欧阳晓明参加了课题研究并提供重要意见，北京大成企业研究院赵征然、李立杰为本课题提供了帮助和支持。珠海网灵科技有限公司提供数据库技术支持。